高等院校"十二五"核心课程规划教材

现代管理学

（第2版）

曹芙蓉 / 编著

经济科学出版社

图书在版编目（CIP）数据

现代管理学／曹芙蓉编著．—2版．—北京：经济科学出版社，2014.7

ISBN 978-7-5141-4700-1

Ⅰ．①现… Ⅱ．①曹… Ⅲ．①管理学-高等学校-教材 Ⅳ．①C93

中国版本图书馆 CIP 数据核字（2014）第 116966 号

责任编辑：杜　鹏
责任校对：杨　海
技术编辑：邱　天

现代管理学
（第 2 版）
曹芙蓉/编著

经济科学出版社出版、发行　新华书店经销
社址：北京市海淀区阜成路甲 28 号　邮编：100142
总编部电话：010-88191217　发行部电话：010-88191540
网址：www.esp.com.cn
电子邮件：esp-bj@163.com
天猫网店：经济科学出版社旗舰店
网址：http://jjkxcbs.tmall.com
北京万友印刷有限公司印装
710×1000　16开　15印张　310000字
2014 年 8 月第 2 版　2014 年 8 月第 1 次印刷
印数：0001—4000 册
ISBN 978-7-5141-4700-1　定价：29.00 元
（图书出现印装问题，本社负责调换。电话：010-88191502）
（版权所有　翻印必究）

前　言

中国经济迅猛发展，中国企业不断走向成功。这一切，与我们在改革开放之初就明确地提出"中国企业的发展之路在管理"这一思路不无关系。

管理科学是研究人类社会组织管理活动规律及其应用的科学，是一门跨越自然科学、工程科学、技术科学以及人文社会科学的综合性交叉科学。它随着现代社会化大生产的发展而产生，又随着社会与科学技术的进步而发展。虽然在国内外早期历史上都出现过许多优秀的管理思想，而且它们对当代管理不失其重要价值，但是，作为一门科学的真正建立，却只能从20世纪算起（从1911年"科学管理之父"弗雷德里克·泰勒的《科学管理原则》出版至今，也不到百年的历史）。在中国，科学管理的引入与启蒙其实也是比较早的（1916年我国就出版了泰勒的《科学管理原则》的中译本），但是，真正得到长足发展并为社会所公认，还是在改革开放之后。可以说，我国改革开放30多年的发展，实际上是得益于各种先进管理理论的传播与运用；而我国这30多年在管理工作中的实践与探索，也为管理科学的运用和丰富提供了广阔的舞台。自20世纪80年代开始，随着我国全面发展对科学管理的急切需求，以管理科学基础理论、管理技术与方法等为主要研究领域的管理科学体系也迅速地发展起来。

作者本人从事管理研究和教学20多年，深切地感到科技发展与管理创新的确是经济腾飞和企业进步的关键。随着信息社会和知识经济的到来，管理学的研究仍将与时俱进，因此，我们还要虚心学习、潜心研究管理的基本理论，努力掌握管理的技术与方法，以期用新的思路去解决新的问题。本教材就是在这一背景和动机下编写的一本适用于大学本科专科教学、自考学生自学、企业在职管理人员研修的教材或读物。

因此，本教材在编写中特别注意了以下两点：第一，博采众长，广泛吸纳中外管理的先进思想和学说，结合中国企业的管理现状，系统分析和阐述了管理的理念、职能、原则和方法，使读者在了解管理的发展与管理的最新动态的同时，还能够掌握管理的基本知识，更新管理观念，从中获得一些有价值的管理思路。第二，充分考虑学习者的特点，将理论与实际结合起来，从而深入浅出、通俗易懂地阐释管理学中的深刻道理，使学习者能够系统地、扎实而高效地掌握管理学知识。为使学习者了解每章的重点，增加学习的针对性，进而提高学习效率，所以特别在每章前标明了学习目的与要求，在每章后面安排了综合案例和分析提示，这同时也是为选择本书作教材的老师所做的准备。

本教材共分九章，以管理职能为主线，进而对管理的基本概念、管理思想的演变、管理观念、计划、组织、激励、领导、控制、创新等作了系统全面的阐述。每一章的多少均依其内容的需要而定，因此，不同章节的篇幅也不尽相同。

在我开始高校任教的头几年，就参加了《管理学基础》的编写（中国地质出版社 1988 年版）；10 年后，在我担任教研室主任时，又曾组织教研室全体老师编写过《现代管理学概论》（经济科学出版社 1998 年版）。应该说，这些经历对我深入思考管理学的问题以及对我完成这本教材，都有着十分重要的影响，因此，我要深深地感谢我的同事们，他们是唐甦明、罗旭华、赵小丽和已经过世的孟昭随老师。本教材的写作，还借鉴了国内外学者的大量研究成果和文献，参考了国内外一些相关的教材，在此，也一并表示我深深的谢忱。另外，我还要感谢为本教材写作提出宝贵意见或提供资料，在本教材写作过程中给予我支持、帮助、鼓励的专家、老师和亲人。我想，读者也会和我一样感谢他们的。

由于本人水平所限，教材中难免出现不确切之处，甚至错误，恳请读者批评指正。

曹芙蓉

2014 年 6 月

目　　录

第一章　绪论 ………………………………………………………… 1
　　第一节　管理与管理学 ……………………………………………… 1
　　第二节　管理主体 …………………………………………………… 6
　　第三节　管理客体 …………………………………………………… 9
　　第四节　管理环境 …………………………………………………… 11
　　第五节　管理职能 …………………………………………………… 14
　　案　例　人们为什么对这位新助理失望 …………………………… 16

第二章　管理思想发展概述 ………………………………………… 19
　　第一节　早期管理 …………………………………………………… 19
　　第二节　近代管理 …………………………………………………… 21
　　第三节　现代管理 …………………………………………………… 29
　　第四节　现代管理理论新发展 ……………………………………… 32
　　案　例　我们应该同意谁的意见 …………………………………… 35

第三章　管理观念 …………………………………………………… 37
　　第一节　系统观念 …………………………………………………… 37
　　第二节　效益观念 …………………………………………………… 41
　　第三节　以人为中心的观念 ………………………………………… 44
　　第四节　市场观念 …………………………………………………… 49
　　第五节　权变观念 …………………………………………………… 52
　　第六节　可持续发展观念 …………………………………………… 54
　　案　例　微软公司：与员工建立新型同事关系 …………………… 57
　　　　　　陶氏化学：做可持续发展的领导者 ……………………… 58

第四章　计划 ………………………………………………………… 61
　　第一节　计划职能概述 ……………………………………………… 61
　　第二节　目标与战略 ………………………………………………… 66

现代管理学（第2版）

第三节　预测 …………………………………………………………… 73
第四节　决策 …………………………………………………………… 80
第五节　计划工作实务 ………………………………………………… 86
案　例　关于 H.I.D 集团的发展 ……………………………………… 89

第五章　组织 …………………………………………………………… 91

第一节　组织结构 ……………………………………………………… 92
第二节　人员配备 ……………………………………………………… 104
第三节　组织中的沟通 ………………………………………………… 113
第四节　团队建设 ……………………………………………………… 120
案　例　晋升决定 ……………………………………………………… 126
　　　　缺少团队精神引起的 ………………………………………… 128

第六章　领导 …………………………………………………………… 132

第一节　领导职能概述 ………………………………………………… 132
第二节　领导理论 ……………………………………………………… 138
第三节　领导影响力 …………………………………………………… 143
案　例　员工为何庆祝她的下台 ……………………………………… 149
　　　　这张"金卡"还有效吗 ……………………………………… 150

第七章　激励 …………………………………………………………… 152

第一节　激励的基本概念 ……………………………………………… 152
第二节　激励理论 ……………………………………………………… 155
第三节　激励实务 ……………………………………………………… 165
案　例　他们的积极性该如何调动 …………………………………… 172
　　　　到底应该奖励谁 ……………………………………………… 175

第八章　控制 …………………………………………………………… 176

第一节　控制职能综述 ………………………………………………… 176
第二节　控制的类型 …………………………………………………… 180
第三节　控制的过程 …………………………………………………… 182
第四节　有效控制的方法 ……………………………………………… 188
第五节　控制的要求和原则 …………………………………………… 195
案　例　我们会有这么多问题吗 ……………………………………… 198
　　　　首问负责制 …………………………………………………… 199

第九章　创新 …… 201

第一节　创新的基础 …… 201
第二节　创新与创新的过程 …… 211
第三节　创新的内容 …… 218
第四节　创新的管理 …… 223
案　例　一家著名酒店的变革 …… 226

参考文献 …… 229

第一章 绪 论

【学习目的与要求】
1. 了解管理与管理学的概念、性质、作用、内容和方法。
2. 理解管理者的分类、角色和技能。
3. 整体把握管理客体的要素与内容。
4. 理解和把握环境与企业的关系。
5. 综合理解管理职能及其相互关系。

第一节 管理与管理学

有了人类的历史，也就有了管理的历史，管理是伴随着人类的共同劳动而产生的。而将人类的管理活动进行总结，找出带有规律性的东西并上升成为理论进而形成一门学科，却只有短短的一百余年。在这百年历史中人们不断探索、创新、与时俱进，从管理活动中发现规律，完善管理理论，再用管理理论分析和指导管理实践，因而推动了管理的进步与发展。

一、管理

管理是共同劳动的产物，凡是有人群的地方，特别是人们需要组织起来以实现作为个人无法实现的目标时都需要管理。随着人类的发展，以分工协作为主要特征的群体的、集体的活动已成为人类活动的重要形式与内容，因此，管理的作用越来越突出，在各种组织中承担管理工作的管理人员的任务也越来越重要。

（一）管理的基本概念

管理的含义广泛且复杂，正因为如此，历史上众多管理专家从自身认识和研究的角度为管理做出了不同定义。法约尔从管理过程角度研究认为："管理就是计划、组织、指挥、协调、控制。"泰勒从管理的目的角度研究认为：管理就是"确切地知道让人们去干什么，并要求他们用最好、最经济的方法去干"。有人从管理的核心功能角度提出："管理就是领导"、"管理就是决策"、"管理就是优化"等。还有人从管理的形式与方法角度提出："管理是通过其他人去实现既定目标的过程。"

综合以上管理的定义，总结管理成败经验可以看到，成功的管理具有这样一些特点：第一，管理的实施总要取决于当时当地的特定环境；第二，要追求特定的目标；第三，要利用和协调当时情况下的人力资源和其他一切资源；第四，要借助集体中每一个人的分工协作而形成的合力；第五，要发挥计划、组织、领导、控制等职能的作用。

因此，可以将管理定义为，在特定的环境下，通过计划、组织、领导、激励、控制等职能活动，协调组织内包括人力资源在内的一切资源，通过组织全体成员的努力，高效率地实现组织目标的过程。

对以上定义可作如下理解：

(1) 管理的实施要符合特定的历史环境，要与当时当地的生产力水平相适应。

(2) 管理的任务是围绕组织目标的实现，合理利用资源并协调在利用资源的过程中产生的各种关系。

(3) 高效率实现组织目标是管理的目的，其手段是计划、组织、领导、激励、控制等职能活动。不能科学、有效地履行这些职能并充分发挥它们的作用，组织目标的实现就会成为一句空话。

(4) 管理是针对特定的人群或组织进行的，因此，必须强调管理的核心要素是人，要通过管理为人的活动创造适宜的环境。

(5) 实现组织目标不是某一个人的事情，必须依赖组织全体成员的共同努力。

(二) 管理的两重性

1. 管理两重性的内涵。管理的两重性是马克思主义关于管理问题的基本观点。两重性即是指与生产力相联系的管理的自然属性和与生产关系相联系的管理的社会属性。

管理的自然属性又称管理的生产力属性，它取决于生产力水平和劳动社会化程度，主要反映合理组织生产，配置资源，协作分工，将整个生产过程联结为一个整体的技术方法，这些方法的使用不受社会制度的影响。

管理的社会属性也称管理的生产关系属性，它主要取决于社会生产关系的性质和社会制度。任何一种管理都是在一定的社会关系下进行，管理的实施都反映了统治阶级的意志，为统治阶级服务，因而带有明显的政治性。

2. 掌握管理两重性的意义。认识了管理两重性我们就可以明白，任何一个国家的管理理论、管理技术和方法都是人类智慧的结晶。对此，我们的态度应该是大胆学习引进，博采众长，为我所用。当然不能盲目地照搬照抄，要结合中国特色和企业实际，去其糟粕，取其精华，因地制宜地借鉴和运用，发展生产力，提高效益，促进我国经济发展，实现社会主义生产目的。

(三) 管理的作用

管理具有普遍性，无论是工商企业还是行政事业单位，无论是政府机关还是军队组织都需要管理，大到国家的政治、经济，小到班组甚至一个家庭，都依赖管理，有人群的地方没有管理几乎是无法想象的。具体来说，管理的作用表现在以下五个方面。

1. 规划组织的目标和运行方向。由于组成组织的基本单位是人，每一个个人都有自己的特殊利益和自身追求，而这些利益和追求可能相互矛盾甚至对立，这就难免产生冲突，因而构成威胁到组织生存和发展的现实或潜在的重重危机。而通过管理可以优化目标，将人们的共同追求和共同利益凝结提炼为组织的目标，把个人利益与组织利益有机地结合起来，使组织目标成为人们愿意为之实现而付出努力的共同愿望，再运用必要的分工与制度使人们在组织中的行为得以协调，从而确保人们努力的方向和组织的目标相吻合，使个人在追求组织目标实现的同时还能最大限度地满足个人利益。

2. 提高组织效率创造盈利。谋取利润是企业的共同目标，这首先是为了满足企业维持生产和扩大再生产的要求；其次是为了满足组织成员不断增长的物质与精神需要的要求；最后是为了满足为国家多纳税、为社会多做贡献的要求。一个组织存在的理由和价值在于它的目标，然而实现目标是要耗费一定的资源的，如果资源耗费了却不能得到相应的回报，那将是极大的浪费。因此，以较少的投入，即耗费较少的资源，获得较高的产出，就成为组织应该遵循的原则。管理就是运用各种方法和手段解决投入与产出的关系问题：或者在资源一定的情况下尽可能获得较高的产出；或者在产出一定的情况下尽量减少资源的投入。正如管理大师彼得·德鲁克所说："增加生产力的最大机会，一定可以在知识、工作本身尤其是在管理方面找到。"

3. 使员工对工作有兴趣且有成就感。在当今社会中，人不再是企业简单的生产工具，而成为了企业的重要资源，员工的积极性和创造性成为了企业最大的财富。但是，员工积极性和创造性的发挥是需要一定条件的，实施科学的管理就可以为他们创造这样的条件。构建合理的组织结构，再将合适的人安排在合适的岗位上，并对他们加以适当的培训和激励，就能激发起员工的工作兴趣和热情。员工热爱自己的工作并不断创新做出成绩，员工自我实现的需求就得到了满足，成就感又成为激发员工更大工作热情的一个极大的激励因素，因而形成一个良性循环。

4. 协调关系，创造和谐。组织谋求目标的实现，追求可持续发展是无限的，但是，用于实现目标的资源是有限的，这是一对矛盾。此外，在组织的运行中还有维持稳定与创新变革的矛盾；追求利润与承担社会责任的矛盾；新业与旧业的矛盾；企业发展与环境保护的矛盾；等等。除了这些矛盾外，组织还会遇到一些较难处理的关系，例如，组织与环境的关系；组织内部各部门、各成员之间的关系；组织与个人的关系；等等。这些矛盾不能解决，这些关系不能理顺，其结果是，要么国家的利益受损，要么员工的利益受损，要么因眼前利益而失去长远利益，要么维护了局部利益而牺牲了全局利益。通过管理就可以运用一些相关的原则与方法正确分析这些矛盾和关系，权衡利弊，谋求矛盾的合理解决，还可以协调各方面的关系，营造和谐的组织环境与氛围，为组织发展创造良好的条件。

5. 加速科技发展，促进社会进步。组织的发展已不能简单地表现为提高效率，更应表现在提高自主创新能力和增强核心竞争力上，而管理是加速科学技术发展的催化剂。通过管理不仅能为人们营造创新的条件，提高人们创新的热情，促进科技发展，还能迅速将科技成果应用到生产领域，使其尽快产生价值。科学的管理还可以加速科技人才的培养与成长，使员工队伍的素质水平与科学技术进步的水平相互适应，从而推动企业的进步与社会的发展。

二、管理学

(一) 管理学是一门综合性学科

学科趋向综合、生产趋向分散，是当前时代脉搏的两大特征。综合性、交叉性学科的出现是历史发展的必然。

20世纪中叶以来，现代科学的发展出现了明显的饱和现象，即"科学发展的前锋受阻"。其结果是出现了两种倾向：一是"回采"老的科学领域，在传统领域中继续寻找和研究新成果；二是产生"智力的横向转移"，在传统科学的边缘地带开拓新的科学领域。这样，在60～70年代就出现了一个又一个新的交叉学科群，形成了科学技术新的繁荣。所谓交叉或综合性科学是两种或两种以上不同规律合理内核的结合而形成的新的结合体。恩格斯曾经说过，应当在各门学科的交叉点上期待最大的成果。控制论的创始人维纳（Norbert Wiener）也认为："学科的交叉点是科学地图上尚未开垦的处女地。"

科学是内在的统一体。它之所以被分为一个个单独的领域，是人类认识自然能力的局限性造成的，学科的综合性才是客观事物的本质属性。

在生产力水平低下时期，老板凭自身经验和判断就可以处理企业经营与管理中的一系列问题，而随着科技的进步和生产力水平的提高，企业与环境的关系越来越密切，企业规模日益扩大，管理对象也变得非常复杂，特别是对人的管理的要求越来越高，于是一个多世纪以来，在管理的演变中综合了数学、经济学、心理学以及系统科学等学科内核的庞大的管理科学体系逐渐发展起来，并不断成熟。

(二) 管理学的研究内容和研究方法

1. 管理学的研究内容。管理学是研究管理活动过程和规律的科学，因此，凡涉及管理范畴的要素和内容都属研究之列。具体包括：

(1) 管理原理，主要揭示管理运行的基本规律；

(2) 管理职能，主要研究管理的过程和管理的任务；

(3) 管理要素，主要研究管理对象及其相互之间形成的动态关系；

（4）管理主体，主要研究管理者的素质、管理者群体结构等；

（5）管理环境，主要研究环境的内容、环境对组织构成的影响、环境与组织的关系；

（6）管理思想，主要研究管理思想的演变、组织文化和现阶段应坚持的管理理念；

（7）管理方法，主要研究为实现管理功能和确保管理效果而使用的管理手段、技术和方法。

将以上内容概括起来我们会发现，管理学所研究的内容其实就是谋求发展的企业必须面对和解决的最现实的问题：什么是管理？为什么管？管什么？谁来管？怎么管和根据什么管？

2. 管理学的研究方法。作为一门综合性学科，管理学不仅吸纳了技术科学、自然科学和社会科学的内容，而且也借鉴了这些学科的研究方法，使得管理学的研究方法更加丰富。

（1）观察总结法。管理科学是在人们长期的社会实践的基础上产生的。正是由于众多的管理学者通过对前人的管理实践活动进行细致的观察、深入的思考、全面的总结以及高度的概括和提炼才形成了相对完整和成熟的管理学的学科体系。因此，注意总结成功或失败的管理经验，剖析深层原因，发现其中的道理并上升成为理论，是进行管理学研究的重要方法。

（2）比较研究法。比较包括纵向比较和横向比较。纵向比较即历史的比较，通过比较，总结和借鉴前人留下的管理精华；横向比较即同一时期不同国家、不同地区、不同组织的比较，通过比较，发现异同，探究原因，找出规律性的东西，这样不仅可以充实管理学的内容，而且可以为我们实施管理提供科学依据。

（3）案例分析法。这是通过对典型个案进行分析研究，总结其成功或者失败的原因并据此探究管理规律的方法。运用这种方法可以使人置身于特定情境之中，在明确了事情的前因后果的基础上，确定选择适用的管理方法。目前此方法的使用非常普遍且收到了很好的效果。

（4）实验研究法。有目的地设定并改变环境条件，然后观察管理对象的变化和发展情况，从而发现和确定事物发展的因果关系及一般规律。1898 年泰勒在伯利恒钢铁厂所做的"搬生铁"实验和"起铲作业"实验、20 世纪 20 年代著名的"霍桑实验"等都证明这是一种非常有效的管理研究方法。

（三）管理是科学与艺术的统一

1. 管理是科学。

（1）管理学是在人们社会实践的基础上产生和发展的，是实践经验的总结，是经过整理并获得了检验而形成的知识体系。它具有自身的理论体系、研究对象和研究方法，它通过一系列的原理、原则、程序、制度、方法来指导管理的实践活动，使管理水平得以提高。

（2）管理过程反映了客观规律：管理的发展总是以当时当地的科技发展为背景；管理方式总是以管理对象的规律为依据；管理必须符合自然规律和社会经济规律等。谁违背了这些规律，谁就会受到这些规律的制裁。

（3）管理涉及面非常宽泛，因此，其知识体系吸纳了众多学科的内容，这不仅使管理学本身的学科体系更加合理，基础更加牢固，而且在此基础上形成的分析问题和解决问题的程序也更加便于人们在实际中应用。

2. 管理是艺术。管理作为一门科学有它自身的特点：其一，它是一门不精确的科学。不精确一方面表现为管理对象的不确定；另一方面表现为对管理中的一些变量很难量化或没必要精确量化。其二，它是一门应用性很强的科学。这两个特点决定了对管理的运用绝不能仅仅依赖书本知识，因为管理学不能为管理者提供解决一切管理问题的标准答案，它只是探索管理的一般规律，提出可以参考的一般方法。而在实际应用中应因时因地制宜，因人而异，因对象而变。这种从实际出发，对不同情况采取不同办法作不同的处理就体现了管理艺术，体现了管理的灵活性、针对性与管理有效性的关系。所以管理者不仅需要掌握管理规律，还要在实践中积累管理经验和技巧，更需要进行管理创新。

强调管理是科学与艺术的统一，是因为它们彼此不但不相互排斥，反而相互依赖共同发挥作用。没有科学理论而只靠运气，管理很难奏效；没有艺术技巧和创新而只靠搬书本知识，管理同样会失败。只有将管理的科学性与艺术性有机结合，才能真正发挥管理的功效。

第二节 管理主体

管理活动是通过管理人员来进行的，管理人员运用管理手段，施加作用于管理对象，在组织的运行与发展中起着决定和主导作用，因此，管理活动的主体就是管理人员。然而管理人员是泛指的概念，根据他们在管理活动中所处地位、承担工作和发挥作用的不同，还可以将他们分为领导者和管理者。领导者就是处在组织最高层、对组织实施全面管理并担负全面责任的高层管理人员。管理者则是在组织中担负某方面的管理任务，对某一职能、岗位或工作负有责任的人员。由此可以看出，领导者一定是管理者，而管理者不一定是领导者。

一、管理者的分类

1. 按照组织不同的管理层次划分。企业通常可以分为高层、中层和基层三个层次，那么处在不同层次实施管理的人员也就可以分为高层管理人员、中层管理人员和基层管理人员。

企业高层一般被称为战略计划层。该层次的管理人员拥有对企业人事、资金等的控制权，他们的任务是，通过预测和分析外部环境确定企业发展的远景规划并提出具有前瞻性的战略举措，制定企业的长期计划与目标、投资方案、重大政策等，并负责对企业的全局工作做出评价。企业总经理就是高层管理者。

中层又称为经营管理层。该层次的管理者通常是指一个组织中中层机构的负责人，如部门经理。他们是决策执行者，负责根据企业总目标制定本机构、本部门的目标计划和管理方案，组织执行并向上级汇报，在组织中起着承上启下的作用。

基层又称为执行层和作业层。该层次的管理人员是指那些确保组织决策在基层得到贯彻执行的人们，如领班、班组长等。他们的任务是制定作业计划，现场指挥监督；协调班组力量，完成上级布置的任务。

2. 按照职权关系的性质划分。"在一个现代组织里，如果一位知识工作者能够凭借其职位和知识对该组织负有贡献的责任，因而能实质地影响该组织的经营能力及达成的成果，那么他就是一位管理者。"这是管理大师彼得·德鲁克给管理者下的新定义。此外，现代组织越来越趋向于知识化，因此都不同程度体现着直线—参谋型管理的特点。

（1）直线管理人员。他们拥有对下级下达指令、直接指挥以及奖惩的权力，是组织等级链中的一个环节。如总经理、部门经理、主管。

（2）参谋人员。组织等级链中不一定有他们的位置，他们通常只是对上级提供咨询建议，对下级进行专业指导和解释劝说。对上级而言，他们的作用是参谋、外脑；对下级而言则是场外指导。参谋人员通常是指职能管理人员。

在实际工作中直线管理人员和参谋人员的角色界定并不十分严格，在某一场合，面对某一对象他们是直线管理人员，而在另外一个环境里他们又成为参谋人员。如财务经理、公关部经理对本部门而言是直线管理者，而对总经理和其他部门，他们则成为财务方面和社会问题的参谋人员。

二、管理者扮演的角色

关于管理者在组织中应扮演什么角色，许多管理学者都作了研究。最为著名的应该是亨利·明茨伯格的研究。他认为，管理者在组织管理这个舞台上扮演着十种角色，而这十种角色又可归为三大类，即人际角色、信息角色和决策角色。

1. 人际角色，是指管理者在处理与组织成员和与其他利益关系者的关系时所扮演的角色。包括代表人角色、领导者角色、联络者角色。在代表组织参加一些礼仪性质的活动时，他扮演的是代表人角色；在向下发布指令，指导和影响下属实现组织目标时，他扮演的是领导者角色；在为维系组织内外良好的关系而进行联谊或召开座谈会以征求各方意见时，他扮演的就是联络者角色。

2. 信息角色，是指管理者为确保组织以及本单位能够拥有足够量的、准确可靠的、最新鲜的信息而扮演的搜集和使用信息的角色。这里面包括监督者角色、传播者角色、发言人角色。要扮演好监督者角色，他就必须密切关注组织环境的变化，随时把握组织面临的机会与威胁；要扮演好传播者角色，他要将搜集并做过分析处理的信息及时有效地传达给相关人员；扮演好发言人角色，他则要代表组织将信息传达给组织以外的单位和个人。

3. 决策角色，是指管理者处理信息并得出结论的角色。包括企业家角色、干扰应对者角色、资源分配者角色、谈判者角色。企业家角色就是对所发现的机会进行投资的角色；干扰应对者角色就是采取纠正行动处理冲突、协调矛盾、解决问题的角色；资源分配者角色是对组织资源如人、财、物、信息、时间等进行分配的角色；谈判者角色则是为了组织的利益与竞争者、顾客、供应商、合作者、员工等进行谈判的角色。

彼得·圣吉在其名著《第五项修炼》中也对领导者（管理者）的角色做出了全新的阐释：第一，幕后设计师角色，即要为企业制定发展远景、价值观、最终目的和使命，制定组织的政策、策略或系统，他的回报来自于使他人创造真正想要的结果和组织所带给他的深深的满足感；第二，仆人的角色，永远忠于自己对组织的愿景，使之更切合人性，更有创造力；第三，教师的角色，不断帮助人们看清事实，促进每个人学习和进步。在此基础上，有人又提出了管理者的第四个角色，即教练的角色，他的观点是："天才的理论推动我们思维的进步，而将理论转变为实践和成果才是整个社会进步的强大助推器。企业教练就是这样一个助推器。"

三、管理者的技能

管理者能否扮演好自己的角色与他是否掌握了管理技能有关。管理者必须掌握的技能有三类：技术技能、人际技能和概念技能。

1. 技术技能，就是管理人员必须掌握的业务操作技能，包括本行业、本岗位的工作流程、操作技能和业务规律。

2. 人际技能，是指成功地与别人交往、沟通、共事的能力，包括关心尊重他人、与人和谐相处、借助他人长处完成工作的技能。

3. 概念技能，是指管理者必须掌握的管理决策技能，包括掌握现代管理理念和经营之道，提出新目标、新思路、新方案的技能。

这三种技能虽然都要求管理人员掌握，但是，不同的管理层次对其所需技能存在着量的差别。一般来讲，技术技能对基层管理者最重要。因为如果业务不熟，则很难进行管理和决策，也很难树立自身威信，同时不利于对下属进行培训。概念技能对高层管理者来说更重要。只有掌握了经营决策的理论与知识，具有创新意识和能力才能高瞻远瞩，为企业做出正确决策。而人际技能无论对高层、中层还是基层都同样重要，因为管理的核心要素是人，要想实施有效的管理，就需要营造"人和"的环境。如图1-1所示。

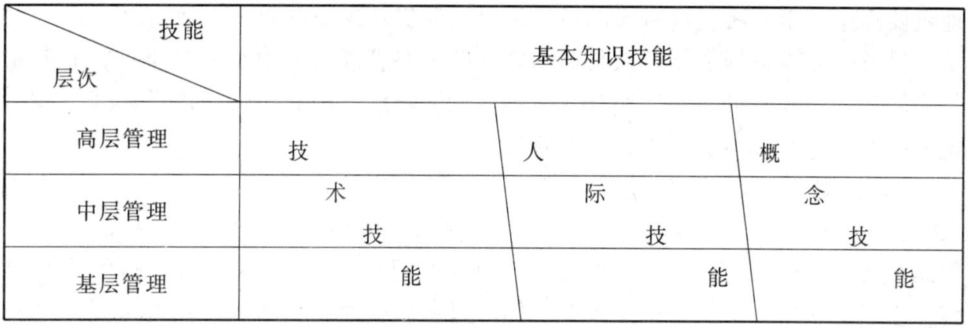

层次 \ 技能	基本知识技能		
高层管理	技 术 技 能	人 际 技 能	概 念 技 能
中层管理			
基层管理			

图 1-1

第三节　管理客体

管理客体是管理主体作用的对象。管理主体总是通过先认识和了解管理客体，把握管理客体的特点和规律，然后有计划有目的地对管理客体加以协调、运用和管理。管理总是指向目标的，而管理目标的制定与实现绝不仅只是管理主体单方面的事情，管理客体不仅是管的对象，更是依赖的对象，所有管理目标离开管理客体都是无法实现的。

一、管理客体的要素内容

传统的管理认为，管理客体有三要素：人、财、物。随着人们对事物认识的变化和新的要素的作用的凸显，时间、信息也加进来了，成了五要素，后来又加进了士气和方法，成了管理七要素。管理客体内容的变化，一方面反映了管理工作内容的宽泛与复杂，反映了人们对管理的认识越来越深刻和全面；另一方面从管理工作的不断细化也说明管理工作越来越科学。但由于士气属于人的问题，确切地讲是人的激励问题，方法的研究与使用都是针对人、财、物、时间、信息的，因此，本教材侧重研究管理客体五要素即人、财、物、时间、信息及其相互关系。

（一）人

人在管理活动中不仅是主体，也可以是客体，在客体诸要素中人也是核心要素。因为人是生产活动中最活跃的因素，具有能动性，对其他要素起支配与决定作用。钱、物、时间、信息都受控于人，没有人对这些要素施加作用，这些要素对人就没有意义。因此，管理首先是管人，首先做好了人的工作，才能通过人搞好其他工作。

对人的管理首先要认识到，作为管理对象，人更多的时候表现为群体或组织，由于人的社会性特点，管理群体的人比管理单个的人就更具有难度，所以管理者要运用科学方法实现对人的最佳组合，以提高组织的效率与效益。

另外，作为管理主体的人与作为客体的人在管理活动中是一对矛盾，如何在矛盾的运动中实施科学领导和有效激励，最大限度地调动人的积极性和开发人的智力以实现组织目标，同样是一道难题。

（二）财

资金对任何一个组织而言都是极其重要的资源，没有资金企业就无法启动，更无法运转。因此，如何筹集资金、分配资金和使用资金就成为管财的核心内容。由于企业的生产过程就是资金的循环过程，企业的投入、产出都可以通过资金的形式表现出来，企业生产流程中的每一个环节都能决定投入产出比，决定企业效益，因此，对资金的管理不只是财务管理人员的责任，也是每一个人的责任，高层管理者既要精于经营也要善于理财，企业所有成员都既要关心开源也要关心节流。

（三）物

作为管理对象的物包括的范围很宽，建筑物、生产设备、材料、能源等都属于物的范畴，管好物，充分发挥物资设备的作用，是管理的重要工作。要管好物，先要转变观念。保证物的完好无损固然是开展生产活动的重要物质条件，但如何让物在投入—转换—产出这一生产流程的运动中创造出更大价值，更是对物的管理的核心所在。所以要从两个角度看待物、管好物：对静态的物要让它放置有序，拿放方便，操作合理，尽可能节约使用者的时间，提高效率；而对运动的物要让它动得合理、有效，尽量少占用空间与时间，提高效益。

（四）时间

"时间在增值，空间在贬值"，这是人的价值观念在现代社会中发生的变化。将时间列入管理对象范畴，表明时间在企业生产经营中有着举足轻重的作用。任何一个活动、一项工作的完成都需要时间，而时间是有限的，时间对于每个人、每个企业而言都是相同的，谁在时间上赢得了主动，不管是因为安排科学、运筹合理，还是由于科学技术上的突破，走在了别人的前面，那他就站在了时间的制高点上。所以向时间要效率、向时间要效益应落实到企业经营管理活动中的每一个环节。

（五）信息

消息、数据、情报、资料的总称叫信息。对信息的管理工作一般包括人们在管理活动中对信息的搜集、分析、加工、处理、储存和输出。企业存在三种流动，即人的流动、物的流动和信息的流动。随着电脑和通信工具的普及，管理人员实施管理已逐渐改变直接接触事物本身，而是通过信息来进行。通过信息了解企业状况，再通过信息指挥、协调、控制企业的运营，使企业各个部门和环节有机地联系起来，朝着企业目标作有序、高效的运转。也就是说，企业的人与物的流量、流向不仅取决于信息，而且受控于信息。因此，可以说，信息已经成为企业肌体的神经。

二、管理客体的整体把握

为便于研究，我们可以把管理客体分成人、财、物、时间、信息等一个个单独的要素，但从本质上来看，它们是不可分割的，任何一个与管理客体中的其他要素不发生任何关系的要素，对企业的运营也不会产生任何影响，因此，对它也就没有管理的必要。管理客体是一个有机联系的整体，它们彼此存在着错综复杂的关系，对它们的管理可以说是牵一发而动全身的。比如，一个管理者很清楚企业的资金、设备、原材料、人员等情况，却不知它们的来龙去脉和相互关系；或者只知道资金、设备、材料的情况却不清楚掌握这些要素的人的情况；或者对设备、材料管得井井有条，对资金情况却一无所知等，都是没有从整体上把握管理客体，因而这些要素不可能如管理者所愿发挥出它们应有的作用。既然人、财、物、时间、信息是作为一个有机联系的整体在发挥着作用，因此，管理者就应该用整体的眼光去把握和运用它们，不仅了解它们各自的情况，更要了解它们相互之间的关系；不仅了解它们静态的情况，更要了解它们运动中和运动后的变化。只有整体把握管理客体，对其中的各种要素既知其一，也知其他；既知其然，也知其所以然，并对它们进行科学而合理的配置、调度、组织，综合协调地发挥管理客体中每一个要素的作用，才能确保管理目标的实现。

第四节　管理环境

环境是指存在于组织内外，对组织的生存与发展构成影响的因素、力量、条件的总和。正像管理客体要素不能孤立地存在一样，组织也不可能完全封闭、孤立地存在，它一定会受环境中各种因素的影响与干扰。"适者生存"、"知己知彼"，都是前人对组织环境研究的总结，只有了解环境的内容与特点，把握环境对组织构成的影响，才能提高组织在环境中的抗干扰能力和与环境保持同步适应的能力。

一、环境的内容

组织环境的构成非常复杂，一般可以概括为政治环境、经济环境、科技环境、社会文化环境和自然地理环境五类。

1. 政治环境。政治环境主要指国家的政权性质、社会制度以及政府的方针政策、法律法规、行政命令等。这些因素都会对组织活动产生影响，带有强制性。组织必须沿着这种已经规定的运行轨迹作运动。当然，在一个国家的发展中，政策法规在不同时期会有调整，所以，组织也应据此做出相应的改变，只有始终保持自己的方针政策与国家的方针政策吻合，组织发展方向符合国家规定的大方向，组织才能受到相应法律政策的保护而得以生存和发展。对于跨国企业或者涉及本国以外其他国家的组织，如旅游企业，由于它们要与其他国家打交道，谋求自己的目标是通过与那些国家或地区的合作来实现，因而必须了解那些国家的社会制度、法律政策，与那里的政治环境相适应，否则目标就不能实现。

2. 经济环境。经济环境是指一个国家或地区的经济体制、经济发展速度与总体水平、经济发展战略与政策、当地居民的收入与消费水平。经济环境对于企业的经营发展有着直接的影响，比如，不同的经济体制决定了企业不同的经营思想和经营方针；不同的经济发展时期，企业会有不同的经营战略与对策。经济环境的不利可能会成为企业发展的障碍，但也可能给企业带来发展机遇。经济环境与政治环境有着密切关系，经济环境的变化有可能带来政治环境的波动。

3. 科技环境。科技环境主要包括一个国家或地区的科技发展政策与方针、科技管理体制、科技发展总体水平。科技环境不仅变化速度快、变化幅度大而且影响面广。比如，电子计算机的出现与飞速发展和普及不仅改变了企业的组织结构形式、管理方式，甚至改变了生产方式与工作方式。对管理人员的素质也提出了更高的要求，比如，交通工具的发展缩短了空间距离，使企业供、产、销联系更加紧密，生产方式、库存方式也做出了相应变化。科技环境的变化给企业发展创造了有利条件，但同时也给企业带来了巨大的压力与挑战，它必须迅速跟上科技发展形势，不断提高自己的自主创新能力，否则难免被淘汰。

4. 社会文化环境。社会文化环境主要包括一个国家或地区的人口数量、年龄结构、教育发展水平、当地的历史文化传统、风俗习惯、价值观念、宗教信仰、审美取向以及时尚潮流等。这些因素从不同角度对企业的发展目标、市场定位、产品方向、组织活动等产生影响。比如，年龄结构和当地的教育水平会关系到企业员工的构成以及他们的文化业务技术素质；价值观念、风俗习惯、审美取向会关系到企业的存在与追求能否得到当地居民的认同、理解和支持等。在社会文化环境的影响下，企业一方面要融入当地文化，入乡随俗；另一方面还要建设自己的文化，并形成文化感染力，推动社会的进步。

5. 自然地理环境。自然地理环境主要指企业所在地区的地理、气候条件和自然资源的拥有状况。企业要根据这些条件因地制宜地研究和制定自己的发展对策，有针对性地进行开发建设。随着人类对自然资源的过度开采和利用，自然资源日益减少，环境污染日益加剧。如何保持可持续发展，这不仅是对每一个企业提出的挑战，也是摆在每一位企业管理者面前不得不思考然后做出回答的一道难题。

二、环境与企业的关系

1. 环境对于企业而言，既有机会又有压力。必须承认，企业成长无时无刻不受环境的影响。环境对于企业而言如同扎根的土壤。这片土壤可以为企业提供营养与水分，也可能使企业面临贫瘠与灾害。同时，环境是企业的舞台。企业可以在这个舞台上找到自己的位置和适宜的角色，从而确定自己的服务对象，并通过为服务对象提供高质量的产品满足他们日益增长的物质和文化需求来体现企业自身的价值。在企业成长中，环境为它的生存和发展提供了空间，但同时也提出了要求。企业发展不可能随心所欲，必须受这些要求的制约：社会要求、政府要求、行业要求、顾客要求、资源的限制、政策的限制等。这些要求和限制就构成了对企业的压力，但同时也成为企业的机会。企业要变压力为动力，在满足各种限制条件的基础上，把握机会知难而上，圆满达到各方要求。当然这需要企业具备较高的综合素质，而这也正是管理的价值所在。

2. 环境是企业资源的提供者。企业生产需要投入各种资源，这些资源都来源于环境，即环境是企业资源的提供者。企业可以在这个广阔的环境中寻找到符合企业需要的优秀人才；可以获得资金、材料、技术；可以捕捉到有利于企业发展的信息；还可以找到合作伙伴。离开这个大环境，企业生产就会成为无源之水、无本之木。

3. 环境是企业产出的消费者。在环境为企业提供着生产所需的各种资源的同时，环境也在消费着企业用它所提供的资源生产出来的各种产品。在这些产品中，有有形产品、无形产品；有物质产品、精神产品；当然有合格品也有残次品，还有无用品。如果用紧缺的资源生产出残次品，这自然就造成了浪费；不经过市场预测而盲目上马导致生产出没有用的东西，一方面环境会无奈地接受，另一方面它也会将苦果返还给酿成苦果的企业。

总之，任何一个企业都处在特定的环境中，这是客观存在，不以人的意志为转移。环境对组织的影响不仅是多方面的，而且是多层次的，有的因素直接作用于组织，有的因素则是间接地起着作用。另外，在分析环境与企业的关系时，还应该注意环境中的不同因素在产生对组织的影响的同时，它们相互之间也有着关联作用，彼此是相互影响、相互作用的。

三、环境管理

对于环境管理所追求的目标应该是企业的内部环境与外部环境达到动态平衡。平衡是相对的，不平衡是绝对的，企业的有效管理就是在平衡中力求打破平衡，在不平衡中谋求新的平衡。为此，企业管理者应该做到以下方面。

1. 分析认清环境。企业领导必须对环境保持清醒的认识。要通过企业环境的动态观察，准确预测未来环境的变化，对环境变化的走向、变化强度等做出判断。要清楚环境变化对企业可能构成哪些影响，企业对环境的变化应做些什么准备工作。只有把握住环境变化的趋势与规律，才能在环境变化到来时沉着应对。

2. 能动地驾驭环境。企业对于环境的变化似乎很无奈，只能被动地适应。因为国家的政策企业无法改变，顾客的需求企业说了不算。但是，分析一下，同样的外部大环境下为什么有的企业失败，有的企业却能够成功？区别就在于成功的企业不是去被动地适应环境，而是能动地去驾驭环境。驾驭环境表现在：第一，企业要设立专门的信息搜集和存储机构，要通过各种渠道全面搜集与组织有关的信息，并经常检查信息通道，确保其畅通无阻；第二，要对所搜集的信息作及时的分析、加工、处理，使企业信息是新鲜的、准确的；第三，信息管理机构还应负责快速地将信息提供给企业领导者和相关部门，为他们进行决策提供依据；第四，根据对信息的分析，找出环境变化的趋势和规律；第五，拿出应对未来环境变化的方案，提前做好应变准备。这些工作一定要形成制度，长期坚持。只有这样，才不会被环境变化"牵着鼻子走"，才能主动迎接环境的变化，并在环境变化中找到自己发展的机会。

第五节 管理职能

自从法约尔第一个将管理过程划分为五个职能即计划、组织、指挥、协调、控制之后，关于管理职能的讨论就没有停止过。有人认为管理职能应化简为三个，即计划、组织、控制；有人认为应该是四个，即计划、组织、领导、控制；有人认为是五个，不过跟法约尔那五个有差别，即计划、组织、人员、领导、控制等。

本书则认为管理职能应包括计划、组织、领导、激励、控制、创新。随着企业内外环境的变化，管理的内容也在不断变化，管理人员必须能够充分地认识这一点，随时观察管理涉及的因素、工作、活动以及它们之间关系的变化，找出它们变化的规律，将它们分门别类地纳入管理的范围，根据它们的特点增加新的管理职能，使各项管理职能活动紧密衔接，密切配合，并充分发挥每一项管理职能的作用，以确保组织目标的整体实现。

一、计划

计划是管理职能中的首要职能。之所以放在首位，是因为计划要确定企业目标，规定企业发展方向；要为实现这个目标找出相对最好的途径；规划好企业走完全程到达目的地需要的资源。计划是在为组织描绘蓝图，其他工作都要围绕实现这张蓝图进行。因为方向目标是根本，方向错则一错百错，因此，制定计划要按照科学的程序进行，要确定目标；要进行环境分析与预测；要提出科学可行的行动方案；要进行方案比较，择优并做出决策；要编制具体计划并加以落实。

二、组织

组织就是根据计划目标要求构建合理的组织机构，确定部门和规模，进行岗位分工和编制岗位责任，确定管理层次，明确上下级关系，综合分析平衡，将横、纵各个部分组织成为一个有机整体。然后按照目标要求选择人员、培训人员，将人员安排在合适的岗位上，成为实体开始运转。在组织运转的过程中还要观察、研究组织行为变化，协调各种关系，对与目标不符、与环境不符的现象进行调整和改革。组织的目的是要创造一个有利于员工心情舒畅地完成工作任务、加速实现组织目标的环境，因此，组织还会涉及团队建设和沟通问题。

三、领导

领导是对员工施加影响并进行引导，使他们自觉自愿地为实现组织目标做出努力的过程。领导的关键是有效性，而有效性表现在员工不仅要对领导服从还要乐于追随。领导要选择适当的领导行为，要指导和协调下属去工作，还要解决工作中出现的冲突，这些都与领导观念、领导素质和领导艺术有关。

四、激励

激励就是借助一定的外部手段，促使企业员工产生某种有利于组织目标实现的特定动机并按照组织所需要的方式行为，以有效地实现组织目标的系统活动。激励的目的是激发士气，调动员工积极性。激励的关键是了解人的需求，在实施对企业员工的激励时，要确定和研究激励对象，针对他们不同的需求和特点，运用合适的激励方法，选择恰当的激励时机，让员工需求与组织目标、个人成长与企业发展在激励中达到统一。

五、控制

控制职能就是管理主体按照根据企业计划目标制定的工作标准，通过信息反馈，衡量和检查客体的计划完成情况和纠正计划执行中的偏差的过程。由于环境变化对组织的影响，管理主体对组织的计划目标要不断修正，管理客体在执行计划目标时也难免出现偏差，因此，必须充分发挥管理控制职能的作用，随时对企业活动进行监督检查，发现偏差及时纠正。控制的基本原理是信息反馈。控制的过程包括制定标准、实施状态测定、发现偏差和纠正偏差。控制的目的是使组织的实际运行与计划目标始终保持高度一致。

六、创新

社会发展到知识经济时代，创新时刻发生在我们周围并改变着我们的生活甚至生存方式，企业必须与这种环境相适应，否则将被时代的发展淘汰出局。因此，创新是企业适应时代要求应运而生的新的管理职能。作为企业管理的一个新职能，创新是以企业持续发展为目标，在综合分析企业内外环境的基础上，创造性地提出企业未来发展的新观念、新思路；解决问题的新办法、新技术；领导潮流、创造更大价值的新材料和新工艺等的活动。企业创新包括观念创新、组织创新、市场创新、知识创新、技术创新,当然还包括所有管理职能活动和覆盖所有管理对象的管理创新。

研究和运用管理职能时一定要注意,作为管理系统中的任何一个管理职能都不可能孤立割裂地存在,它们相互依存、相互作用、相互制约,是一个有机的整体。因此,它们的作用也是综合体现的。

案例

人们为什么对这位新助理失望

在 A 饭店,王形走出饭店总经理办公室,心头涌起一阵阵按捺不住的喜悦。总经理同他谈了话,向他宣布饭店总经理助理已经退休,他被任命为新任助理。王形回到办公室,冲了一杯咖啡,坐下来不禁回顾起自己走过的道路:23 岁时,在饭店管理学院学习 4 年,毕业时取得了饭店管理学士学位;毕业后到 A 饭店工作,由于工作表现出色,不到两年就被提升为饭店前厅部经理助理,一年后,又被提升为前厅部经理;感到特别骄傲和得意的是自己当前厅部经理不到一年又荣升为总经理助理,并战胜了自己的竞争对手——餐饮部经理李卫。李卫在这个饭店已经工作了 10 年,他不像王形那样富有冒险精神和改革精神,但他谦虚、工作努力、勤奋,受到餐饮部员工的尊敬,大家一直觉得将来饭店总经理助理的职位应属于李卫。因此,王形意识到,作为新任总经理助理,将面临新的考验和挑战。

A 饭店有 380 间客房,12 个中餐厅,1 个酒吧,1 个西餐厅,还有游泳池和两个网球场等康乐设施。无论是饭店的地理位置,还是设施,都对客人有相当的吸引力,在过去几年中,饭店的效益不错。近两年来,由于毗邻有两座新饭店开业,A 饭店的营业状况开始出现下降的趋势。这使得总经理认识到,面临着市场竞争和人才的挑战,饭店急需要年轻有为、思维敏捷、有创新精神、文化素质较高的人来管理。总经理还认识到,饭店要发展,必须制定长期发展战略。为此,他请王形在做好市场调研的情况下,考虑制定一份本饭店营销的长期战略方案。

王形欣然接受了这个任务,坐下来认真思考这个战略方案的内容和形式。为了"亮"一手,王形决定把自己关在办公室里三个星期,独自完成这个艰巨的任务。王形告诉助手,除紧急情况外,其他事情他一律不介入,由助手去处理。三个星期后,当完成这个长达两万字的市场营销战略方案时,他显得非常得意、非常自信。他把这份方案匆匆发到各部门去传阅,同时附上这样一份问卷调查表。

饭店各位部门经理：

众所周知，我已被任命为本饭店总经理助理。我们的总经理请我制定了未来五年内提高饭店销售收入的新的市场战略。扩大老市场，开拓新市场，不断增加饭店的收入、利润，是本店每个部门和全体员工义不容辞的责任。我认为你们应该仔细阅读这份战略方案，对方案中提出的各部门五年内应达到的营业收入和利润指标应认真考虑，并提出实施措施。由于时间紧迫，如果你们能够尽快回答下述问题，填好此问卷，并于本周末交到我办公室，我将不胜感激。

1. 作为饭店的部门经理，你打算在你的部门中如何实施饭店的市场战略？
2. 要实现新的销售目标和利润目标，你认为还需要增加哪些人力、财力和物力？
3. 你还有哪些好的办法或途径来扩大市场，增加销售量，提高饭店的收益？如有，请写于后！

总经理助理：王形

王形是星期一将这份市场营销战略方案和问卷调查表发到各个部门的，他希望星期五能够得到回复。但星期五收到的不是对问卷的回答，而是接到总经理的电话，请他马上去总经理办公室。他立即从椅子上跳起来，快速到了总经理办公室，当他看到满脸怒气的总经理时，异常惊诧。下面是他与总经理的一段对话。

总经理：小王，我想，我不用费时间告诉你请你来见我的原因，我必须毫不掩饰地让你知道问题的严重性。我很惊讶，一个我信任的被我提拔的人在升职后的短短四个星期内会使各部门经理都变得情绪低落、消极失望？

王：对不起，总经理，我真不明白您在谈什么？是不是哪个新毕业的大学生在管理见习中做了错事，我予以纠正，引起他不满意？

总经理：不，完全不是。今天我必须明确告诉你，鉴于你好像还弄不清我请你来的原因，我不得不向你指明，我只是请你去完成饭店的长期市场营销战略方案，但你却因此而搞得饭店的所有部门经理都情绪低落，员工工作混乱，而且有两名部门经理今早提出了辞职申请。我不明白，你究竟在干什么？

王：好，如果李卫是提出辞职的部门经理之一，如果您不介意，我想应该接受他的辞职。自从我成为总经理助理以来，我感觉他似乎一直不舒畅，我认为他是在忌妒我。

总经理：好了。小王，我知道你做这件事的动机是好的，但是你却把事情全办糟了。你自己认真想一想错在什么地方？如何调整自己？

讨论题

1. 你是否可以帮助小王想一想，在企业管理中管理者应扮演怎样的角色和具备怎样的技能？

2. 小王的做法暴露出了什么问题？应如何解决？
3. 你认为在王彤和李卫中提拔谁更为合理？理由是什么？

（根据《下属为何对他失望》压缩改编。原载李任芷主编：《旅游饭店经营管理服务案例》，中华工商联合出版社 2000 年版）

第二章　管理思想发展概述

【学习目的与要求】
1. 明确管理思想发展的基本脉络。
2. 掌握管理发展不同时期的特点以及变化规律。
3. 了解不同时期的代表人物及其对管理所做出的贡献。

自从有了人类社会就有了管理，但直到19世纪末管理才成为一门科学。管理学的形成与发展经历了一个漫长过程。

第一节　早期管理

19世纪末之前的管理虽然普遍落后，但国内外都不乏一些优秀的管理思想的萌芽和一些成功的管理实践，它们都为管理学的形成和日后发展奠定了良好的基础。

一、国外早期管理思想与实践

在奴隶社会，管理实践和思想主要体现在指挥军队作战、治国施政、管理教会等活动之中。如古巴比伦在汉谟拉比统治时期颁布了《汉谟拉比大法典》，该法典共282条，较全面地规定了个人财产如何受到保护、百姓应遵守哪些规范、货物贸易应如何进行、家庭纠纷、犯罪处理等；古罗马在管理当时的庞大帝国时，已体现了行政、立法、司法的分离，不仅对奴隶制度、财产制度、私有财产保护、债务等有明确的法律规定，而且建立起了权力等级严明的专制的组织结构。当时成功的管理实践有：古代埃及人建造的金字塔以及古巴比伦人建造的"空中花园"和"巴比伦塔"。完成如此高难且巨大的工程，没有先进的组织管理和技术管理是很难想象的。

18世纪60年代开始的产业革命，使生产力水平有了很大发展，社会的基本生产组织形式发生了巨大变化，从以家庭为单位转向了以工厂为单位。于是，侧重于工厂制度的管理思想和实践相继出现。苏格兰政治经济学家、哲学家亚当·斯密通过研究英国的制针业提出了劳动分工理论。他认为，劳动分工是提高劳动生产力和降低成本的重要因素。后来英国著名的数学家和机械工程师查尔斯·巴贝奇经过广泛的调查研究不仅肯定了劳动分工理论，而且对劳动分工可以提高效率的理由进行了更全面的补充。此外，巴贝奇还研究了工具、工作方法、工资报酬等问题，在作业管理、激励等领域做出了巨大贡献。英国空想社会主义者欧文在自己的企业里进行了改善工作条件和生活条件、缩短工作时间、提高工资的改革尝试，开创了企业重视人的地位和作用的先河。

值得一提的是，1841年10月5日，在美国马萨诸塞至纽约的西部铁路上，两列火车迎头相撞，造成近20人死亡。这个看似偶然的事件，实则反映了历史的必然，最终导致老板交出企业管理权，只拿红利，另聘具有管理才能的人员担任企业领导，形成了所有权与管理权的分离。两权分离具有重要意义：第一，管理不仅只是一种活动，而且变为一种职业并得到了认可；第二，专业管理人员从事管理，使得管理的横向分工出现，这不仅提高了管理效率，而且为企业组织形式的进一步发展奠定了基础；第三，专业管理人员掌握了管理权，直接为后来管理理论的诞生创造了条件，为管理学的创立提供了前提。

二、国内早期管理思想与实践

中国古代有着丰富的管理思想，儒家、道家、法家都有管理思想与方法的大量论述，而且有着丰富的管理实践。

西周时期姜尚所著的《六韬》、《三略》是我国现存最古老的兵书之一，也是最早涉及管理的著作。《六韬》包括《文韬》、《武韬》、《龙韬》、《虎韬》、《豹韬》、《犬韬》六篇，共六十章，堪称古代帝王之学，是古代统治阶级治理国家和管理臣民的理论与方法。《三略》分上、中、下略三卷，分别论述了掌握民心、识人之明和治国根本的问题。

对全人类都产生了重要影响的孔子，其管理思想有一部分涉及经济管理，大部分是与治理国家或管理社会有关。其管理思想的核心是"礼"、"义"。

与孔子大约同时代的军事家孙武所写的《孙子兵法》，虽然是一部兵书，但有着鲜明的管理特色，同样适用于管理。

除此之外，孟子、庄子、老子、商鞅、韩非等都提出了精彩的管理思想。

我国的万里长城是古代管理的杰作。它东起山海关，西到嘉峪关，绵延6 700公里。从它的雄姿中，我们不难想象其在建造过程中运用了高超的管理思想和方法实现了对人、财、物的分配及工程质量的控制。

两千两百多年前由李冰父子主持修建的都江堰水利工程，融灌溉、蓄水、排沙于一体，精心设计、周密安排，充分体现了系统管理的思想，至今仍发挥着作用。

第二节 近代管理

近代管理是指19世纪末到1945年左右出现和形成的管理理论与思想。在这一阶段，管理理论初步形成，并在两个方面取得了重大成就：一是组织与生产的管理；二是对组织中人的管理。前者主要指古典管理，具体包括泰勒的科学管理、法约尔的古典组织理论和韦伯的行政组织体系；后者则指梅奥的人际关系理论及后来成熟的行为科学。

一、古典管理

古典管理理论时期也被称为科学管理理论时期，是管理理论正式形成时期。

随着生产力水平的不断提高，以大机器生产为特征的资本主义工厂制度迅速发展起来，企业规模扩大，管理对象日趋复杂。而当时的管理依然停留在经验管理的水平，不能适应快速变化的形势，严重制约了生产的发展，因而从客观上产生了变革管理的需要。两权分离后，专业管理人员注意总结管理经验，并将其系统化、科学化、标准化，使得管理逐渐进入了科学轨道，成为一门科学。

古典管理主要指：以泰勒为代表的科学管理理论，以法约尔为代表的古典组织理论和韦伯的理想的行政组织理论。

（一）泰勒的科学管理理论

弗雷德里克·温斯洛·泰勒（1856~1915年）出生于宾夕法尼亚州杰曼顿的一个富裕的律师家庭。18岁时虽以优异的成绩通过了哈佛大学法学院的入学考试，但因故未能入学。他从一名学徒工干起，先后当过技工、工长、总机械师、总工程师。1883年，他用两年半的时间业余自学完成了新泽西州史蒂文斯技术学院机械工程专业的学习。1886年，泰勒参加了著名的美国机械工程师协会，并于1906年当选为协会主席。1898~1901年，他从事管理咨询工作。1911年发表了《科学管理原理》。这本著作奠定了科学管理的理论基础，成为管理从经验管理转变为科学管理的重要标志，他也因此被称为"科学管理之父"。

1. 搬生铁试验和起铲作业试验。泰勒为改变因操作方法不科学而造成的效率低下做过大量试验，著名的试验有搬生铁试验和起铲作业试验。通过对时间与动作进行研究，制定科学的操作方法，并据此制定合理、有效的日工作定额。

（1）搬生铁试验。伯利恒钢铁公司曾雇75名工人将几万吨生铁搬运装车。泰勒对工人的工作进行考察后发现，这些工人每天搬运生铁的数量差距很大，多的达40多吨，少的只有几吨，平均每天每人搬运12.5吨。泰勒通过对时间动作的研究，制定出一套最优操作方法，并找人进行试验，许诺给他涨工资，条件是按照新方法进行操作，结果他达到了每天搬运47吨。然后他用优化了的操作方法对所有工人进行培训，最后保留了1/3能够达到标准的人。他将47.5吨定为日工作定额，将工人的工资由原来每天的 1.15 美元提高到 1.85 美元，使工人的收入增加的同时工厂的成本大幅度降低，利润大幅度提高。

（2）起铲作业试验。伯利恒钢铁公司的铲运工人经常要铲运不同的物料。泰勒通过观察工人的劳动过程，特别是用秒表和量具进行测量发现，一铲铁矿石重 22 磅，一铲煤灰仅重 9 磅。而一流工人操作时每铲的最佳重量是 21 磅。于是泰勒设计了 12 种不同规格的铲子，并专门设置了工具室。每次工人干活之前，除领任务外，还要清楚所用铲子的规格，改变了过去不管铲什么物料都用同样的铲子的情形，大大提高了生产效率。

2. 科学管理理论的内容。经过大量科学试验，泰勒总结出了一套科学管理理论，具体内容包括：

（1）工作定额。泰勒认为，"工人和资方之间和睦协作的最大障碍，在于资方对此事的无知，即构成每个工人一天合理工作的标准究竟是什么。"他还说："工时研究，顾名思义，就是对完成一种工作应该用的时间进行精心的研究，而不是对完成一种工作的实际时间进行研究。"只有制定了合理、有效的日工作量标准，并通过种种措施使工人加以完成，才能提高生产效率。

（2）科学地挑选和培训工人。为了保证工作定额的实现，提高劳动生产率，必须改变过去那种由工人自己选择工作、不经训练就上岗的状况。应该对工人进行科学的选择和严格的培训，以保证工人适合工作岗位的要求并具备与工作相适应的体力和智力，从而完成工作定额。

（3）标准化。泰勒认为，较高工作定额的完成，还需要标准化的管理作保证，为此应该制定标准并形成标准化。要通过培训使工人掌握标准化的操作方法，要让工人使用标准化的工具和材料，工作环境也要标准化，要形成一整套标准化制度。

（4）差别计件工资制。泰勒认为，不按劳付酬是工人磨洋工的重要原因之一。为了最大限度调动工人的积极性，他提出了差别计件、超额重赏的刺激性付酬制度。完成或超额完成工作定额的就按较高的工资率付酬；没有完成定额的只能按照较低的工资率领取报酬。

（5）计划职能与执行职能分离。为了提高劳动生产率，泰勒认为应该用科学的工作方法取代经验工作方法，即以在实验和研究基础上确定的标准操作方法和采用标准化的工具、设备来取代完全由工人自己摸索出的经验。他提出要把计划同执行分离开。计划由管理当局负责，主要任务包括：进行时间和动作研究；制定工作定额和标准；对工作定额和标准的实际执行情况进行有效的监督和控制。工人则按照计划的要求来执行。

（6）职能管理原理。为提高工作效率，泰勒主张将管理工作细分，实行管理的分工和专业化。具体操作上，他运用了"八大职能工长制"。但由于该方法易形成多头领导，导致管理混乱而被否定。但他的职能管理思想为后来企业职能部门的建立和管理专业化提供了参考。

（7）例外事件原则。泰勒认为，经过科学测定，一切工作都应形成标准，没有纳入标准化的事件称为例外事件。例外事件一旦发生应由管理人员特别是高级管理人员处理；纳入标准的例行公事则应授权下级处理。在例外事件发生时还要分析重复发生的可能，有则总结处理的程序与经验，形成标准纳入到标准化体系中。

3. 科学管理的特点。

（1）科学管理的目的是提高生产效率；

（2）科学管理的研究方法主要是试验研究法；

（3）科学管理的研究对象是车间的作业管理；

（4）科学管理的核心是标准化；

（5）科学管理的人性观是"经济人"的人性观，强调严格管理、金钱刺激；

（6）科学管理的意义在于引起一场"精神革命"，使工人和雇主注意的焦点从分享经济价值转移到增加可供分享的经济价值上。

（二）法约尔的古典组织理论

亨利·法约尔（1841~1925年），法国人，1860年以优异的成绩毕业于法国矿业学院，25岁时被从工程师提升为矿井经理，随后一直担任高层管理工作。1916年发表著作《工业管理和一般管理》，提出了一般管理理论。

1. 法约尔一般管理的内容。

（1）将企业经营活动概括为六项工作。法约尔认为，凡进行集体经济性活动的企业组织，都包含着六个方面的工作：

第一，技术性工作，主要指企业所从事的生产、制造、加工等活动。

第二，商业性工作，主要指企业所从事的采购、销售和交换活动。

第三，财务性工作，主要指企业筹集和最有效地使用资金的活动。

第四，会计性工作，主要指通过财产清点、编制资产负债表、成本核算、统计等工作对企业的经济形势提供准确、清楚而又详细的资料的活动。

第五，安全性工作，主要指企业所从事的对商品及人员的保护工作。

第六，管理性工作，主要指企业所从事的计划、组织、指挥、协调和控制等活动。

（2）提出了管理的五种职能。在分析研究企业经营活动的基础上，法约尔重点研究了管理，并首先提出了管理职能。他认为，管理就是实行计划、组织、指挥、协调、控制，并对这五种职能进行了分析。

第一，计划，就是探索未来，制定行动计划。

第二，组织，就是建立企业的物质与社会的双重结构。

第三，指挥，就是指导、激励企业人员，使其发挥最大作用。

第四，协调，就是连接、联合、调和所有的活动与力量，保持组织中各部门的人和物在运转上的一致性。

第五，控制，就是检查执行情况，使实际工作与既定的计划、规章、标准和原则相符合。

(3) 总结出管理的 14 项原则。法约尔认为，管理活动应遵循以下 14 项原则。

第一，劳动分工。劳动分工不仅适用于技术工作，而且适用于管理工作。

第二，权力和责任。凡行使权力的地方，一定有责任，两者必须相统一。

第三，纪律。纪律就是遵守组织的各项规章制度。制定和维持纪律的最有效的办法是：各级好的领导；尽可能明确而又公平的协定；合理执行惩罚。

第四，统一指挥。无论什么时候，一个下属只应接受一个领导者的命令。双重或多头领导必然会影响权力、纪律、秩序和稳定。

第五，统一领导。为实现同一目标，一个组织只能由一个领导人使用一个计划指导工作。

第六，个人利益服从集体利益。集体的目标须包含员工的个人目标。作为领导，要使监督员工与以身作则保持一致。

第七，合理的报酬。报酬是服务的价格。报酬的多少和支付的方式要公平合理。法约尔还认为，任何优良的工资制度都无法取代优良的管理。

第八，适当的集权与分权。凡降低下层在决策中的作用为集权，反之是分权。权力集散的程度应视企业的规模、条件、工作性质、领导和下属人员的能力而定。

第九，跳板原则。企业管理中的等级制度表明了权力路线和信息沟通渠道。理论上，为保证统一，请示汇报应逐级进行。但为争取时间，提高效率，法约尔提出了用"天桥"沟通联系的概念。即允许同级间的人员取得直接联系，然后将所采取的行动报告各自的上级。

第十，秩序。秩序即"各有其位，各就其位"。此原则既适用于物质资源，也适用于人力资源。设备、工具要排列有序，便于取放；人员则要有自己确定的位置且在岗位上发挥作用。

第十一，公平。公平由公正与善意产生。作为领导，在对待下属时，应特别注意他们希望公正和平等的愿望，要努力使公平感深入人心。

第十二，保持人员稳定。一个人要做到有效、熟练地从事某项工作，需要相当长的时间。人员的频繁流动，必然造成人、财、物的浪费，也是企业管理不善，生产经营不景气的原因和结果。保持管理人员的稳定尤其重要。

第十三，首创精神。发明、建议与执行的主动性就是首创精神。首创精神是企业巨大力量的源泉。管理部门应允许所有的企业人员以某种方式显示其首创精神。高明的领导可以牺牲自己的虚荣心以激发下级的创造力。

第十四，集体精神。团结就是力量，企业的领导人员要鼓励职工紧密团结和发扬集体精神，保持和巩固企业人员间的和谐关系。

2. 法约尔一般管理的特点。

（1）因与泰勒同时代，所处大环境相同，所以法约尔研究管理的出发点和目的同样是要提高生产效率，也同样把人看成"经济人"。

（2）企业组织结构的合理化是法约尔一般管理研究的中心问题。

（3）因与泰勒的经历不同，法约尔有条件从企业的高层、全局的角度来研究管理，因而较泰勒的科学管理更具系统性和理论性。

（4）由于一般管理理论研究的是组织的共性内容，因而它不仅适用于企业，也适用于其他组织。

（三）韦伯的行政组织理论

韦伯（1864~1920年），德国人，曾担任教授、政府顾问、编辑，是社会学家、经济学家和德国古典管理理论的代表人物。其反映并对后世产生深远影响的"理想的行政组织体系"的著作是《社会组织与经济组织理论》。这部著作产生于德国企业从小规模世袭管理到大规模专业管理的转变时期。

1. 行政组织理论的内容。针对德国当时情况，韦伯提出了一种理想的组织模式。这是一种体现劳动分工原则、有明确定义的等级和详细的规则与制度，以及非个人关系的组织模式。尽管现实中还不存在，但它代表了一种可供选择的现实世界的组织方式。韦伯认为，任何组织都必须以某种形式的权力作为基础，否则无法达到目标。权力形态有三种：传统的权力；超凡的权力；理性—合法的权力。他认为，适宜作为理想行政组织体系基础的是理性—合法的权力，因为这种权力是由法律规定的。而传统的权力靠世袭得来，作用是维护传统，效率较低；超凡的权力来源于崇拜与信仰，依据神秘或神圣的启示，是非理性的。

韦伯理想的行政组织体系具有如下特点：

（1）组织成员有明确的任务分工，每个职位有明文规定的权力责任；

（2）组织内的各个职务职位按等级原则进行法定安排，形成自上而下的等级系统；

（3）组织内的各个人员都必须遵守组织的制度、规定及办事程序；

（4）组织成员之间的关系完全以理性准则为指导，不受个人情感的影响；

（5）根据职务要求选拔和任用人员，并通过考试和教育培训来实现；

（6）管理者不是企业所有者，有固定的薪金和明文规定的升迁制度。

2. 行政组织理论的特点。

（1）行政组织理论的提出适应德国当时组织管理转变的特点，提出了一条可供参考的有效途径；

（2）对作为组织存在基础的三种权力形态分析精辟，对于今天仍有现实意义；

（3）行政组织体系的六大特点反映了韦伯的理想与追求。

二、行为科学

先进的管理促进了生产力的提高。20世纪初，随着古典管理的普及，经济有了迅速发展。然而泰勒、法约尔、韦伯研究管理时是以"事"、以"物"为中心，他们都把人看成是"经济人"，是组织中的一个零件，是会说话的工具，重视标准的严格、组织结构的精密，却忽视了人的特点，因而导致工人的强烈不满和反抗，使得劳资矛盾紧张，生产效率低下。为了解决这些问题，一些管理学家开始把注意的焦点从"事"和"物"转移到了"人"的身上，试图通过对人的因素的研究寻求到新的管理理论以达到提高生产效率的目的。行为科学理论就在此时应运而生。

行为科学作为一种新的管理理论开始于20世纪20年代末30年代初的霍桑实验。该实验的主持者是美国哈佛大学心理学教授梅奥（1880～1949年）。他在主持了这项长达八年的实验之后，于1933年出版了《工业文明的人类问题》一书，创立了人际关系学说，为行为科学的发展奠定了基础。

1. 霍桑实验。霍桑实验是1924～1932年在美国芝加哥郊外的西方电器公司下属的霍桑工厂中进行的。选择该厂进行实验具有典型意义，因为霍桑工厂虽然具有较完善的娱乐设施、医疗制度和养老金制度，但生产效率却很低。1924年11月，由美国国家研究委员会组织的一个包括多方面专家的研究小组进驻霍桑工厂，开始进行实验。实验共分四个阶段：照明试验、继电器装配小组试验、大规模访问交谈和对接线板接线工作室的研究。

（1）照明实验（1924～1927年）。该实验的目的是研究照明条件对生产效率的影响。他们将工人分成试验组和控制组。不断提高或降低实验组的照明条件而控制组不变，结果发现两个组的产量几乎以相同的比例增长。此结果表明，生产效率的高低与照明度的变化无直接关系。正当人们对此困惑不解的时候，主持实验的一位工作人员听了梅奥关于心理学方面的报告，深受启发，便请他参与进行实验。梅奥的到来把实验引入了第二阶段。

（2）继电器装配小组试验（1927年8月～1928年4月）。研究小组选择了5名女装配工和1名画线工，把她们安置在单独一间工作室内工作，并告诉女工，这项试验并不是为了提高产量，而是要研究各种不同的工作环境。试验过程中，研究小组分期改善工作条件。例如，增加工间休息，公司负责供应午餐和茶点，缩短工作时间，实行每周五天制，实行团体计件工资制等，装配小组的女工们在工作时间可以自由交谈，观察人员对她们的态度也非常和蔼。这使得女工们的产量不断上升。在这些措施实施了一年半之后，研究小组决定取消上述工作条件，恢复原来的工作条件，结果产量仍维持在高水平上。对这一现象的研究结果表明，监督和指导方式的改善促使工人改变了工作态度、提高了产量，这是霍桑实验的一个转折点。由此研究人员决定进一步研究工人的工作态度及可能影响工人工作态度的其他因素。

（3）大规模访问交谈（1928~1931年）。用两年的时间，对2万多人次采用自由交谈方式进行调查访问，工人有机会发泄不满情绪，并且随着工人的许多建议被采纳，并允许他们参与决定公司的经营与未来，使得工人的工作态度发生了很大的改变。由此研究人员发现，影响生产力最重要的因素是工作中发展起来的人际关系，而不是待遇和工作环境。

（4）对接线板接线工作室的研究（1931~1932年）。工作室有9名接线工、3名焊接工和2名检查员。研究小组在对他们的生产效率和行为进行了半年之久的观察后，获得了重要的发现：

第一，大部分成员自行限制生产数量，使管理人员不再提高定额，并且可以迁就效率较低的同事。

第二，工人对不同层次的上级持不同的态度，管理人员在组织中职位越高，他所受尊敬的程度越高，大家对他的顾忌心理越强。

第三，工人中存在着非正式的小群体。这些小群体都有自己的行为规范，加入这个小群体，就意味着要遵守这些规范，否则就会受惩罚。这种小群体就是非正式组织。它们对内要控制成员的行为，对外则保护其成员不受管理层的干预。每个非正式组织都有自己的领袖人物。

2. 早期人际关系理论。霍桑实验之后，梅奥总结了霍桑实验的成果，出版了《工业文明的人类问题》一书，阐述了他的人际关系理论的主要思想，提出了一系列不同于传统管理的新观点，为提高劳动生产效率开辟了新的途径。

（1）工人是"社会人"，不是"经济人"。科学管理认为，人是"经济人"，金钱是刺激积极性的唯一动力。而梅奥认为，人是"社会人"，影响人们生产积极性的因素，除物质方面外，还有社会和心理方面的，如追求友谊、安全、归属及受人尊敬等。

（2）生产效率主要取决于职工的工作态度及他与周围人的关系。泰勒等人认为，工作环境、生产条件决定生产效率。而梅奥认为，工作的物质条件与生产率之间没必然的直接联系，要提高生产率就必须满足工人的社会欲望，提高工人的士气。而士气的高低取决于员工对自身的社会地位、被组织的认可和工作中人际关系的满意度。满意度越高，士气就越高。

（3）企业中存在着非正式组织。古典管理只注重组织机构、职权划分、规章制度等。而梅奥认为，人是社会人，在企业的共同工作当中，人们必然相互发生关系，由此形成了非正式组织。非正式组织以约定俗成的行为规范、以自身的情感倾向左右着成员的行为。梅奥认为，正式组织以效率逻辑为其行动标准，非正式组织是以感情逻辑为其行动标准，而管理人员的逻辑多属前者。他还指出，作为管理者要充分认识非正式组织的作用。

梅奥的早期人际关系理论在科学管理之外开辟了一个崭新的领域，强调了管理中人的地位和作用，导致了管理上的一系列改革，例如，提倡职工参与企业的各种决策；鼓励上下级之间实行意见交流，允许下级向上级提意见和建议；建立面谈制度，以消除不满和争端；强调对管理者和监督者进行教育与训练，以改变他们对工人的态度和监督方式；重视、利用和倡导各种非正式组织等，对提高生产效率起到了重要作用。

梅奥早期人际关系理论也有一定的缺陷，例如，过分强调非正式组织的作用；过多强调感情作用；过分否定经济报酬、外部监督、工作条件、作业标准等因素对生产效率的影响等。

3. 行为科学。早期人际关系理论的提出为行为科学的发展奠定了基础。随着梅奥提出人是"社会人"，人的态度、情感、人际关系以及人对工作的满意度等都会对生产效率产生影响，管理学家开始关注人，关注管理活动中的人，并借助心理学、社会学、人类学的知识对人的行为从个体行为、群体行为、组织行为等三个层面进行深入研究。1949年在美国芝加哥讨论会上第一次提出行为科学的概念；1953年在美国福特基金会召开的各大学科学家参加的会议上，正式定名为行为科学。为了区别研究在自然和社会环境中人的行为的广义行为科学，进入20世纪60年代，出现了组织行为学这一名称，以专指管理学中的行为科学。

行为科学以人的行为及其产生的原因为研究对象，通过研究人的需求、动机及需求的满足，它们之间的关系、它们的表现形式以及满足需求的方式等来找出人的行为规律，从而探求如何激励人、调动人的积极性、引导人的行为使之指向组织目标，达到个人目标与组织目标的统一，进而提高生产效率。行为科学包括的主要理论有：

（1）个体行为理论。构成群体或组织的最基本单位是个人，人是复杂的社会动物，只有首先搞清楚作为个人，他们的需求特点、行为方式等，才有可能进一步分析研究由不同的人组成的群体或组织的行为。个体行为理论包括：激励研究理论，如激励的内容理论；激励的过程理论；行为改造的激励理论；人性研究理论，如X—Y理论；不成熟—成熟理论。

（2）群体行为理论。人的思想、感情是非常活跃的，在由人组成的群体中，人会相互影响、相互作用、相互学习。由于人的差异，也会有相互矛盾与冲突，于是会有非正式群体产生，甚至会有相互对立。群体行为理论正是研究如何利用、引导或化解这些现象的理论。它包括：非正式群体的研究；冲突理论；沟通理论等。

（3）组织行为理论。组织在运转与发展的过程中一定会遇到如何应变、如何改变自己以适应环境，更会经常面临领导行为、领导方法与艺术的问题。组织行为理论主要包括的就是组织变革、组织发展和有关领导的理论。

行为科学这一阶段的特点可以概括为，将人在管理活动中的地位提升，强调以人为中心进行管理。但是，如同古典管理受到行为科学的批评一样，行为科学也同样受到过后人的批评。单纯研究人，不对其他因素加以考虑显然是不完善的。这说明无论是古典管理还是行为科学都不可能解决管理中的所有问题。

第三节 现代管理

现代管理理论主要指管理科学理论。该理论是在第二次世界大战期间形成和发展起来的。第二次世界大战后，科技的飞速发展带来了生产力水平的极大提高和市场的瞬息万变。如果不能准确把握市场方向、投资规模以及企业发展方向等重大战略问题，单纯研究生产效率就会变得毫无意义。因此，人们不再仅仅关注效率，而是更加注重效果，决策成为企业的核心职能。而为了保证决策的正确，必须要有一套科学的管理方法与之相适应，因而管理科学理论应运而生。管理科学的特点可以概括为，以系统的观点、经济效果评价的标准、数学的方法、电子计算机的技术服务于决策的目的。其主要内容包括以下方面。

一、运筹学

运筹学是在第二次世界大战期间由英国科学家布莱克特（P. M. S. Blackett）等人为解决雷达的合理配置问题而研究出的数学分析与计算技术。第二次世界大战后，运筹学被应用于管理领域，它是一种定量的科学方法，要求统筹兼顾，合理使用资源（人力、物力、财力），提供最优解决方案来为决策服务，在有限的资源条件下，取得最大的经济效益。运筹学的分支主要有：

1. 规划论，用于研究如何统筹安排，合理调度人员、设备、物资、资金、时间，以尽可能少的投入获得最大的产出。规划论是运筹学中发展较成熟的理论，包括线性规划、非线性规划和动态规划。

2. 网络分析技术，是关键路线法（CPM）、计划评审技术（PERT）和统筹法的统称，是一种用网络图来解决工程技术和管理工作中的计划与控制问题的管理技术。

3. 库存论，是一种用于研究何时、何地补充库存及补充多少才能既保证企业有效运转，又使保持一定库存和补充采购的总费用最少的科学方法。

4. 排队论，又称随机服务系统理论或等待线理论，是研究要求获得某种服务的对象所产生的随机性聚散现象的理论。

5. 对策论，又称博弈论，主要研究在带有竞争性质的活动中，如何使自己获取的利益最大，并找出制胜对方的最优策略。

二、系统工程

系统工程的出现是因为客观上出现了庞大的系统：20世纪40年代美国试制原子弹的"曼哈顿计划"动用了1.5万人；60年代的"阿波罗载人登月计划"

由美国总统亲自挂帅，100多所大学和实验室参与研究设计，全国2万家工厂分别承制700多万个零部件，参与此事的科技人员为42万人，总投资为240亿美元。在这样一个由众多部门参加的现代大型科研项目面前，传统的管理方法显得无能为力，而它们的成功靠的就是用现代科学技术方法进行系统分析、系统设计、系统模拟以及系统化管理的系统工程。

系统工程就是将事物看成具有内在有机联系的整体。在处理问题时，要把握这个整体中的各部分和各层次结构间的复杂关系，将它们协调统一在整体目标下，以求达到整体系统的良性运转。为此，要对系统运转的各种资源进行有效的计划、组织与控制，特别要保证信息沟通渠道的畅通，以实现系统的整体目标。

系统工程与运筹学有着内在的联系：前者是有效地实现系统的战略部署，后者则是为保证这种战略部署得以实现的战术考虑。两者的相互区别是：运筹学是绝对定量，而系统工程则是定量与定性的结合。

三、现代管理丛林

进入20世纪50年代，管理思想发展呈现出百花齐放、百家争鸣的态势，管理学家们从不同的方面、不同的角度采用不同的方法来阐明各自对管理的见解，错综复杂，各树一帜，形成了众多管理学派。美国加利福尼亚大学教授、美国管理学院院长孔茨称这种管理学派林立的状况为"荆棘丛生的热带森林"。这些学派主要有：

1. 管理程序学派（也称管理过程学派）。这个学派是在法约尔的管理思想的基础上发展起来的。它把管理看成是在组织团体中通过别人或同别人一起完成工作的过程，带有普遍性，与企业的类型和企业中的层次无关。他们认为，不论是什么性质的组织，其管理人员的职能都是相同的，因此，这个学派又被称为管理职能学派。该学派相对于其他学派而言，是最为系统的学派，也最具影响力。不过，在得到人们普遍接受的同时，它也受到批评。认为，它忽略了管理中人的因素；所归纳出的管理原则对动态多变的生产环境难以应用，管理程序的通用性值得怀疑等。

这个学派的代表人物有美国的哈德罗·孔茨和西里尔·奥唐纳，其代表作为二人合著的《管理学》。

2. 经验主义学派（也称经验学派）。这一学派认为，成功的管理者的经验是最值得借鉴的。因此，他们着重分析管理者的实际经验，然后将其加以概括，找出成功经验中具有共性的东西，使其系统化、理论化，并据此向管理人员提供建议。他们强调通过借鉴管理经验而不是从原理出发进行管理，认为管理应侧重于实际应用而不应是纯理论的研究。这一学派对管理的最大贡献是提出了目标管理。这个学派的理论很有特色，目前普遍应用的案例教学法就是体现该学派思路的一种教学方法，很受欢迎。但它也受到了许多管理学家的批评，如孔茨就认为,"一种在过去认为是正确的方法,可能远不适合于未来情况。"在复杂多变的环境中,孔茨的话确实值得思考。

这个学派的主要代表人物有戴尔,代表作是《伟大的组织者》、《管理:理论和实践》;德鲁克,代表作是《有效的管理者》。

3. 行为科学学派(也称人际关系学派)。该学派是在人际关系理论的基础上发展起来的,其主要观点是重视组织中人的因素。它不仅研究人的感情因素,还探索人的行为规律。他们认为,管理是经由他人达到组织目标。管理最重要的是对人的管理,所以要研究人、尊重人、关心人,满足人的需要以调动人的积极性,并创造一种能使下级充分发挥能力的工作环境。

这一学派的代表人物有马斯洛,代表作是《激励与个人》;赫兹伯格,代表作是《工作的推动力》。

4. 社会系统学派。该学派把组织看成是一个社会系统,是一种人的相互关系的体系。认为企业是与企业有关的人员,包括企业经理、员工、投资者、顾客、原材料供应者及各级政府和社会大众的相互关联的社会行为所构成的体系,要使系统运转有效,就必须保持各方关系的协调。

这一学派的主要观点包括:(1)组织是一个合作系统;(2)组织存在应具备明确的目标、协作意愿和意见交流三个条件;(3)组织效力与组织效率是组织存在的两项重要原则,其中,组织效力是指组织实现其目标的能力或程度,组织效率是组织在实现其目标的过程中满足其成员个人目标的能力和程度;(4)管理人的权威来自下级的认可。该学派认为,"一项命令是否具有权威,决定于命令的接受者,而不在于命令的发布者"。

这一学派的代表人物是巴纳德,其代表作是《经理的职能》。

5. 决策学派。该学派的代表人物是美国的卡内基—梅隆大学教授赫伯特·西蒙,其代表作为《管理决策新学科》。由于在决策理论方面的卓越贡献,1978年西蒙赢得了诺贝尔经济学奖。该学派认为,管理的关键是决策。为确保决策正确,必须运用正确的决策方法和科学的决策程序。主要观点有:(1)决策是一个复杂的过程,至少包括提出制定决策的理由、找出可行方案、对方案进行择优、对所选方案进行评价四个阶段;(2)根据决策性质将决策划分为程序化决策与非程序化决策;(3)"绝对理性"和"最优化决策"是做不到的,应用"令人满意"准则代替"最优化"准则;(4)组织设计的任务就是建立一种制定决策的人—机系统。

6. 管理科学学派(也称数学学派)。该学派强调依靠建立数学模型来增加决策的科学性,减少决策的主观成分。主张用数学模型和公式以及电子计算机来进行决策并解决管理中的问题。管理科学学派是泰勒科学管理理论的继续和发展,因为他们都追求通过精确的计算,用最少的资源获得最多的回报。值得注意的是,管理中的许多因素是无法量化的,而有些因素又没有必要花太多的人力、时间和财力去搞数学模型，因而管理科学的应用是有很大局限性的。

该学派的代表人物是美国的伯法，其代表作是《现代生产管理》。

7. 权变学派。权变即指"通权达变"，意为不循常规而采取适合不同需要的灵活方法。该理论认为，组织及其成员的行为是复杂多变的，而环境的复杂性又给有效的管理带来困难，例外情况越来越多，难以找出一种适合于所有情况的管理理论和方法。因此，要根据组织的实际情况选用最适宜的管理方式。权变学派强调随机制宜，权宜应变，主张灵活运用各管理学派的观点。为人们指出了一条走出"丛林"之路。

该学派的代表人物是美国管理学家卢桑斯，其代表作是《管理导论：一种权变学》。

第四节　现代管理理论新发展

进入20世纪70~80年代，世界形势发生了深刻变化，信息技术和知识经济这两股力量的强大冲击对企业的经营环境造成了极大影响。在此大环境下，企业的内部组织模式、企业之间的联系、企业的竞争优势等发生了一系列变化，因而导致企业经营管理的理念和方法、管理的理论又有了新的发展。

一、企业文化理论

企业文化作为管理理论发展的第四个阶段，它的出现是基于它之前的一系列管理理论、创新产生的。企业文化理论诞生于20世纪80年代，标志性的著作有美籍日裔学者威廉·大内的《Z理论——美国企业界怎样迎接日本的挑战》、美国哈佛大学教授查德·帕斯卡尔和安东尼·阿索斯的《日本企业管理艺术》、美国哈佛大学教授泰伦斯·迪尔和麦金赛管理咨询公司专家艾伦·肯尼迪的《企业文化——企业生存的习俗和礼仪》以及美国企业问题专家托马斯·J. 彼得斯和小罗伯特·H. 沃特曼的《寻求优势》。

企业文化理论源于美国，而实践却出自日本。日本作为第二次世界大战的战败国，国土狭小，资源匮乏，毫无优势可言，但在20世纪70~80年代，竞争力却大大超过美国，汽车、相机、家电、钢铁、信息、通信等行业都对美国构成了极大威胁，甚至从美国手中夺过了领先地位。美国学者对此现象进行了深入长期的研究并对美、日两国管理模式进行对比后发现，日本企业成功的深层原因是它们独特的企业文化。长期以来，日本为改变自己落后的状况，虚心学习西方的技术和管理，精心研究东方的传统和文化，结合本民族特点，形成了一套以培养员工精神文化素质为中心内容的企业文化。正是靠着企业文化这一柔性管理的"软"但却持久的力量，日本经济实现了腾飞。美国学者在他们研究企业文化的著作中提出了适宜于美国迎接日本挑战的"Z型组织"理论模式；提出了成功企业必须抓牢的战略、结构、制度、人员、作风、技能、崇高目标等7S战略；提出了企业文化五要素说，即企业文化是由企业环境、价值观、英雄人物、典礼仪式和文化网络组成；强调了企业管理不仅是理性的，而且是文化的；提出企业领导应该具有文化意识、重视企业文化建设；提出未来的竞争将是企业文化的竞争等重要内容。

二、战略管理理论

战略管理理论于20世纪60年代出现在美国，它经历了60年代长期规划时期、70年代战略规划时期，到80年代进入战略管理时期。当时，随着科技进步和经济发展，企业竞争异常激烈，为了在竞争中取胜，企业必须眼睛向外，通过分析和准确把握充满危机同时又潜藏机会的外部环境来确定企业发展方向。战略管理就是根据企业外部环境和内部条件的分析，寻找两者结合的最佳切合点，确定企业的经营宗旨和经营目标，规划企业的行动方案，以构建企业竞争优势和谋求企业的长期生存和发展。该理论的代表作有：安索夫于1965年和1976年分别出版的《公司战略》和《从战略规则到战略管理》；劳伦斯与罗斯奇1969年合著的《组织与环境》；卡斯特与罗森茨维克1979年合著的《组织与管理——系统权变的观点》；1980年美国哈佛大学商学院教授迈克尔·波特的《竞争战略》。

该理论的核心观点是，战略是企业高层管理者为保持企业的生存和发展，通过对企业外部环境与内部条件的分析，对企业全部经营活动所进行的根本性和长远性的规划与指导；战略管理不仅涉及战略的制定和规划，而且包含将制定出的战略付诸实施，是一个全过程的管理；战略管理不是静态的、一次性的管理，而是循环往复的动态管理过程；企业管理要根据企业所处环境随机应变，在稳定性、持续性、适应性、革新性之间保持平衡。迈克尔·波特还提出了五种竞争力（现有竞争对手的威胁、新进入者的威胁、替代品的威胁、供方讨价还价能力、卖方讨价还价能力）分析模型；提出了企业应根据不同情况加以采用的成本领先、差异化和专一化经营的一般性战略。

三、企业再造理论

企业再造（corporation reengineering）又称流程再造或业务流程重组（business process reengineering，BPR）理论，是1993年首先由美国麻省理工学院教授迈克尔·汉默提出，随即成为欧美国家的管理革命浪潮。企业再造一方面反映了环境对企业的要求。由于专业分工的过度运用导致企业生产成本高、效率低、协调性差和企业员工缺乏工作积极性，不适应知识经济和信息革命带来的巨大变化，因此，企业必须调整自己以适应消费者需求多样化的趋势，适应竞争的压力和变革的挑战。另一方面，信息技术的发展和员工知识程度的提高也为企业再造创造了条件。

企业再造，按照汉默的定义是指"为了飞跃地改善成本、质量、服务、速度等重大的现代企业的运营基准，对工作流程作根本的重新思考与彻底翻新"。汉默还认为，企业再造具有根本性、彻底性、戏剧性的核心特征。企业再造的目的是提高企业竞争力，摒弃企业已成惯例却已不适应环境变化的运营模式和工作方法，以工作流程为中心，重新设计企业经营、管理和运营的模式。企业再造的具体内容包括：人的重构；技术的重构；组织内部结构的重构；组织与环境之间联系的重构；企业文化的重构。

企业再造理论的代表人物除了迈克尔·汉默之外，还有长期与他合作的詹姆斯·钱皮。代表著作有：1993年迈克尔·汉默与詹姆斯·钱皮合著的《再造企业——管理革命的宣言书》；1995年钱皮出版的《再造管理》。

四、学习型组织理论

学习型组织理论产生于20世纪90年代。随着企业外部环境的巨变，企业之间不但竞争加剧，而且竞争焦点也从资源转变为技术和知识，一些不能适应这种变化的曾经名噪一时的大企业纷纷退出历史舞台。在这种情况下，人们意识到，企业要能够获取竞争优势，长久地生存下去，必须拥有知识，必须具备获取知识的能力，这就必须要学习。而传统的组织类型只适合于进行对以机器为基础的技术的管理，不适合于对以知识为主的思想和信息的管理与设计，因此，必须对传统的组织类型加以改造，使之成为能够具有敏捷和持续学习能力，具有超强适应能力的组织系统。

学习型组织（organization learning）的概念及设计与变革理念，是由美国麻省理工学院教授彼得·圣吉在他1990年出版的《第五项修炼》这部著作中提出的。他在著作中明确指出，"90年代最成功的企业将会是'学习型组织'，因为未来唯一持久的优势，是有能力比你的竞争对手学习得更快。"学习型组织是更加适合人性的组织，由一些学习团队组成。它有崇高而正确的核心价值、信心和使命，具有强韧的生命力和实现共同目标的动力，不断创新，持续蜕变。在这种组织之中，成员们都胸怀大志，积极进取，脚踏实地，并相互反省求真，面向未来勇于挑战，在追求和实现共同愿景的过程中相互协调、相互学习，实现个人与工作的真正融合，在工作中活出生命的意义。

彼得·圣吉提出的五项修炼是：（1）追求自我超越（personal mastery）。自我超越就是能够不断厘清个人真正愿望，集中精力，培养耐心，客观地观察现实和认识自己，挑战自我，为自己不断树立新目标。自我超越是一种个人成长的学习修炼，是不断追求个人内心渴望得以实现的能力。（2）改善心智模式（improving mental models）。心智模式就是一个人已经形成的看待和处理事务的特有的思维定式。这种定式固结在人的脑海中，成为思考的框框，而往往结论在框框之外，因而它束缚了自己的超越。正像彼得·圣吉所说，"心智模式是深植于我们心灵的各种图像、假设和故事。就好像一块玻璃微妙地扭曲了我们的视野一样，心智模式也决定了我们对事物的看法。改善心智模式就是要帮助我们看见挡在眼前的玻璃，构造出适合我们的新的心智模式。"（3）建立共同愿景（building shared vision）。共同愿景是企业凝聚力所在，具体来讲，共同愿景就是企业员工认同的共同目标、形成的共同价值观。进行这项修炼的目的是建立生命共同体；作用是整合员工为超越自我而形成的新心智模式。（4）团队学习（team learning）。"团队学习"是发展团体成员整体搭配与实现共同目标能力的过程，它是建立在"共同愿景"和"自我超越"这两项修炼基础上的，其目的是为了激发群体智慧，训练协同能力，使组织产生整体放大作用。彼得·圣吉认为，组织成员应经常通过"深度会谈"和"讨论"来化解矛盾与冲突，消除"习惯性防卫"等心理障碍，明确自身角色，形成协调，实现沟通。团队学习就是把分歧调和成动力，塑造和实现共同愿景的过程。（5）系统思考（systems thinking）。这是彼得·圣吉强调的作为学习型组织的第五项修炼。从他的书名《第五项修炼》不难看出，彼得·圣吉对这项修炼尤其重视。系统思考就是要把企业看成一个系统，不仅要看到树木，更要看到森林；不仅要看到眼前，更要看到长远；既要看见瞬间逝去的一幕，更要看见事物渐变的形态和过程。要用系统观分析和思考问题，处理解决问题。

案例

我们应该同意谁的意见

海伦、汉克、乔和萨利四个人都是美国西南金属制品公司的管理人员。海伦和乔负责产品销售，汉克和萨利负责生产。他们刚参加过在大学举办的为期两天的管理培训班学习。在培训班里主要学习了权变理论、社会系统理论和一些有关职工激励方面的内容。他们对所学的理论有不同的看法，现正展开激烈的争论。

乔首先说："我认为社会系统理论对于像我们这样的公司是很有用的。例如，如果生产工人偷工减料或做手脚的话，如果原材料价格上涨的话，就会影响到我们的产品销售。系统理论中讲的环境影响与我们公司的情况很相似。我的意思是，在目前这种经济环境中，一个公司会受到环境的极大影响。在油价暴涨时期，我们当时还能控制自己的公司。现在呢？我们要想在销售方面每前进一步，都要经过艰苦的努力。这方面的艰苦，你们大概都深有体会吧？"

萨利插话说："你的意思我已经知道了。我们的确有过艰苦的时期，但是，我不认为这与社会系统理论之间有什么必然的内在联系。我们曾在这种经济系统中受到过伤害。当然，你可以认为这与系统理论是一致的。但是，我并不认为我们就有采用社会系统理论的必要。我的意思是,如果每个东西都是一个系统的话,而所有的系统都能对某一个系统产生影响的话,我们又怎么能预见到这些影响所带来的后果呢?所以,我认为权变理论更适用于我们。如果你说事物都是相互依存的话,系统理论又能帮我们什么忙呢?"

海伦对他们这样的讨论表示有不同的看法。她说:"对社会系统理论我还没有很好地考虑。但是,我认为权变理论对我们是很有用的。虽然我们以前亦经常采用权变理论,但是,我却没有认识到自己是在运用权变理论。例如,我有一些家庭主妇顾客,听到她们经常讨论关于孩子和如何度过周末之类的问题,从她们的谈话中我就知道她们要采购什么东西了。顾客也不希望我们'逼'他们去买他们不需要的东西。我认为,如果我们花上一两个小时与他们自由交谈的话,那肯定会扩大我们的销售量。但是,我也碰到一些截然不同的顾客,他们一定要我向他们推荐产品,要我替他们在购货中做主。这些人也经常到我这里来走走,但不是闲谈,而是做生意。因此,你们可以看到,我每天都在运用权变理论来对付不同的顾客呢。为了适应形势,我经常在改变销售方式和风格,许多销售人员都是这样做的。"

汉克显得有些激动地插话说:"我不懂这些被大肆宣传的理论是什么东西。但是,关于社会系统理论和权变理论问题,我同意萨利的观点。教授们都把自己的理论吹得天花乱坠,他们的理论听起来很好,但是,他们的理论却无助于我们的管理实际。对于培训班上讲的激励要素问题我也不同意。我认为,泰罗在很久以前就对激励问题有了正确的论述。要激励工人,就是要根据他们所做的工作付给他们报酬。如果工人什么也没有做,那就用不着付任何报酬。你们和我一样清楚,人们只是为钱工作,钱就是最好的激励。"

讨论题

1. 如果你参加他们四个人的讨论,你比较同意谁的意见?或者不同意谁的意见?为什么?
2. 根据你对管理思想发展的理解,你准备如何参加他们的讨论?
3. 你的不同于他们的观点的意见是什么?

(此案例原名《管理理论真能解决实际问题吗》,选自徐国良、王进编著:《企业管理案例精选精析》,经济管理出版社 2003 年版。问题为本书编者另行设计)

第三章 管理观念

【学习目的与要求】
1. 了解各种管理观念的核心思想。
2. 明确树立现代管理观念在现代管理中的意义。
3. 用现代管理观念指导自己的管理行动。

作为一个管理者，要想提高管理的有效性，必须首先解决观念问题。因为观念决定着管理者对管理对象的态度，决定着管理者看待问题和分析问题的角度与高度，决定着管理者在管人用人时所选择的方法和对这些管理方法的运用等。管理者树立什么样的观念绝不是简单的个人问题，而是关系到企业的发展甚至关系到企业命运的大问题。因此，管理者必须根据时代的变化与要求注意观念的不断更新。

第一节 系统观念

系统思想及其应用古已有之。战国时期秦国太守李冰父子主持修建的大型水利工程——都江堰，北宋年间丁渭修皇城"一举三得"，都体现了朴素的系统思想。但由于那时的管理对象普遍规模较小，关系简单，方式也落后，因而这种思想只能是闪现在个别事件当中，而不可能形成一套科学并上升成为理论。然而，随着生产、技术、经济的巨大发展，现代社会的各个领域、各个部门及各种工作都呈现出一种既十分复杂又高度综合的特点，各种管理工作的内容也随之复杂起来。不但一种管理工作的内部存在着错综复杂的、相互制约的关系，并且这一管理工作和其他管理工作也存在着错综复杂的、相互制约的关系。如何把握这些错综复杂、相互制约且瞬息万变的关系，以使企业正常运转，实现更大的效益，必须要运用现代科学方法论——系统理论。树立系统观念，学会用系统方法分析问题、解决问题，不但可以协调管理系统中各个组成部分之间的关系从而使之形成有机整体，还可以收到放大整体功能的效果。

一、系统的概念

系统的一般理论是美籍奥地利生物学家贝塔朗菲于1937年提出的。他在研究生物机体运动时,发现一切生物体都在有限的时空中呈现出复杂的、有层次的结构,都是一个由相互作用的要素组成的整体,其功能大于组成它的各部分的功能的和。以后他又发现,不仅生物体如此,一些类似的非生物体的运动也是如此。于是他撇开一切研究对象的具体结构、形态,仅把对象抽象为由部分组成的整体加以研究,从而创立了适用于一切系统的系统理论。

(一) 系统的定义

系统是由相互依存、相互制约的若干要素组成的具有特定功能的整体。

此定义包含三方面的内容:(1) 系统是由两个以上的要素组成;(2) 各要素之间存在着有机联系;(3) 这个整体具有其各个组成部分所没有的新的性质和功能。

现代管理对象也是一个系统。因为它具有系统所具有的特征:

第一,它是一个由管理者负责控制的不可分割的整体,如饭店、工厂、学校。

第二,这个整体是由相对独立、有机结合的部分组成。如组成饭店的各职能和一线部门,学校的系、部、处,工厂的各科室、车间等。

第三,现代管理对象中不仅有有形的、看得见的整体与部分,还有看不见的、无形的各种关系,如部门间关系、上下级关系、人与人之间的关系等,这些关系不是固定不变的,而是会发生各种各样的变化。从某种意义上讲,把握、理顺及处理好这些关系是管理工作的重要内容。

(二) 系统的构成

组成一个系统,需要有三方面的因素,如图 3-1 所示。其中要素也可称为系统的子系统,环境亦可称为系统的母系统或更大系统。

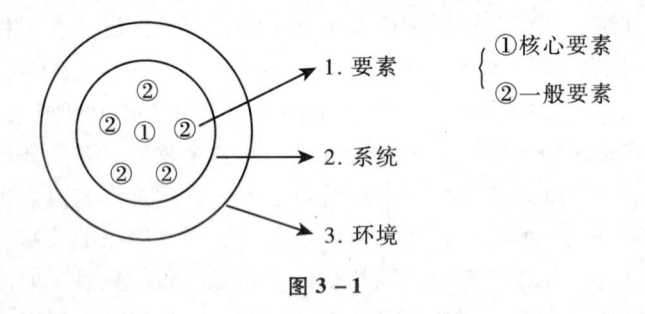

图 3-1

由图 3-1 可看出,任何一个系统都是分系统的集合体;任何一个系统都既是比它高一级系统(母系统)的要素,同时又是比它低一级要素(子系统)的系统。系统中的要素、系统、更大系统的地位都是相对的。比如,若把饭店看做一个系统,饭店中的部门就是其子系统,饭店所属的集团则是饭店的母系统或更大系统。若把饭店集团看成系统,其属下的各个饭店即是子系统,而饭店行业即成为该饭店集团的母系统。

二、系统的特征

（一）目的性

每个系统都有明确的目的，即系统期望达到的结果。系统目的包含整体目的和分目的，整体目的是系统整体行动的出发点和归结点，是分目的的集中体现。而分目的是整体目的的分解，是为实现整体目的而采取的手段，分目的只有落实在整体目的上，才能保持系统结构的协调稳定。

在管理系统内，每个部门及其相互间的关系都是为实现系统目的而设置和建立的，与系统的目的没有关系的要素或子系统往往是系统产生内耗的根源，是干扰系统目标实现的不良因素。因此，必须对系统中的子系统及时进行调整，使每个子系统都有确定的功能，为实现整体目标发挥应有的作用。

系统在某一时期通常只有一个目的，如果同时有几个目的，就会发生资源上的相互争夺，其结果是一个目的也无法实现。

（二）整体性

系统的整体性表现在系统内部各要素之间及系统与环境（母系统）之间存在着有机联系。

现代化大生产不同于小生产时代。处于小生产时期的企业，其自身的发展就是社会整体目标的实现，二者之间不存在矛盾。而在现代化大生产时期，企业与社会之间、局部与整体之间有着复杂的关系和交叉效应，二者的利益并不总是一致的。从局部或企业角度来看有利的事情，对整体或社会不一定有利；相反，从整体看有利的事，对局部也可能造成不利。

按照整体性的观点，现代管理所追求的不应是某个局部的"夺魁"，而应是全局利益的实现和整体效益的提高。

（三）分解协调性

系统是由要素组成的，因此具有可分性。一个系统达到稳定与平衡的前提是协调，而协调的前提是可分，如果一个整体没有要素，没有分工，那么也就无须协调。

一个正常的系统，须按整体目标的要求，对总任务进行科学分解，再按照各要素的特定功能进行合理分工，通过各部门的努力实现分目的，形成局部优化，再按照共同的目标重新协调组合实现整体目标，形成整体优化。如图 3-2 所示。

（四）层次性

系统由要素组成，其结构不是杂乱无章、无序排列，而是层次分明、主次分明的。系统中的每一层次都有各自的功能、明确的任务和责任及权力范围。上一层次系统的主要任务有两个：一是根据系统的功能和目标，向下一层次发出指令信息和考核指令执行的结果；二是解决下一层次各子系统间的不协调。通常同一层次的各子系统之间的横向联系应由其自行解决，只有发生问题时上一层次才出

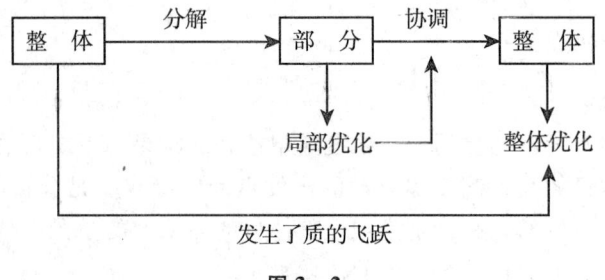

```
整体 ──分解──→ 部 分 ──协调──→ 整 体
                    ↓              ↓
                 局部优化 ─────→ 整体优化
                                    
  ↑_____|
              发生了质的飞跃
```

图 3-2

面干预。

(五) 环境适应性

管理系统作为一个开放系统，为实现整体目标，必然与外部环境产生物质、能量、信息的交流。环境既是系统的资源供应者，又是系统产出的使用者，因此，它对系统有制约作用，系统必须适应环境并满足环境的要求，才可生存并发展。当然，这种适应并不是被动的，而应该是主动的。作为管理系统不仅要提高应变能力，还应具有制变能力，即对未来环境的变化能够做出准确的预测和判断，从而进行决策并采取相应的行为以对环境施加影响。

(六) 特定功能

系统的特定功能表现为系统组合的整体功能大于各子系统功能的简单相加。用公式可表示为：

$$F = \sum_{i=1}^{n} F_i + \Delta F (i = 1,2,3,\cdots,n)$$

其中，F 表示系统的整体功能；F_i 表示子系统的功能；ΔF 表示组合效应即特定功能。举例，如果我们用 F_i 表示一个企业中的个人生产力，那么，这个企业通过管理组织起来的协作劳动所产生的总的生产力应是 $F_i + \Delta F$，其中 ΔF 就是协作劳动产生的新的生产力，也就是说，协作劳动对个人生产力起了增值、放大的作用。

然而，系统功效是不守恒的，即并不是在任何情况下都能产生"正功效"，有时也会产生虚功效，即 $F = \sum_{i=1}^{n} F_i$，甚至会产生负功效，即 $F < \sum_{i=1}^{n} F_i$。

导致系统功效不守恒的主要原因是信息。组成系统的三大要素是物质、能量和信息。物质和能量是守恒的，系统运转时，物质不生不灭，能量不增不减。但信息是不守恒的，因为信息可发生、可消失，可放大、可缩小，可真、可假。系统的功效是通过信息表现的，守恒的物质、能量与不守恒的信息组成系统时，其功效必然不守恒。系统功效不守恒正是管理的意义所在。

三、在管理实践中应坚持系统分析的方法

现代管理系统具有规模大、要素多、关系复杂等特点，其所处的环境又在不断变化之中，系统与环境之间存在着千丝万缕的联系，在这种复杂的环境中去实现整体目标，就决定了现代管理工作的艰巨性和挑战性。因此，作为现代管理人员，一定要用系统的观念去看待问题，用系统分析的方法去解决问题，要把自己负责的工作看成是一个整体，将相关因素动态地联系起来看，抓主要矛盾并认清系统中各要素之间的关系。同时，还要明确，自己负责的这一系统只是大系统中的一个要素，子系统目标的实现只是形成了局部优化，还应考虑全局，摆正自己的位置，处理好局部与全局的关系，以获得整体效益。

在实际工作中，具体应用系统分析的方法，包括这样一些内容：

1. 分析系统要素。根据系统整体目标的科学分解，分析每一个要素存在的必要性与合理性。

2. 分析系统的结构。分析系统的组织结构是否合理，各要素的职责、权限范围是否得当，边界是否清晰，各要素之间如何联系等。

3. 分析系统的功能。弄清系统及其要素具有什么功能，系统的功能与各子系统的功能存在哪些相互影响、制约的关系。

4. 分析系统的联系。研究系统同其他系统的横向、纵向的联系以及系统在更大系统中的作用、地位等。

5. 分析系统的现状与未来。分析系统现阶段的主要问题是什么，它对系统产生了哪些影响，解决该问题会遇到哪些相关因素的影响，采取什么措施可获得既多、快、好、省又一举多得的良好效果。

在对系统作以上分析时，还要注意遵循以下原则：外部条件与内部因素相结合；目前利益与长远利益相结合；局部利益与整体利益相结合；定量分析与定性分析相结合。

第二节 效益观念

随着管理科学的发展，人们对管理目的的认识越来越清晰、一致，即研究管理、改善管理、提高管理水平的目的在于创造更多的效益。因此，现代经营管理者应树立效益观念，将社会经济效益的好坏作为衡量企业管理水平高低的标准之一。

一、效益观念的内容

效益即指某一特定系统运转后所产生的实际效果和利益。

由于效益是通过价值体现的，因此，效益观念在管理实践的应用中具体体现

为价值原则。所谓价值原则，就是管理过程的各个环节、各项工作都要紧紧围绕提高社会经济效益这个中心，科学、有效、节省地使用自己的财力、物力、人力、智力及时间资源，以创造最大的经济效益和社会效益。

价值原则不同于价值工程。价值原则研究耗费带来了多大的效用，用公式可表示为：价值 = $\dfrac{效用}{耗费}$。价值工程用公式表示为：价值 = $\dfrac{功能}{成本}$，它的含义是，价值的大小决定于功能和成本之比，功能越高，成本越低，价值就越大；功能越低，成本越高，价值就越小。

价值工程中所说的功能，是指商品中零部件的功能以及由此而提高的使用价值和市场效应。管理的价值原则中，其效用或"功能"是指管理工作完成目标和任务的效率，是管理活动的整体效能。价值工程中所说的成本，是指花费在商品的设计过程、生产过程、流通过程、物化劳动上的劳动及资金的总和，各类人员的工资，各种折旧及广告费、交际费等。这种成本完全可以通过货币来表现。而管理价值原则中的价值却不能完全由货币表现，其耗费或"成本"既包括物力、财力的消耗，也包括智力和时间的消耗，是一种综合成本的概念。由此可见，对于成本内涵的重新认识和理解是现代管理工作的新要求。

管理人员必须要清醒地认识到，现代管理的目的就是要创造更多更好的社会效益和经济效益，要经常用效益的尺度来衡量自己的工作：整天忙忙碌碌、辛辛苦苦是否真地带来了效益？舍不得花钱投入，是否就是节约，是否就一定正确？家大业大是否就该大手大脚？

现代经营管理中的效益观念，就是在一切工作中力图以最小的投入和消耗，获取最大的社会效益和经济效益。管理者在管理活动中要从效益出发，不断调整和完善组织目标、组织结构等，抵制、克服一切忽视效益的思想和做法。

二、追求效益应处理好的几个关系

现代管理中所说的效益不仅只是经济效益。如果经济效益指标上去了却对社会造成了不良影响，如果由于企业局部的经济效益而牺牲国家和社会的利益，如果只图眼前利益而丧失了长远利益，这些都是违反现代管理中效益观念的根本原则的。因此，在追求效益的同时要处理好如下关系。

（一）效率与效益的关系

效率与效益是两个不同的概念，但它们之间又有着内在的联系。效率通常指工作或生产速度的快慢，生产数量的多少。而效益不仅包括这些内容，还包括工作质量的高低，整体效果的好坏，更主要的是效益同目标连在一起。效率与效益的关系是，如果目标决策正确，高效率会带来高效益；目标决策错误，效率越高则效益越低。即：

$$效益 = 正确的目标 \times 效率$$

因此，在管理活动中不能片面追求产值、产量，要树立市场观念和效益观念，通过市场预测与调查，通过企业环境分析，制定正确的企业目标，避免因决策失误导致高效率带来负效益。

（二）经济效益与社会效益的关系

通常来讲，经济效益与社会效益是统一的，好的经济效益会带来好的社会效益，经济效益的提高会带来人民群众物质文化需求的更大满足。但有时也会出现矛盾，比如，经济效益好，社会效益差；或经济效益不好，社会效益好。遇到矛盾时，原则上应以经济效益服从社会效益，用社会效益来检验经济效益，但也不可只讲社会效益而不顾经济效益。脱离经济效益片面强调社会效益，提高人民的物质、文化生活水平只能成为一句空话。现代管理工作者应努力把经济效益与社会效益有机地结合在一起。

（三）宏观效益与微观效益的关系

宏观效益与微观效益的关系说到底是国家与企业的关系、全局与局部的关系。用前面所讲的系统观念来分析，局部优化不是我们的最终目的，国家的富强、全社会的进步才是每一个企业提高经济效益的根本方向。但在实际工作中很容易重此轻彼，因而两者经常发生矛盾。比如，为了增加本企业的收入而损害消费者和国家的利益，以次充好，唯利是图；再如，只强调国家积累，不顾企业的经济效益，忽视企业员工的利益。总之，二者的关系应该是：微观效益是宏观效益的基础，宏观效益是微观效益的保证。作为企业要多想着国家，而国家也要时刻考虑企业，这样二者的关系才会处理好。

（四）长远效益与眼前效益的关系

长远效益与眼前效益本应是一致的、统一的，然而在实际工作中二者却经常发生矛盾，特别是眼前效益非常明显，且过此村无此店的情况下，就容易发生不考虑长远利益而草率从事的短期行为，比如来客就"宰"，一锤子买卖。从长远的观点来看，这种经营方式是一种"自杀"行为。正确处理二者关系应该是注意当前效益，讲求长远效益，眼前发财、长远受害的事情坚决不能干，当二者发生矛盾时应以眼前效益服从长远效益。当然，也不可借口长远效益而忽视眼前效益，眼前效益是长远效益的基础，要从提高眼前效益入手，着眼于提高长远效益，以达到提高全过程的经济效益之目的。

三、提高效益的途径

影响效益的因素是多方面的，因此，提高效益也有多种渠道。

（一）人人都要树立效益观念

计划经济体制下，国家的统一调拨、统一分配、统购包销等养成了人们只算政治账不算经济账的习惯和"等、靠、要"的惰性。虽然改革开放以来人们的观念意识已有改变，但传统观念与方式仍不时有所表现，比如，不考虑效益而大手大脚，只注意开源不注意节流，片面追求生产效率和企业发展速度因而导致成本高、消耗大、效益差等。提高企业效益不只是管理人员的事，管理人员的效益观念树立了，下面人员的观念没有更新，企业效益依然上不去。只有人人都树立了效益观念，养成精打细算的好习惯，杜绝铺张浪费的恶习，企业效益才会不断提高。

（二）搞好经营决策，加强科学管理

企业经营活动的核心在于科学的决策。要通过充分的市场调查和准确的销售预测，以确保企业经营目标的正确。目标正确才能够保证我们"做正确的事"，这是提高效益前提，然而目标正确不一定就会效益良好，因此，还要加强科学管理，确保"正确地做事"。要提高产品和服务质量，增加服务项目，努力开拓市场，同时，还要加强对原材料、能源的控制，尽量降低成本。对各项管理费用及日常开支要有预算，实行经济责任制及奖惩制度，把效益同每个人的利益挂起钩来，形成人人关心效益、人人为提高效益做贡献的局面。

（三）发展科学技术

新材料、新技术的应用必然会带来产品性能和质量的优越、劳动生产率的提高、成本的大大降低，因而也必然会带来效益的提高。在知识经济和全球经济一体化的今天，要想在市场竞争中取胜，企业的产品就必须品种新、质量优、价格廉，而这一切都要求我们努力发展科学技术。为此，我们一方面要集中人员和资金努力开发新产品、新技术；另一方面还要随时观察国际国内相关市场的变化，采取"拿来主义"的做法，将先进的技术和方法为我所用。

（四）提高人的素质，挖掘人的潜力

企业是由人和物两种基本要素有机组成的。物的要素很重要，但需要人来操纵，因此，影响效益的首要因素还应该是人。人的素质如何，人的积极性如何，人的聪明才智是否得以发挥，都直接关系到效益的高低。因此，企业要注重对员工的培训，结合员工自身的特点有效地开展思想政治工作，了解员工需求、掌握员工情况，切实帮助员工解决实际困难，最大限度地调动人的积极性，使提高企业效益变为员工的自觉行动。

第三节 以人为中心的观念

长期以来，围绕以什么作为管理中心的问题一直争论不休。有人认为决策是中心，理由是，决策失误，全盘皆输；有人认为钱是中心，钱管好了，小钱可以生大钱，用不好则会倾家荡产；有人认为信息是中心，对信息的及时捕捉、处理会使企业抓住发展机遇等。这些观点都有道理，但又都站不住脚，因为它们同时忽略了一个问题，即决策、金钱、信息都是由人去进行、去管理、去运用的，离开了人的聪明才智，离开了人的积极进取，离开了人的脚踏实地的工作，一切都

是空谈。因此，现代管理认为，人是现代管理的中心。

一、人性观的演变

随着管理的深化与发展，对于人在企业中的地位与作用的认识也在不断深入和明确。西方管理思想中对人的认识经历了如图3-3所示的演变过程。

经济人 → 社会人 → 自我实现人 → 复杂人

图3-3

经济人的观点盛行于19世纪末至20世纪初。这一观点认为，人的一切行为都是为了最大限度地满足私利，人都要争取最大的经济利益，工作就是为了获取报酬。

社会人的观点盛行于20世纪30~50年代。它认为，人基本上是由社会需要而引起工作动机的，人们最重视人与人之间的相互关系，为摆脱机械化带来的工作单调、枯燥乏味，人们要从社会关系中寻找精神寄托。因此，良好的人际关系是调动人的积极性的主要因素，而物质刺激则是次要因素。

"自我实现人"的观点盛行于20世纪40年代。它认为，人都有一种想充分发挥自己的潜能、实现理想的欲望，只有当人的理想得以实现，自身价值受到肯定时，他才会感到最大的满足。因此，它主张从个体内部发现激励因素来激发人的工作热情。

"复杂人"的观点是在20世纪60~70年代提出的一种最新的观点。它认为人是很复杂的，不仅其需求与动机结构不同，且经常变化，与外界环境相互作用，因而导致出现不同的行为表现。因此，它强调对人的管理要因人而异，因环境而异。

人性观的演变，一方面反映了人在生产力水平不断提高的社会生活中的地位与作用日益突出；另一方面也表明企业家及管理学者们对人的肯定与重视。正由于此，研究人的需求与动机，掌握人的行为规律，运用恰当的管理方式使人的聪明才智得以最大发挥，调动人的积极性从而最大限度地提高生产效率，便成为现代管理研究的重要课题。就我国国情而言，劳动人民是国家的主人，也是企业的主人，因此，坚持以人为中心的思想、激发人们为自己创造幸福美好的家园而努力工作的热情，对不断提高生产效率从而满足自身不断增长的物质和文化生活的需求更具有重要意义。

二、以人为中心观念的内容

（一）人在管理系统中具有主客体双重身份

在管理系统中，人既是主体，又是客体。作为主体，人在行使着管理的权力；作为客体，人又在被他人管理着，于是就形成了一条以人为主体的管理链，如图3-4所示。

当然，作为客体，除人之外还有财、物、时间、信息等，它们也是管理客体中的重要内容。但是，由于人是生产力中最活跃的因素，由于不论财、物、时间、信息多么重要，都将与人发生联系，最终为人所掌握，因此，管理工作中主要的大量的工作还是人的工作。所以尊重人、关心爱护人、培养教育人及正确使用人就成为管理者义不容辞的责任。

同时，作为管理主体的管理者，其自身的素质、能力及观念又对能否承担起上述责任有着至关重要的作用。

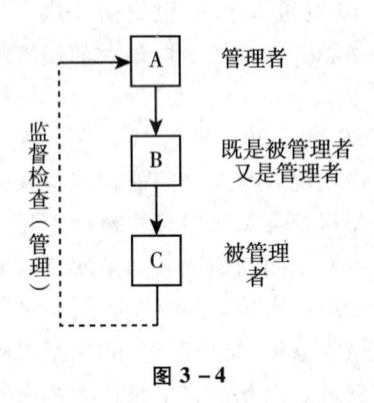

图3-4

（二）人是复杂人

心理学、社会学、行为科学等大量研究表明，人是复杂人。其复杂性表现在：不同的人有不同的需求和动机结构，不同的需求与不同的环境相互作用会产生不同的行为表现，环境的多变又刺激人们产生新的需求、形成新的观念从而导致人们产生新的行为。尽管我国是社会主义国家，但由于人的认识水平、觉悟程度不一样，因此，工作的自觉性、积极性也不一样。所以，要改变和引导人的行为使之趋于合理，必须首先了解人的需求层次，掌握人的行为规律，既要在满足物质需求上下工夫，又要从形成良好的群体氛围、创造企业文化上做文章。同时还要求组织适应人的需要，从体制、分工上改变传统的单纯让人来适应组织的做法，根据人的特点安排工作，尽可能做到人尽其才。

（三）调动人的积极性是有效管理的前提

一个组织的管理是否有效，其衡量标准之一应是看其员工的积极性是否被调动起来，人的潜力是否得以充分发挥，人们是否愿意留在该组织内工作。由于任何一个组织其目标的实现都是靠其成员的身体力行，因此，组织成员的工作态度、乐于配合的程度及积极性的大小就成为目标能否实现的重要因素。实践证明，靠管、卡、压，只能获得员工的体力，而体力是有限的；靠科学的管理方法不仅能获得员工的体力，还能获得员工的智力，而人的聪明才智是无限的。前者是一种低效的管理，后者则体现了管理的有效性。

随着科技水平的飞速发展，无论什么性质的工作，其智力性劳动的比重都大大提高了。有资料表明，在机械化程度低下的情况下，体力劳动和脑力劳动的比重为90∶10；中等机械化水平下为60∶40；在自动化情况下为10∶90；进入电子计算机、信息化时代，这个比重还会加大。因此，管理者应注意营造轻松的工作氛围，充分调动人的积极性，以使员工自觉自愿地为组织目标的实现贡献自己的聪明才智。

（四）管理的最终目的是为了人类自身

任何一种管理，就其自身功能而言，都是为达到某种目的：企业管理是为提高企业的生产效率；教学管理是为保证教学秩序和教育质量。但是，从管理的最终目的来看，管理同人类的其他活动一样，起点与终点都是为了人类自身，为了人们生活得更美好。如生产效率的提高会创造更多的财富，为人类发展做出更多的贡献；教学秩序的稳定和教育质量的保证则能使人获得更多的知识；人的素质的提高、知识的增加又会带来生产的更大发展和科技的更大进步，使人们更加文明和幸福。

强调管理的最终目的，其意义在于，敞开人们的胸怀，摆脱企业自身狭隘利益的束缚；摆脱管理工作中个人之间恩恩怨怨的烦恼；摆脱管理者由于没有摆正自己的位置而产生的各种私欲。以人为中心的管理从某种意义上讲就是以"人类美好的明天"为中心的管理。站在这个高度去认识、研究及实施管理，对管理的科学化、现代化有着重要意义。

三、坚持以人为中心应遵循的原则

坚持以人为中心的观念应遵循能级原则、动力原则、民主与集中的原则。

（一）能级原则

人的差异表现在能力上，就是有的人能力强，有的人能力弱。能级原则就是根据人的能力大小合理地分工定岗以做到各尽所能、人尽其才。遵循能级原则必须注意以下三个问题。

1. 要知人善任。管理者科学合理地安排人员，其前提条件是对人的熟知和了解。管理者要善于发现和使用下属人员的长处，让下属人员的长处有用武之地，这于个人于组织都有利。当然，发现和使用员工的长处并不意味对其缺点的放任纵容，了解下属也包括了解他的短处，了解短处的目的不是为了手中留根"小辫子"随时准备"整"他，而是要扬长避短，取长补短。每个人都有特长，关键是管理人员能否发现、能否正确地加以运用。只有对人的混乱管理，而没有无用的人才。如果是人才却没有将其安排在正确的位置上，那将对人员的积极性造成极大挫伤，也是对人才的一种极大浪费。

2. 要动态对应。同一个人会长高长大变老一样，能力也会发生变化。通过学习和实践，人的才能会不断提高；而随着年老体弱智衰，能力自然下降。依照能级原则，能力强应该能级高，能力减弱了自然应降到相应的能级中去。干部终身制、只能上不能下及论资排辈的做法都违背了这一自然规律。其后果是：压制人才、不利于调动积极性、导致管理的无序和生产效率的下降。

3. 不同能级要体现不同的责、权、利。能力不仅要与级别相对应，还要与相应的责任、权力、利益挂钩。每位员工都应在其位，谋其政，尽其责，行其权，取其值，获其荣，对失职者则要惩其误。能力强的人，居高位、权力大，承担的责任也重大；付出大、风险大，所获利益包括物质利益和精神荣誉自然要大，这符合多劳多得、按劳分配的原则。坚持责、权、利相一致，责任、权力、利益与能级相适应，有利于打破"大锅饭"和调动人的积极性。

（二）动力原则

动力即推动力量。在复杂的现代社会生活中要使管理有效，提高人们的积极性，不给人以推动力量是很难想象的。动力原则就是正确运用动力为个人能力的提高创造适宜的外部环境，以使管理活动持续而有效地进行下去。

现代管理中有三类基本动力：物质动力、精神动力、信息动力。

1. 物质动力。物质动力是调动积极性的基础，它包括物质待遇、工资报酬、奖金分配等。从人的需求层次来看，生理需求是最基本的需求，而生理需求的满足离不开物质生活条件和工作条件。因此，为人们的工作和生活创造良好的物质条件，对工作出色、贡献大的人员给予物质奖励，相反则给予经济制裁，会为提高人的积极性打下物质基础。

物质动力要使用恰当，否则会产生一切向钱看的副作用。

2. 精神动力。精神动力是调动积极性的支柱。它包括信仰、价值观、荣誉及日常的思想工作等。当人的物质需求基本满足后，精神需求便占据主导地位。加之精神需求处于高层次的位置，因此，它对人的积极性的激发有着更持续、更稳定的作用。运用精神动力的通常做法是，通过尊重信任、关心爱护职工形成良好的人际关系，通过组织正常的规范的生产活动、经常的思想工作和健康活泼的业余活动形成人们共同的价值观念，通过对人员的合理安排和在岗的经常培训为其提供升迁的均等机会以及奖优惩劣而形成人们奋发向上、比学赶帮的劳动热情等。实践证明，精神动力运用好了，对于人的积极性的调动和保持会起到不可估量的作用。

3. 信息动力。信息动力是通过信息交流产生的动力，情报、经验甚至传统、作风、爱好、志趣等都是信息动力的组成部分，具有超物质和精神的相对独立性。比如，读了一本书受到启发和教育；听了一个报告，报告内容鼓舞人心；参加了一次培训，知识和本领的增强使信心大增；出去旅游使眼界大开；等等。这些都是信息动力的具体体现。

在运用信息动力时，要注意信息的收集，更要注意信息的处理。如不对信息进行及时的加工处理,去粗取精、去伪存真,那么,我们有可能会淹没在自己制造的信息海洋中。

对于每一个管理系统而言,上述三种动力都存在,我们应注意综合、协调地运用才会收到事半功倍的效果。

(三) 民主与集中的原则

现代劳动者与以往劳动者相比,最显著的区别是智力成分上升、体力成分下降,其劳动质量越来越直接取决于智力水平。而这种创造性劳动的积极性常常来源于本人对事业、理想的理解和追求,同时也与上级管理者对下级的民主、信任分不开。实行民主管理,将权力下放和分散,给下级以更多的决策权和自主权,让员工有更多的机会参与决策,为他们提供展示自己才华的机会等,能使员工的能力得以发挥,自我实现需求得到满足,这样会激励他们进一步开发自己的智力。为使员工的素质及各方面能力不断提高,我们要抓住一切机会对员工进行培训。培训要花钱,但它不是支出,而是投资,它会因员工在培训中收获了知识与技能的巨大能量而给企业带来更巨大的经济效益,长此以往将会形成良性循环,企业必然会在激烈的竞争中立于不败之地。

强调民主并不意味着不要集中,集中即统一指挥和命令,避免多头领导。政出多门,使下级无所适从,既不利于调动人的积极性,也会带来管理系统的混乱。

总之,以人为中心的管理就是要把眼睛盯在人身上,研究如何解放人的思想,释放人的才能,而不是研究如何"整"人、"治"人。"世间一切事物中,人是第一个可宝贵的因素"。只要将人的工作做好了,其他问题就好解决了。

第四节 市场观念

任何企业与市场都存在着千丝万缕的联系,只有经常与市场保持互动的关系,进行物质的、劳务的、信息的交换,企业才能生存和发展。市场不仅是企业生产经营活动的起点和终点,也是企业生产经营活动成功与失败的评判者。认识市场、适应市场、驾驭市场,使企业的活动与社会的需求协调起来,是企业市场营销活动的核心与关键。

在我国旧的经济体制下,由于政企不分,企业只能是作为上级机关的附属品而存在。资金由国家调拨、材料由国家分配、产品由国家统购包销、盈利或亏损则全部上交或由国家补偿,企业与市场完全没有联系,基本上不存在真正意义上的生产经营活动。

十几年来,在经济体制改革的洪流中,企业已经走上"自主经营、自负盈亏、自我约束、自我发展"的道路,市场已经逐渐变为企业生存的空间、发展的条件和竞争的阵地。面对市场,绝大多数企业都面临着成功的机会与失败的威胁，企业的经营者和管理者是否具有市场观念已经成为企业成败的关键。

一、市场及市场态势

市场是企业所经营产品的社会需求的总和。市场是买方与卖方的结合，市场态势是供求双方力量相互作用的结果。这一概念是从市场的供求关系的角度提出来的，"买方市场"、"卖方市场"这些名词反映了市场供求关系的相对强度。在买方市场中，商品的供给量大于需求量，形成"供大于求"，占主导地位的是商品的消费者；在卖方市场中，商品的需求量大于供给量，形成"供不应求"，占主导地位的是商品的生产者。商品的价格则在这种动态的供求关系中上下浮动，形成不同的市场态势。

二、市场经营观

市场经营观是企业经营的指导思想，它概括了一个企业的经营态度和思维方式。随着生产力水平的发展和市场供求格局的变化，市场经营观也在不断发生着变化。

（一）生产观念

这是一种传统的经营思想。企业以生产为中心，企业生产什么产品就销售什么产品。显然，这种经营思想是在卖方市场这一市场态势下产生的，它的存在以"供不应求、不愁销路"为条件，大批量、少品种、低成本、高效率是企业生产经营的特点，也是企业关注的中心。

（二）产品观念

这同样是一种传统的经营思想。如果说生产观念是"以量取胜"，产品观念则是"以质取胜"、"以廉取胜"。这种观念仍旧是生产什么就销售什么，它仅比生产观念多了一层竞争的色彩。

（三）推销观念

随着生产的发展，市场不断扩大，但企业的产品对市场的适应能力反而会降低。当企业面临销售困难时，推销观念就应运而生。这种观念强调：如果不经过销售的努力，消费者就不会大量购买。这种观念仍是从即有的产品出发，本质上仍是生产什么就销售什么。这是在市场态势由卖方向买方过渡的过程中出现的一种经营思想。

（四）市场营销观念

这是一种完全不同于上述三种经营观念的现代经营思想。其基本内容是，消费者需要什么，企业就生产什么，以满足消费者的需求作为企业的神圣职责。"哪里有消费者的需求，那里就有企业发展的机会"，在这种观念的指导下，企业十分注意市场调研，在消费需求的不断变换中发现那些尚未得到满足的市场需求，集中企业资源和力量，千方百计地去适应和满足这种需求，在顾客的满意之中不断扩大市场销售，获取较为丰厚的利润。这种经营思想显然是在买方市场条件下产生的一种经营管理思想。市场营销观念完全符合"生产是为了消费"这一基本原理，因而成为当代市场营销研究的主线。

（五）社会营销观念

产生于20世纪70年代的这种社会营销观念是对市场营销观念的补充和完善。企业不仅应当满足消费者的需求和欲望，还应关心与增进社会福利，为人类社会的繁荣昌盛做出贡献，把企业利润、消费需要和社会福利三个方面有机地结合起来。"在一个环境恶化、爆炸性人口增长、全球性通货膨胀和忽视社会服务的年代"，单纯的市场营销观念不甚全面，是社会营销观念产生的根本原因。这一思潮在引进我国后，由于与社会主义制度的基本原则相适应，因而现代化大型企业资助社会福利事业的事例屡见不鲜，然而这些活动更多的是为了广告效应。而社会营销观念的基础在于以本企业的产品造福于社会这一根本原则，这说明，人们对于社会营销观念的深刻内涵的理解还需进一步深化。

上述五种营销观念可分为两大类：一类是传统的经营观念，包括生产观念、产品观念和销售观念，这一类经营观念是以生产为导向的经营观念，基本上是在短缺经济条件下卖方市场的反映；而另一类即市场营销观念、社会营销观念的出发点则是满足消费者的需求，是在富裕经济的条件下买方市场的反映，其目的是从顾客的满足中获取利润，是以消费者为目标、以市场为导向的经营思想。五种不同经营观念是社会生产力不断发展、市场供求关系不断变化的反映。

三、企业研究的重点是市场需求

生产是为了消费，是为了满足消费者的需求，因而就生产的物质内容和数量的界限来说，消费需求决定着生产。市场预测和市场调研的内容就是去寻找这种需求的表现形式与需求总量，只有这样才能理解"哪里有需求，那里就有企业的机会"这句话的实质。

在短缺经济的社会中，消费者的需求被严重忽视，只有在一个富裕经济的社会里，消费者在购买商品时才有选择的自由，"顾客第一"、"顾客至上"这样一些消费至上的口号才显得有实际意义，消费者的需求才真正受到重视。

四、"创造顾客"

在市场营销条件下，企业应当考虑的不是"我们将出售什么"，而是"顾客要买什么"。我们不应当讲"我们的产品有哪些效用"，而应当考虑"顾客所追求、重视、需要的是一种什么样的满足"，顾客的需求、行为和价值观念是企业进行市场研究的核心，市场营销观念造成了大批准备购买的顾客。

在这种观念的引导下，美国管理学家彼得·德鲁克（Peater F. Drucker）在他的《管理——任务、责任、实践》一书中提出了"创造顾客"这一奇特的崭新概念。

当顾客获得能满足其需求的产品之前，他的这种需求是潜在的，能满足顾客需求的产品尚未制造出来因而也是潜在的，满足这种需求的市场当然也处于潜在状态。能满足顾客需求的产品从潜在状态变成现实状态时，潜在的购买这种产品的效用的顾客也就从潜在状态变成现实状态。这就是"创造顾客"的基本概念，这一概念反映了对顾客需求的高度重视和人们对市场营销观念的深刻理解。

"社会主义市场经济是一所大学校，大家都要自觉地进入这所大学校学习"，而学习的第一任务就是更新观念，观念不更新就无法接受新知识、学习新内容、掌握新情况，就会在市场的激烈竞争中被淘汰。

第五节 权变观念

权变的管理思想是运用系统的思想对现代管理的演变和发展进行观察、分析和总结之后形成的。权变的"权"指权宜之计，"权变"即指"通权达变"，意思是不按常规办事，而采取适合需要的灵活方法。

一、权变观念的内容

法约尔之后，出现了众多的管理学派，它们都奉行一种"万能主义"，追求所谓普遍适用的最合理的管理模式。然而面对瞬息万变的外部环境及复杂多变的人，它们力不从心。权变观念即是对"万能主义"的否定，其主要有以下内容。

（一）不存在适用于一切情况的管理理论和方法

随着管理的发展，更由于形势的变化，管理学家们提出了很多管理理论和方法，这些理论和方法都解决了当时的很大问题，具有重要作用，于是人们误以为自己的那套理论就是万能的，是可以解决所有问题的。然而实践证明，任何一种管理理论和方法都有自己的优缺点，都有自己的适用范围和先决条件。有效的管理应该是对各种理论和方法的综合运用以及视情况不同而选择有针对性的管理方法。

（二）If–then（如果—就要）理论

If–then 理论是权变观念中的主导思想。它认为，管理同环境之间存在着一种函数关系。这种函数关系不是"Because–so"（因果）的关系，而是一种"If–then"的关系。

If 代表环境，是自变量；then 代表管理思想、管理原则、管理方法和技术，是因变量。即：如果环境发生了某种变化，就要采用与之相对应的管理思想、管理方法和技术，以保证组织目标达成。

企业都处在一个特定环境的包围之中，并与环境不断地发生相互影响和作用。企业环境是由政治的、经济的、技术的、文化的因素构成，这些因素都处于不断的运动和变化之中，如果对这些变化不理不睬，"以不变应万变"，必然会被前进的浪潮淹没。因此，当企业的外部环境发生变化时，企业要迎头赶上，迅速调整企业目标，以使目标顺应潮流，并改变管理的具体原则和方法，以保证实现目标。

环境的变化还会导致人的需求及价值观的变化，从而引发行为的改变。作为管理者，要根据形势的变化，准确把握员工的需求及心理变化的脉搏，及时变换、采用不同的激励方式，以调动和维持员工的工作积极性。

根据"If-then"这一主导思想，因管理的内容不同又出现了权变规划、权变组织设计、权变领导模式及情境人事管理等很多方法。

（三）殊途同归

所谓殊途同归，即指达到同一个目标的方法和手段是多种多样的。

任何组织都是一个开放的系统，都同它所处的环境发生着千丝万缕的联系。一般来说，相同性质的组织所面临的宏观环境因素相差不大，如政治的、经济的形势，政府颁布的各项法令政策等。但由于内部条件差别很大，如接收、分析及利用信息的速度和能力，决策者的应变能力、适应能力、决策能力、组织能力和领导班子的知识结构、能力结构的不同组合以及企业的技术力量、人员素质等的差别，就决定了不同组织即使面对同一外部环境，但为实现其特定目标而采用的方法却会不同。如在国家改革开放不断深入的大环境下，相邻的几家饭店的经营和管理方式就出现了很大不同。甲饭店系中美合资，学习美国人管理饭店的先进经验并结合中国特色；乙饭店为中日合资；丙饭店则是由中国自己的饭店管理集团管理；丁饭店可能就是一个自己经营、自己管理的国有饭店。尽管几家饭店向组织内输入的要素不同，运用的转换方式不同，但就其结局而言，几家饭店都在有效地运转，通过为客人提供吃、住、行、游、购、娱等各方面的产品和服务，来获得经济效益和社会效益，这里不存在唯一最佳的问题。

世界上的其他事物也是一样。解决某个问题的方式不止一个，而是存在着多种解决方案，它们往往是两个端点之间连线上的任何一点，每一点都有其适用范围和相对的优缺点，人们可根据实际情况选用。如后面将要介绍的权变的激励方式、权变的领导方式等。

殊途同归的思想提醒我们，凡事都有其内在的特点和规律，不注意自身特性而"一哄而上"，盲目效仿他人和不注意管理对象的内在差异而"一刀切"，即强行推广使用某种方式或模式的做法，都是不科学的。我们应当本着实事求是的原则，在充分的调查研究的基础上，一切从实际出发。

二、权变思想对管理的意义

权变思想没有提出一套新的管理理论和方法，但它却给管理者以新的观念和思路。

它启发管理者，解决一个问题时，先找出问题的实质所在，根据病因，对症下药，即根据环境、目标、机构、人员等各方面的变化采取与此相对应的经营管理方法。

它告诉管理者，任何一种管理理论和方法都有其实施的先决条件和适用范围，即没有一种最好或最不好的管理方式，选择的管理方式与当时的环境、目标、地点、人员等因素相吻合，能够解决问题，这就是好的方法，反之则是不好的方法。正因为如此，管理者应当努力学习研究各种管理理论和管理原则及方法技巧，了解其各自特点及运用后可能产生的后果，以便适时地、适环境地、有选择同时又是有效地运用恰当的方式去处理已经发生变化了的问题。

权变思想提出的因时因地因环境因人而异、灵活采用不同的管理方法的理论，从深层次看是要求管理者凡事要从实际出发，按照客观规律办事。不通过调查研究，想当然或按照长官意志行事，违背客观规律，其结果是必然受到客观规律的制裁。

总之，权变思想虽未给我们提供解决问题的新方法，但却强调博采众家之长，综合利用各种管理知识整合的效果，从而避免了管理的简单化、一律化。因此，掌握和坚持权变观念，切合实际地运用有效的管理方法，对于实现组织目标具有十分重要的意义。

第六节　可持续发展观念

随着生产力水平的提高和人类社会的进步，人们开始注意到人类在创造了巨大的物质文明的同时，也给地球乃至太空带来了严重的破坏，可供利用的资源日益短缺，生态环境日益恶化，已严重威胁到人类社会的进一步发展。于是如何保持可持续发展这一问题引起了全社会的广泛关注，并被提到各个企业的议事日程上来，而解决此问题的前提是树立可持续发展的观念。

一、可持续发展观念的内容

可持续发展是1987年联合国环境与发展委员会在其专题报告《我们共同的未来》中提出的概念。这个概念的内涵为："既能满足我们现今的需要，又不损害子孙后代能够满足他们的发展需求的模式。"在这一定义得到国际社会广泛认可之后，人们开始从社会、经济、科技、自然、伦理等不同角度对这一概念进行了更深入和更广泛的研究。

综合各种观点我们认为，可持续发展是一种和谐的发展。这种发展兼顾当代与后代人的共同利益，谋求发展经济、保护环境和提高人的生活质量三者之间的平衡与协调。可持续发展观念包含以下内容。

（一）社会公平理念

人类赖以生存和发展的环境及其所包含的各种资源是人类共有的，在资源面前人类是平等的，应公平享用。因此，可持续发展观念首先强调，对这些资源应该合理公正地加以管理和使用。这一理念包含两部分内容。第一，当代人际间的公平。即要满足当代所有人的需求，而不只是一部分人的需求。因此，要缩小贫富差距，协调利益分配，从建立和谐社会的目标出发，公平配置公共资源、健全社会保障体系，使全民共享利用资源而获得的发展成果。第二，代际之间的公平。即在满足当代人的需要时不危及后代人的利益。当代人所享有的环境与资源的权利，例如在发展中合理利用资源和拥有清洁、安全、舒适的环境的权利，后代人也同样享有。不能一味片面地追求自身的发展和消费，而剥夺了后代人理应享有的发展与消费的机会。因此，当代人要把环境权利和环境义务有机地统一起来，在维护自身环境权利的同时，也要尽维护后代人生存与发展权利的义务。

（二）人与自然和谐相处的理念

传统观点认为，经济增长和人对自然界的改造是没有极限的。"人定胜天"的信念支配着人类对自然的无度的改造与索取。20世纪60年代末，美国的鲍尔丁提出了"宇宙飞船经济理论"，使得这种信念开始受到怀疑。"宇宙飞船经济理论"的含义是，人类唯一赖以生存的生态系统是地球，它犹如太空中一艘小小的宇宙飞船，随着人口和经济的增长，小船内的有限资源将被开发净尽，消费后的废物将把船舱完全污染，到那时人类社会就会崩溃。发达国家与发展中国家的经验教训已经和正在证明这一理论并非危言耸听。人类社会与自然环境是共生的，人类需求的满足和自身的发展是无法摆脱大自然这一赖以生存的环境而独立实现的，我们的经济增长必然要受到自然界生态平衡的限制，如果我们继续沿袭粗放型的经济增长方式，那么，资源将难以为继，环境将不堪重负，经济发展将因失去支撑而不可持续。因此，人必须与自然和谐相处，人类要追求自身的发展，但要将发展所带来的对环境的破坏和污染限制在能够允许的程度和使资源可以持续利用的范围。

（三）建立美好的共有家园的理念

传统的发展观将经济发展看成是一个国家的大事，一个企业的大事。为了自身的繁荣富强，可以将他人的资源巧取豪夺占为己有；为了自家的安全舒适，可以不远万里将垃圾倒在别人家的门口。可持续发展观念提出之后，人们站在新的高度对这一问题有了新的认识。由于交通和通信技术的发展，使地球变得越来越小，各个国家之间的关系越来越密切；经济全球化的趋势使得各个国家的贸易往来越来越频繁，跨国公司的出现使世界经济已经变成了全球性的市场经济。这一切都发生在我们的身边，发生在我们共有的家园——地球上。这意味着，可持续发展不是某个国家、某个地区、某个企业的事，而是成为了每一个民族、每一个社会群体、每一个家庭、每一个人的共同责任。不论地球上的哪个角落遭到了污染，都会殃及左邻右舍，最终导致我们共同的家园整体受到破坏。全球气候变暖、厄尔尼诺现象等都是需要全地球的人们共同努力扭转的，任何一个国家的单独的努力都是不可能奏效的。

（四）提高生命活力，实现人的全面发展的理念

人类的生命对生存环境和生活方式的巨大变化的承受能力也是有限度的。随着人们对舒适与安逸的追求，并以此为目标的不懈努力，使得人类生存环境发生了天翻地覆的变化。这种变化导致人的生命功能结构与之极不适应以至于无法承受。人们耗费的物质财富越来越多，消耗的体力越来越少，癌症、心脏病等文明病频发，生命活力大大降低，人们在享受高度物质文明的同时却承受着精神上的空虚、压抑、迷茫甚至痛苦。而可持续发展要把人类生活的这种病态扭转过来，让人们走出空虚与压抑，树立全新的价值观，让人们对物质文明的追求保持适度，与精神文明协调发展，对人的生命赋予新的意义和新的价值，提高生命活力，使人类健康、持续、全面地发展。

二、可持续发展观念对企业管理的要求

（一）增强创新能力

创新是可持续发展的原动力和加油站。创新可以促进企业发展由主要依靠资金和物质转向主要依靠科技进步和人力资本。通过创新提高科技含量，不仅可以降低资源消耗，减少环境污染，使资源优势得到充分发挥，从而缓解对资源的过度依赖，还可以开发新资源，提高资源的有用性，防御和转变资源的有害性。因此，我们必须要增强创新能力，使企业在可持续发展中动力十足。

（二）提高人的素质

人在可持续发展中具有双重地位。一方面，可持续发展的核心是人的发展，离开了人的发展，去谈所谓可持续发展就失去了意义；另一方面，人又是可持续发展的主体，只有通过人的观念的转变、认识的提高、热情的激发，并拿出实际行动，可持续发展才能得以实现。因此，在追求可持续发展的过程中，要坚持以人为中心，引导人们直面自身的生存环境，使人们产生危机感和紧迫感，认识可持续发展的必要性，并充分地尊重人、信任人、关心人、爱护人，使人的主体性在可持续发展中得到真正的体现。

（三）强化绿色管理

可持续发展强调对环境的保护，因此，人们开始注重绿色消费，要求企业进行绿色营销，为此企业要进行与之相适应的包括使用绿色科技、绿色产品、绿色包装、绿色标志的全方位的绿色管理。强化绿色管理，意味着企业必须改变过去只关心产品是否有销路、是否能盈利的窄视和短视行为，必须考虑到邻居、周边的动植物和子孙后代的利益，要形成利益共同体，协调发展。

（四）承担社会责任

在可持续发展的进程中，企业必须要意识到，"利润不是公司贪婪的表现，利润是社会公众为公司所投的信任票。"为获得社会公众的信任，企业就应该自觉承担社会责任。社会是企业的生存环境，没有一个好的环境，企业难以生存。因此，企业要改善和维护职工权益，要为消除贫困做出自己的努力，要促进社区发展和保护资源环境。

案例

微软公司：与员工建立新型同事关系

在微软，管理者与下属之间已经不再是简单的上下级关系，而是一种新型的同事关系。因为在微软工作的大部分人都具有相当的知名度，更多的人都是从事脑力劳动，如果一定要以严格的等级制度来"划分"整个群体，势必会造成许多管理问题。所以，微软更倾向于在员工间建立新型的同事关系。

员工在这种新型的同事关系中可以获得乐趣，并且能与管理者和谐相处，他们的职业忠诚度也非常高。具体来说，微软的这种新型同事关系包括：

1. 交往有度，保护员工隐私。

每个人都会本能地捍卫自己的隐私权。现在的年轻人的工作方式、思想等都比较前卫，但是，还是有许多私事不喜欢别人知道，哪怕是最好的同事。所以，微软的管理者非常注意保护员工的隐私权，即使是某些员工在工作上产生了失误，管理者也不会随便拿来举例，更不会以此来警诫别人。

2. 不把自己的喜好强加于下属。

每一个人都有自己的喜好，在工作中，作为管理者也许你喜欢以这样的方式工作，而员工以另外的方式工作更有效，这时，你就不要把自己的方式强加给员工。由于微软的许多员工来自世界各地，大家的思维方式不尽相同，管理者会非常尊重员工的选择。相比之下，过程协作与结果导向在微软显得更重要。只要你善于与同事协作，能把一件工作完成得非常到位，就会得到肯定。

3. 帮助员工建立和谐的工作环境与人际关系。

由于太多员工从事的是一项需要高度协作的工作，任何一个员工都不可能脱离集体而独自完成一项工作，所以，微软在工作之余非常注意帮助员工建立和谐的工作环境与人际关系。管理者一旦发现某个部门或是小组里的员工出现纠纷，会在第一时间把问题解决掉。由于大多数员工从事的是复杂的脑力劳动，所以，工作环境对员工的思维会产生很大的影响，因此，微软并不像许多企业一样把办公室布置得井然有序并且要求一种积极紧张的工作气氛，事实证明，那样只会影响员工正常地发挥自己的能力。微软尽量把办公环境人性化,能让员工全身心地发挥自己。累了你可以趴在桌子上休息,想运动可以拿起墙脚的皮球去踢。

4. 不拒绝作员工的生活伴侣。

微软总裁比尔·盖茨是一个非常随和的人,虽然他的大部分时间都浸泡在工作中,但是,他从来不轻易放过任何一个与员工共同欢庆的机会。例如,微软会定期举行各种比赛,比尔·盖茨每次都会亲临现场为员工加油,这时,他在员工眼中就是一个很普通的同事,而不像许多企业高层从来不喜欢与员工"凑热闹"。有时公司还会举办一些聚餐会,或是举行一些集体娱乐项目,比尔·盖茨都会表现出相当的兴致。

5. 以要求员工的标准来要求自己。

在一般的企业,员工与上司同桌进餐的机会实在少得可怜,甚至在大一点儿的公司,员工一年都见不着老总一面。但是,在微软这样世界一流的大企业中,比尔·盖茨却经常会像普通员工一样,到食堂简单地要两个菜,然后随便找个地方坐下来津津有味地吃起来。在穿戴上,比尔·盖茨也不怎么讲究,如果你随便翻看关于比尔·盖茨与前来微软参观访问者的合影,就不难发现,比尔·盖茨经常会忘记打领带。相比之下,那身西装看上去也是皱巴巴的,头发也总是显得蓬乱。在平时的生活中,比尔·盖茨也不是一个大手大脚的人,有时会因1美元的停车费与人斤斤计较。是他吝啬吗?也未必见得,他只要在协议书上动动笔尖,就会有几百万甚至上千万美元被划入慈善基金。

这是一个实实在在的超级富翁。微软正是因为有了这样的管理者,员工才显得优秀,团队才显得积极向上。

讨论题

1. 建立新型同事关系的基础是什么?结果是什么?
2. 用"以人为本"的理念分析"只有满意的员工,才有满意的顾客"。
3. 你能透过该案例分析出现代管理观念之间的内在联系吗?它们表现在哪里?

(此案例选自李平编著:《深度管理》,广东省出版集团、广东经济出版社2006年版。案例讨论题由本书作者另行设计)

陶氏化学:做可持续发展的领导者

陶氏化学(Dow Chemical Company)负责可持续发展事务的副总裁霍金斯博士(Dr. Neil C. Hawkins)在解释"可持续发展"时说,它的核心就是,一方面要为客户和社会带来价值;另一方面能够为子孙后代保护地球的资源和环境。

陶氏制定了一个"2015可持续发展目标",其表现形式是一个旋转的飞轮。飞轮的圆心是可持续化学,这是陶氏实现可持续发展的关键,围绕它的是一个循环的圆圈,这是为实现可持续发展提出的,从创新出发,到生命周期,到通力合作,再回到创新的要求,而能源效率和节约目标、应对气候变化、应对世界的挑战、保护人类健康与环境、为社区做贡献、做产品安全的领导者以及为可持续发展树立标准等构成最外圆圈,这是陶氏实现可持续发展的七项具体目标。2009年,在离交卷还有7年的时候,陶氏的持续努力已经显现出卓著的效果,改良措施已经为公司节约超过50亿美元,减少固体废弃物16亿磅,减少用水1 830亿磅,节约900万亿英国热力单位的能源,减少个人安全和健康事故84%。

1. 可持续性成为每个人的责任。

在陶氏,可持续发展是作为一个全球性公司做出的承诺,是战略性的推动力量,所有的业务都围绕这个核心开展,每个部门、每个人都为此而努力。为此,他们看问题不是只看产品生命周期中的一环,然后以一环为基础出发制定政策,因为这样很可能会得到一个糟糕的政策。而是看一个完整的生命周期,从最开始的原材料到生产制造,到运输,到用户使用,直到这个产品最后的处置,都要进行评估,减少对环境的负面影响。他们推出了一种特殊的隔热产品用于房屋建筑中,极大地降低了能耗,对实现能源目标、气候变化改善目标产生了很大影响。在巴西建造了一个全球最大的将甘蔗变成生物塑料制品的工厂,其产品与用石油或者天然气生产出来的塑料产品性能完全一样,却很好地解决了温室气体排放和气候变化方面的挑战。甘蔗是一种可再生的资源,在巴西的产量非常丰富,用甘蔗作为原料生产,不会与人类或牲畜抢夺口粮。

2、可持续性依靠每个人的热情。

陶氏是一个有46 000名员工的大公司,是靠系统管理和团队合作来完成可持续性方面工作的。员工中分了很多小组,每一个目标都有对应的小组。他们运用自己的计划和战略来实现他们特定的目标,而且有相关的矩阵监督、评估绩效、追踪目标实现的情况,公司内部有网络,不同的业务部门有对应的人负责可持续性的工作。另外,陶氏有很强的共享的企业价值观,有浓厚的学习型文化,员工之间可以分享彼此的经验。团队成员不仅是这个领域的专家,而且对可持续性事业充满热情,尤其是能够融合到陶氏的文化中。这些人的努力形成的整体,其贡献要比每个人的工作简单相加的总和大。可持续发展离不开创造性,陶氏的环境是非常开放的,每个人都可以把自己好的、创新的点子拿出来。但是,一旦形成了一个集体决定,所有的人都会按照这个决定步调一致地加以努力。

3. 可持续性调动每个关系。

陶氏的每一个员工内心深处都有一种发挥可持续性发展领导力的精神,他们通过自己每一天的工作帮助其他人解决其所面临的不同挑战。比如,世界各地陶氏的员工都在帮助当地进行环保的房屋建设项目;生产工厂都在创造十分有效的条件改善当地人的生活。他们这样做并不是简单地做慈善和公益事业，而是与当地建立合作伙伴关系，根据当地的特点因地制宜地提供解决方法，使得这个社区获得成功。

他们与非政府组织方面也保持着合作。他们清楚非政府组织在可持续性方面发挥着"瞭望哨"的作用。与非政府组织沟通，不仅可以获得信息，还可以传达陶氏知道自己应该做什么和怎么做，表明自己的目标和负责任的态度。通过接触建立起双方间的相互尊重。比如，与美国环保协会（Environmental Defense Fund）合作，在陕西进行了"免耕农业"方面的项目。此外，公司内部有一个保持了16年的理事会。这个理事会吸收了非政府组织的代表，他们会给可持续性工作提出建议和意见，是陶氏可持续性工作的宝贵资源。

4. 发挥可持续发展方面的领导力作用。

陶氏清楚，可持续发展不是某个公司努力就可以做到的，需要大家共同努力。因此，他们的发展目标是为引领整个行业而设置的，他们致力于推动"责任关怀"这个全球化工行业在安全、健康以及社区方面的标准，寻找出一些突破性的解决方案来"应对世界的挑战"，帮助全球解决一些包括廉价房屋、清洁的饮用水、公共健康等难题。陶氏还致力于对客户和合作伙伴包括政府的宣传教育工作，与他们一起成长、一起学习，最后在未来一起获得成功。

陶氏在中国也开展了很多可持续发展的工作，比如很多环保产品的生产和技术的应用，具体有北京市建筑节能改造试点工程，提供保温板等产品，提高建筑物的能源效率，大幅度降低二氧化碳的排放。在污水处理方面，陶氏的技术广泛应用于包括北小河污水处理厂改扩建及再生水利用工程、北京首都机场市政中水回用设施及北京经济技术开发区中水回用设施之中。这些项目每天能处理近4.5万立方米的污水，帮助北京市政府将污水回用率由以前的15%提高到50%。

讨论题

1. 陶氏对可持续发展是怎样理解的？
2. 用飞轮来阐释"2015可持续发展目标"有哪些作用？
3. 在实现可持续发展方面陶氏采取了哪些措施？这些措施对我国企业有哪些借鉴意义？

（此案例选自世界经理人网站（www.ceconline.com），2009年1月7日。本书作者对案例作了缩编并提出了讨论题）

第四章　计　　划

【学习目的与要求】

1. 了解计划的概念、地位与作用；明确计划的特点和熟悉计划的分类。
2. 了解企业内外环境分析的内容，掌握企业环境分析的工具。
3. 明确企业使命的内涵，理解确定企业使命的意义和要求。
4. 了解企业目标的内容，理解企业目标的作用、特征。
5. 理解预测的概念与作用，掌握预测的内容和方法。
6. 理解决策的概念与作用，了解决策的分类，掌握决策的程序与方法。
7. 理解计划的原理，掌握计划的编制、计划的执行与修正，熟悉企业计划书。
8. 总体把握计划职能的内容并做出自我评价。

计划职能是管理的首要职能。计划包括确定企业使命和目标以及完成使命和目标的行动。计划职能的核心是决策。

第一节　计划职能概述

一、计划的概念、地位与作用

（一）计划的概念

计划有狭义和广义之分。广义的计划是指计划的制定、计划的执行及计划的检查三个紧密衔接的工作过程；狭义的计划则是指计划的制定过程，即根据实际情况，通过科学的预测和充分的调查研究，对组织未来的目标及实现目标的途径做出全面决策的一系列活动。本书主要围绕狭义计划的概念介绍相关内容。

计划工作关系到企业的未来发展，也涉及企业工作的方方面面，因此，必须把握时代进步和环境要求，树立正确的认识和创新观念，并对企业工作全面了解，统筹安排，确立充分反映社会和市场需求的企业目标，协调分配企业和社会的资源并形成资源配置方案，使企业的全部力量和资源达到合理使用，高效运转，以最终实现企业目标。

计划工作的内容常用"5W1H"来概括：What，预先决定企业做什么，即确定企业工作的内容和工作标准；Why，为什么做，解释所确定的工作内容的理由和要达到的目的；Who，确定由谁负责和哪些人来做；When，确定时机以及工作开始和结束的时间；Where，确定计划实施的地点；How，确定计划实施的具体办法和措施。除以上内容外，完整的计划还应该包括标准与检测，即明确做成什么样子、达成什么水准和如何予以保证。

（二）计划的地位

1. 哈罗德·孔茨将计划比喻为一座桥，认为这座桥拉近了人们现在和将来之间的距离，解决了人们从所处的此岸到达要去的彼岸的问题，给企业提供了通向未来目标的道路。

2. 计划规定了企业方向，因而计划是企业管理活动的首要职能。没有计划，组织就因不知去哪里和如何去而无法进行；控制则会因为人们不知道他们要去哪里而无法检查自己是否走在正确的道路上。图4-1可以帮助我们了解计划职能在管理活动中的地位。

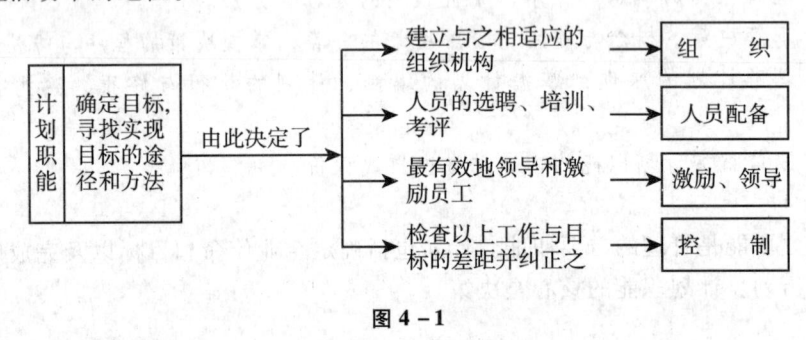

图 4-1

3. 计划的质量影响企业经营活动的成效。计划目标正确，再辅以其他方面的努力与配合，企业就会走向成功，而一旦目标决策失误计划不利，企业就会陷入被动。

（三）计划的作用

通过计划的地位可以看出，计划在管理活动中发挥着重要作用。具体表现在以下四方面。

1. 寻找机会，规避风险。计划是在调查研究的基础上通过对大量相关信息的分析处理来发现机会从而确定企业目标的。然而机会通常与风险并存。计划就是要全面、客观地把握整体情况，权衡利弊，在找出我们可能利用的机会的同时，尽可能准确估计可能的风险及其可能带给我们的威胁，并在设计和制定实现目标的具体方案时充分考虑怎样才能将风险降到最低，怎样才能化解风险带给我们的威胁。通过科学、超前却又实事求是的计划标准和具体措施为企业未来发展设计出切实可行的蓝图。

2. 明确目标，统一行动和力量。组织是一个由不同的人员组成的集合体，人们带着不同的期望和对组织的不同理解进入到组织中来，如果不对人员的意志加以统一和协调，人们的思想和力量就会分散在各自的追求上，这就失去了将人们组织在一起的意义。制定计划目标就是集中组织内全体人员的追求和意愿，规定组织要实现的目并明确每个人为此目的的实现应当做出的努力，使大家的思想和力量统一在共同的方向上。由于计划目标是组织成员的共同愿景，因此，人们为了使之尽快实现，不但愿意付出自己的聪明智慧和贡献自己的力量，并且愿意与他人保持协调，互相配合，共同为目标的实现而努力。

3. 合理配置资源，提高组织效率。计划的任务是制定企业目标，并围绕实现目标确定所需资源及其比例，以最大限度地提高组织效率。实现组织目标需要投入资源，而资源是有限的，这是摆在管理人员面前的一个恒久的矛盾。为了能够合理配置资源，使有限的资源创造出尽可能大的价值，必须了解资源的可获性和对资源使用的有关要求，在此基础上制定资源分配比例和资源使用的具体规定，既要为组织创造最佳的经济效益和社会效益，还要立足保持可持续发展。

4. 指导未来，随时校正方向。计划是面向未来的，是对未来工作进行指导的纲领。组织管理始终是在变化的、复杂的、难以把握和确定的外部环境下进行，稍一疏忽就可能迷失方向。因此，需要通过对环境的分析制定计划目标，给组织提出一个正确的发展方向并经常根据环境变化来校正企业方向。一位管理学家在总结一些企业失败的原因时认为，这些组织的管理人员永远都是在处理已经发生的问题。企业管理人员特别是高层管理人员的责任应该是站在企业这艘大船的船头，观测和调整方向，而不应忙于在船舱或船尾处理事务性工作。组织要发展，必须向前看，否则难免触礁而导致企业崩溃。

二、计划的特点

计划的特点表现为主导性、普遍性、连续性、前瞻性、经济性、创新性、和谐性。

1. 主导性。计划工作在管理职能中处于主导地位，是企业进行组织、领导、控制和创新的依据，对企业各项职能起着指导和引导的作用。

2. 普遍性。高、中、基层的管理活动都需要进行计划。虽然计划工作的特点、内容和范围可能会因各管理层职权的大小而不同，但每个管理者都必须从事计划工作是确定无疑的。

3. 连续性。计划工作是没有终点的，只要组织存在就必须有明确的方向，需要计划的指导，组织就是在旧计划完成、新计划开始的周而复始中不断成长的。

4. 前瞻性。计划工作是面向未来，为指导未来的活动和为实现未来目标而创造条件。事后的计划对事件毫无意义，只能对下一次未来的事件产生影响。

5. 经济性。科学的计划可为组织带来各方面的效益，但计划本身也需一定的投入，因此，计划的制定和执行必须考虑以最少的投入来完成，而使用该计划指导企业工作却应力求带来最大效益。

6. 创新性。计划要反映时代要求，要与时俱进。因此，要用新构想和新观念来设计、规划、指导管理活动。只有能够反映环境变化特点、与时代要求相一致、不断创新的计划才会引导企业持续地发展和成长。

7. 和谐性。计划制定得科学合理，不仅体现为企业的外部环境与企业内部条件达到了动态平衡，也应体现为该计划得到了企业各级人员的认可和理解。只有企业内外各方关系达到高度和谐，企业目标的实现才具有保证。

三、计划的分类

为便于计划的制定与使用，应对计划进行分类。具体的分类方法有下列几种。

（一）按计划的表现形式分类

按照计划不同的表现形式，可将其分为企业使命或宗旨、目标、战略、政策、规则、程序、规划和预算等。

1. 使命或宗旨（purpose），表明组织干什么和应该干什么。明确了组织该干什么就意味着组织已经选择确定了自己要立足的领域和要开拓的事业。

2. 目标（objective），表明从事已经确定的事业的预期结果，具体来说，就是在使命或宗旨的指导下具体规定组织及其各个部门的经营管理活动在一定时期要达到的具体成果。

3. 战略（strategy），是为实现组织长远目标而确定的总体计划方案。它主要是指明企业未来行动方向、工作重点和资源分配的优先次序，根本目的是使企业尽可能有效地较竞争对手占有持久的优势。

4. 政策（policy），是决策或处理问题时用以指导和沟通思想与行为的一般规定，是企业未来经营活动的指导方针。政策指明企业活动的范围和界限，明确鼓励什么和限制什么。政策有助于使行动与目标保持一致；有助于授权；有助于提高工作效率。

5. 程序（procedure），是处理重复性问题的标准、方法和步骤，包括对大量日常工作过程及方法的提炼和规范，以及对所要进行的活动规定时间顺序。程序使复杂的工作变得简单，可以提高管理活动的效率和质量。

6. 规则（rule），是一种最简单的计划，是具体场合和情况下的规定与准则，即允许或不允许采取某种特定行动。规则也具有指导作用但在执行中不具有自由处置权。

7. 规划（programme），是为了实施既定方针而制定的目标、政策、程序、规则、任务分配、执行步骤、使用的资源等的综合性计划。它需要将各个部分有机协调，因此，需要系统的思想和方法。规划一般是纲要性的，通常需要很多支持性计划。

8. 预算（budget），是以数字表示预期结果的一种报告书，是"数字化"了的计划。它可以帮助主管人员从资金和现金收支的角度，全面、细致地了解企业经营管理活动的规模、重点和预期成果。

（二）按计划的时间分类

按计划所涉及的时间长短可将计划分为长期计划、中期计划和短期计划。长期计划通常是战略性计划，它规定了企业在较长时期内要实现和完成的目标任务；短期计划通常为根据长期和中期计划指出的目标与要求，结合当时的特定情况对某一时期的各项活动做出的安排，主要表现为年度或是更短时间的计划；中期计划则是介于两者之间的计划。在现实情况中，企业对长期和短期计划更为重视。三种计划的关系主要有以下两种情况。第一，长期计划是对组织未来较长一个时期要解决的问题及达成的目标效果的总体预期和部署；中、短期计划则是长期计划的时间分解和具体落实。第二，出于对组织环境变化的动态适应，长期计划确定大方向，中、短期计划则是在不断地调整和变化中一步步接近大方向，长期、中期、短期计划从内容到详细程度都有较大差异。

（三）按职能部门分类

企业不同的职能部门有不同的计划。通常它们各自编制和执行的计划有销售计划、生产计划、供应计划、新产品开发计划、财务计划、人事计划、后勤保障计划等。将计划按职能分类，有助于人们清楚地知道本部门在组织总体目标实现中的地位和应承担的责任；有助于更精确地界定主要作业领域以及彼此之间相互依赖和相互影响的关系；有助于将有限的资源合理地在各职能部门之间进行分配与协调，以确保组织整体目标的实现。

（四）按组织层次分类

按组织层次可以将计划分为高层管理计划、中层管理计划和基层管理计划。高层计划是通过对企业内外环境进行分析确定企业目标，并从全局和整体的角度对企业进行长远的安排，这类计划带有长期性、风险性、指导性的特点；中层计划是根据企业总目标分解后确定的不同任务而制定的较具体的计划，它不仅侧重于组织内各组成部分的定位与协调，还强调上下层级之间的衔接和分工；基层计划则是针对每一个岗位、每一个人员的具体工作安排，强调具体的任务内容和工作标准。

除以上分类方法外，常见的计划分类还有按计划对象分类和按对计划执行者的约束力分类。按计划对象分类，可以将计划分为综合计划、局部计划、项目计划。按对计划执行者的约束力分类，可将计划分为指令性计划和指导性计划。

第二节 目标与战略

企业计划包括战略性计划和战术性计划。战略性计划是指企业全局的、未来较长时期的确立企业目标和企业发展前景的计划,它解决企业使命、目标与战略等问题,规定企业的发展方向和提出确保目标实现的方法。战术计划是在战略计划的基础上进行战术选择以及资源配置的行动计划。战略计划是制定战术计划的前提,战术计划是战略计划的保证。只有方向正确、目标合理、战略适当,合理的计划才能加速实现企业目标并带来效益。

一、企业环境分析

企业环境分析是企业制定战略计划的前提。企业环境分析包括对外部环境的分析和对内部环境的分析。外部环境分析的目的在于发现使企业获得收益的机会和确定企业应当避免的威胁;内部环境分析的目的在于找出企业自身的优势和弱点。通过内外部环境分析,企业才能在有限的范围做出如企业可以进入的领域和经营范围、企业的使命、企业的目标与战略等重大决策。

(一) 企业外部环境

企业外部环境包括宏观环境和微观环境。宏观环境又称一般环境或总体环境,它是每一个企业都必须面对的共同环境;微观环境又称任务环境或行业环境,它是某个或某类企业必须独自面对的特定环境。

1. 宏观环境。宏观环境主要有政治、经济、社会、技术四大类内容(具体内容可见第一章第四节管理环境)。

2. 微观环境。对企业微观环境的分析,主要是指对企业经营构成直接影响的相关因素的分析,具体包括顾客、竞争对手、供应商、经销商、上级主管及其制定的相关的政策法规。通过分析,可以明确企业在本行业以及市场竞争中的地位。

(二) 企业内部环境

企业内部环境分析主要是指对企业综合素质以及营运状况的分析。具体包括对人、资金、产品、技术、服务、管理、企业文化等的分析。如人员数量、受教育程度以及人力资源开发与管理的水平;资金的筹集能力和企业财务状况;产品质量和产品销售情况;生产的专业化水平、技术开发水平和领先程度;服务的覆盖面与完善程度;企业制度、组织结构、领导水平;企业凝聚力和向心力、企业知名度与美誉度等。

(三) 企业环境分析的工具

1. "五力分析"法。美国哈佛大学工商管理学院教授迈克尔·波特在其1980年所著的《竞争战略》中提出了一种用于行业环境分析的模型。他认为,企业竞争环境源于潜在进入者、替代品、供应商、购买者和现有竞争对手这五种竞争力量，五种力量的状况和相互之间的关系以及不同的强度决定了行业竞争的激烈程度。其模型如图 4-2 所示。

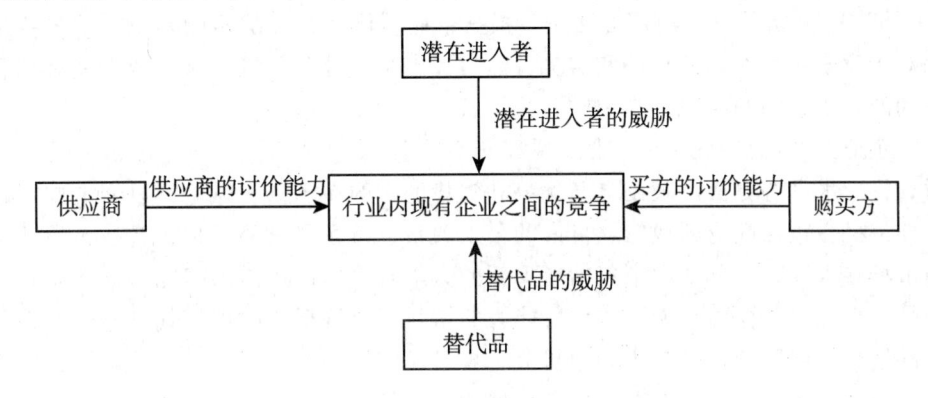

图 4-2　五种竞争力及相互关系模型

（1）现有企业之间的竞争，是指企业所在行业内企业之间的竞争关系与程度。影响企业竞争程度的主要因素有竞争者数量、竞争者实力的均衡程度、产品及服务的差异化程度、企业的战略、企业文化以及退出障碍等。

（2）潜在进入者，是指准备进入某行业和正在进入该行业的企业。它们一旦进入，就会由潜在竞争者变为现实竞争者，从而加剧该行业的竞争。一个企业能否进入一个新行业，一方面取决于该行业对潜在进入者设置的进入障碍；另一方面取决于行业内现有企业对潜在进入者的态度。

（3）替代品，是指那些与某产品具有相同或类似功能的产品，它们在满足消费者的需要上可以互相替代。一般来说，替代品往往在获取、价格或方便使用上更具优势，随着它被广泛地使用，被替代产品无疑将面临挑战与威胁。

（4）供应商。企业生产所需要的生产要素来源于供应商。作为经济组织的供应商同样会考虑自己的经济效益，因而在价格、质量、服务上要与企业讨价还价。供应商讨价还价的能力影响着行业的竞争程度，而供应商的多少，替代原材料的多少，企业对原材料的依赖程度、信息掌握程度等，则是影响供应商议价能力的重要因素。

（5）购买者。购买者是影响企业竞争的重要力量，一方面企业要争取购买者扩大市场；另一方面随着购买者觉悟程度的不断提高，他们在价格、质量、服务等方面对企业施加的压力也越来越大，他们通过要求产品质量、压低价格、提供附加服务等使企业之间竞争加剧。

通过分析以上五种竞争力，可以掌握行业竞争状况，在此基础上确定本企业的地位和企业发展战略。

2. SWOT 分析法。SWOT 分析法是一种对企业外部环境和内部条件进行综合分析与评价后，选择确定最佳经营战略以获取竞争胜利的方法。SWOT 是英文 strengths、weaknesses、opportunities、threats 的缩写，分别代表企业内部的优势、劣势以及企业外部环境的机会和威胁。

SWOT 分析的具体应用方法是，根据企业总体目标和战略的要求，首先找出相对于竞争对手而言的优势和劣势，然后找出企业外部环境中对企业发展有利和不利的因素，即判断机会与威胁。

企业内部优势和劣势一般表现在资金、技术、设备、产品、市场、员工素质、管理水平等方面。找出自己优势和劣势的目的在于扬长避短，以实击虚。企业外部机会包括政府的政策、良好的公众关系、市场需求的增长、新技术的开发与市场导入等；外部威胁则包括增加新的竞争对手、市场需求降低、新产品和替代品的出现、供应商与购买方议价能力的增强、经济形势的不景气等。分析企业外部机会与威胁的目的在于利用机会，规避风险。

根据上述分析，企业即可确定发展战略，如图 4-3 所示。

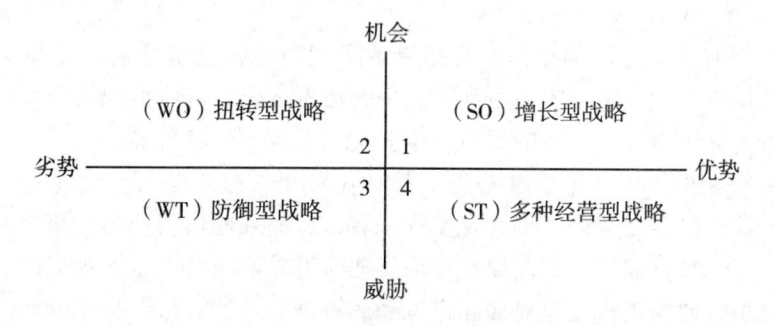

```
              机会
               |
   (WO)扭转型战略  |  (SO)增长型战略
             2 | 1
  劣势 ——————————+—————————— 优势
             3 | 4
   (WT)防御型战略  |  (ST)多种经营型战略
               |
              威胁
```

图 4-3 SWOT 分析

图 4-3 中，处在第 1 象限的企业，具有内部优势和外部发展机会，它们适宜采用增长型（SO）战略，即增加生产扩大市场；处在第 2 象限的企业具有较多的发展机会但却受到企业内部劣势的制约，应当采用扭转型（WO）战略，即改变自身不利因素抓住发展机会；处在第 3 象限的企业内存劣势外遇威胁，应当采用防御型（WT）战略，即彻底清除自身劣势，努力避开威胁；处在第 4 象限的企业，内部具有优势外部存在威胁，适宜采用多种经营型（ST）战略，即发挥内部优势化解或规避外部威胁。

使用 SWOT 分析法要注意两个问题：第一，分析的目的是，要使企业从其他象限转变到第 1 象限，因为这是企业最理想的局面；第二，由于相关因素会随时间发生变化，因此，进行 SWOT 分析时应坚持动态、发展的观点。

二、企业使命

企业使命是指企业为了区别于其他同类企业而做出的企业发展和意图的陈

述。它包括目标陈述和任务陈述，目标陈述回答："我们要成为什么？"任务陈述则回答："我们的业务是什么？"前者是表明企业的观念和追求，后者则是对企业"存在理由"的宣言，具体来讲是确定企业的经营领域和经营原则。

（一）确定企业使命的意义

确定企业使命的重要意义在于：

1. 它可以指导企业制定战略目标。
2. 它为企业的资源配置提供了基础。
3. 它能使企业员工明确企业目的和发展方向。
4. 它有助于协调企业部门之间和人员之间的分歧。
5. 它可以促进企业文化建设，形成鲜明的企业形象。

由于企业使命起到了一种宣言的作用，向外界展示自身追求的理想境界，因此，明确有效的企业使命不仅可以获得人们的好感与支持，还可以有效地调和企业的不同利益相关者之间的矛盾。

（二）确定企业使命的要求

企业使命的确定首先依赖于企业环境分析，而当企业使命确定之后又为企业环境分析划定了范围。企业使命为后续的企业经营管理工作规定了方向。

1. 企业使命的内容要全面。一个好的企业使命陈述，应包含以下内容：(1) 顾客——企业的主要顾客是谁？(2) 产品或服务——企业向顾客提供哪些产品或服务？(3) 市场——企业经营涉及哪些地域和行业？(4) 技术——企业的核心技术是什么？是否领先？(5) 哲学——企业的经营理念、价值观、道德倾向。(6) 自我认识——企业有哪些竞争优势和独特能力？(7) 对企业经济增长的关注——表明企业对盈利的态度。(8) 对公众形象的关注——企业期望塑造的社会形象。(9) 对员工的关注——是否将员工视为企业最宝贵的财富。

2. 企业使命陈述要笼统。企业使命的目的是规定企业的方向，为企业发展定基调。过细的规定可能会限制企业的创造力导致僵化而招致反对。概括性的陈述则可以为管理者提供执行中创新的空间，更好地适应企业内外环境的变化和更灵活地进行战略的实施。因此，企业使命陈述要使用精练、明晰的语言，要笼统和足够的概括。

3. 企业使命的制定要以顾客为导向。企业使命的确定应充分体现市场的需求，而不应拘泥于某项产品或服务。因为产品有生命周期的限制，一旦这一产品过时遭到淘汰，以生产这一产品为使命的企业也必然会退出历史舞台。相反，市场需求却是无限的，为更好地满足消费者的某一需求，企业以顾客为导向就会不断创新开发出更先进、更方便的产品和服务，企业自己也就会保持住在该市场中的地位。

三、企业目标

企业目标是企业使命的具体化，是企业在一定时期内预期达到的成果。

（一）企业目标的内容

企业目标反映的是企业追求的整体和最终成果，它可以分解为不同阶段和不同方面的子目标，并由这些子目标的实现对企业目标的实现予以支持。企业目标的内容大致可以分为三类。

1. 经济目标。这是企业追求的最直接的目标，也是企业其他目标的基础。经济目标具体包括企业的产值、营业额、利润、劳动效率等指标。为了获得更大的经济效益，有效实现企业各项经济指标，企业还应准确把握市场竞争情况，制定相应的反映企业竞争能力的目标，如市场占有率目标等。

2. 社会目标。这是指企业作为社会肌体的细胞应为社会源源不断输送养分，为国家不断做出贡献和满足社会需要程度的目标，也是企业正常经营生产以实现企业整体目标的约束条件。社会目标具体表现为企业所提供的产品和服务的品种、数量、质量，以及产品、企业的知名度和美誉度的指标，企业为国家创造财富、为社会公共事业做出贡献等各项指标。

3. 发展目标。这是企业追求的较高层次的目标，也是为使企业的发展有后劲而设立的长期目标。为了谋求企业的长期发展和不断壮大，企业一方面要在人员上下工夫，具体应制定不断满足员工日益发展的物质和精神需求的指标，进行员工培训，发展员工学习能力，提高员工业务技术素质的指标；另一方面要在技术上下工夫，如企业创新能力和新产品的设计开发等指标。

（二）企业目标的作用

1. 导向作用。企业目标为组织的经营活动规定了方向，为企业各种资源的部署、为企业工作的轻重缓急先后顺序的处理提供了依据。明确的企业目标使组织内各部门工作相互配合，使各环节的工作相互协调。企业目标统领、引导着组织上下产生统一的行动。

2. 激励作用。企业目标不仅反映组织追求的价值，更应反映国家社会和企业员工的共同利益。当组织目标被全体成员理解和接受并与组织成员的切身利益结合起来时，此目标便可以激发起员工的积极性、主动性和创造性，员工中便可以产生推动组织目标实现的巨大力量。

3. 标准作用。目标为工作岗位和企业组织活动的设计提供了基础。具体、量化、可考核的目标，就是企业的标准，它可以成为检测企业各项工作进展情况的尺度，也是衡量企业员工工作绩效的标准和依据。用目标进行评估和检测，其评价结果客观、公正。

4. 基础作用。为使企业的生产经营处于有序和有效状态，企业需要标准。制定标准形成标准化，是企业管理的基础工作，依据目标制定的标准可以提高管理的科学性，降低和避免由于人的情绪、情感因素而造成的管理工作中的混乱。目标的层层分解、层层落实使复杂的管理工作变得简单，为目标管理的实施提供了前提。

（三）组织目标的特征

组织目标应具有以下特征：

1. 层次性，即目标可以从上到下逐级分解，构成目标—手段链，以便层层落实和层层保证。

2. 次序性，即可按轻重缓急排序，便于抓重点、提高效率、节约资源。

3. 时间性，即对目标的实现从时间上给予规定。没有时间要求的目标是没有意义的。

4. 易理解，即目标通俗易懂，不会产生歧义，便于领会和贯彻。

5. 可考核，即目标应具体、量化，使目标明确并便于操作和衡量检查。

6. 挑战性，即目标的实现应有一定难度，以便激发员工的工作潜能和团结协作的工作态度。当然，也应避免难度过大，以免挫伤员工的工作积极性。

四、企业战略

一个组织要生存、发展，不仅要有明确的目标，还应有正确的战略。关于战略，彼得·德鲁克的认识是，"它是一种统一的、综合的、一体化的计划，用来实现企业的基本目标。"明茨伯格则套用市场学中4P的提法，提出了战略的5P定义，即战略是计划（plan）、计谋（ploy）、模式（pattern）、定位（position）和观念（perspective）。作为计划，它必须制定于企业经营活动之前，用来指导企业工作；作为计谋，它是在特定环境下用来战胜竞争对手的手段；作为一种模式，它是企业进行决策、分配资源以及采取行动的思路与程序；作为定位，战略是企业通过环境分析明确自己在环境和市场中的位置；而作为一种观念，战略则是存在于企业决策者头脑中对客观世界的认识方式，它不仅影响着企业的经营管理，也影响着企业文化的建设。总之，企业战略与目标紧密相连，它是实现企业长期目标的方法，意味着企业未来的行动。它通过企业内外环境分析，规划人力、财力、物力等资源的使用方向，为实现企业目标提供保障。

（一）战略层次

每一个组织都面临着复杂的战略问题，其全局的和各部门的计划、组织、控制都必须以战略作为行动总则。企业战略一般可以划分为总体战略、基本战略和职能部门战略三个层次。

总体战略主要是选择、确定企业的经营方向，它是战略的核心问题。具体包括发展战略、稳定战略和紧缩战略。

基本战略主要通过市场细分进行产品开发和市场定位。具体包括竞争战略、投资战略和经营战略。

职能部门战略则研究企业各部门为更好地服务于上级战略、促进企业目标实现而在本部门实施的战略。具体包括财务战略、人力资源战略、营销战略等。

（二）战略的选择与制定

可供企业选择的战略有很多，如可使企业获得对供应商和销售商控制的纵向一体化战略；可通过市场渗透、市场开发、产品开发来获得更大的市场空间的加强型战略；避免对单一产品的过度依赖，以灵活应对市场变化的多元化经营战略；通过收缩、剥离、清算等来发挥企业优势并强化企业所具有的基本和独特的竞争能力的防御性战略；成本领先、差异化、专一化等迈克尔·波特提出的一般性战略等。企业采用哪种战略较为合适，应视情况而定。

1. 影响战略选择与制定的因素。

（1）企业对外界环境的依赖程度。一般而言，企业对环境依赖程度越高其战略选择的灵活性越小。由于企业对外部环境的依赖程度取决于决策者自身的理解和判断，因此，不同的决策者选择和制定的战略会存在差异。

（2）企业以往的战略对新战略的选择或制定有较大影响。这是因为，以往战略被格式化地贯彻执行，因此，当原有战略失效时，企业提出的新战略也往往是嫁接在原有战略上的。所以完全崭新的企业战略的提出往往是在更换高层管理人员之后，新的管理者才较少地受原有战略的干扰。

（3）管理者对待风险的态度。应当承认，管理者对待风险的态度是有差别的，有的敢于和善于承担风险，有的则不愿意承担风险和回避风险。前者持积极的态度，考虑和选择的战略方案较广泛；后者持保守态度，只能在有限的战略中进行选择。

（4）企业中的权力关系。企业中存在着权力关系这是一个不能回避的事实。正因为如此，在很多企业中，如果一个战略得到了某一拥有很高权力的管理者的肯定，那么，这个战略往往就成为企业推广和实施的战略。

（5）一般管理者和职能人员的影响。这些人通常是通过准备提交战略方案和对战略方案进行评价来影响战略选择的。从自身利益出发，从方案容易获得批准出发，他们对战略的选择和评价与过去的战略差异细微，较少冒险。

（6）时限。它对战略选择与制定的影响表现在两个方面：其一，制定与选择战略的时间从容与紧迫，会导致对方案考虑的范围和数目受到影响；其二，战略实施时间的确定也是关键因素，太久的等待和匆忙的开始都可能对企业构成危害。

2. 战略选择与制定的原则。

（1）以社会需要为出发点；

（2）扬长避短；

（3）把握时机；

（4）出奇制胜；

(5) 集中资源；

(6) 量力而行。

3. 战略选择与制定的程序。战略决策关系到企业的成败，而对战略决策负责的永远是战略制定者自己，因此，企业高层管理者在制定战略决策时必须按照科学的程序，组织各方面的力量，民主而缜密地进行。

(1) 选择关心企业、掌握企业内外环境信息的人员，要注意他们在企业中的分布以及他们的经验、资历、层次等，以保证对企业战略能够进行全方位的分析与考量。

(2) 对现行的企业战略进行识别和鉴定，分析其是否存在与当前形势不相适应的情况，以便对原有战略进行调整或提出新的战略。

(3) 进行企业内外环境的分析，找出企业面临的机会与威胁，认清自身的优势与劣势，为企业战略的提出做好最充分的准备。

(4) 准备和选择战略方案。根据上一步所作的分析，准备、选择适合企业未来发展的战略方案，并提交。

(5) 对备选战略方案进行评价和比较。所有参与战略选择和制定的人员要本着对企业高度负责的态度，综合考虑企业各方面的情况，对备选方案进行利弊和优劣的分析比较。

(6) 在以上步骤的基础上，确定相对最好、最适宜的企业战略。一旦企业战略被确定，就要选择恰当的时机予以推广和实施。

第三节 预 测

在对预测做出定义之前，应首先区分两种不同的预测。一种是为制定企业目标而作的预测。这种预测是计划的前提条件，它通过对外部环境中的各项因素如政治、经济、科技、文化等的未来发展趋势及变化状况做出分析和判断，从而确定企业的发展方向和经营目标。这种预测可以使企业面临的未来不确定、不明晰的因素变得相对确定和明晰，使企业目标的制定具有更可靠的依据，因而能够保证计划的科学性和先进性。这种预测就相当于企业环境分析，它通常是宏观的、定性的。另一种预测则是在企业确定目标之后为保证目标的实现而对可获资源的预测和对计划结果的预期。这种预测则更多表现为微观的和定量的。根据如上分析我们可以将预测定义为：预测就是根据历史的和现在的已知因素，运用人们的知识、经验并借助科学的方法，对事物未来的发展以及形成的结果做出估计和推断的活动。

一、预测的作用

1. 预测为决策提供科学的依据，是企业决策工作的前提。计划的核心是决策。决策的正确与否，关系到企业的成败，甚至关系到企业的生死存亡。决策需要管理者的勇气和决断力，但它必须建立在拥有与掌握大量有用的信息和资料的基础上，而获得信息和资料的途径就是预测。预测可以发现市场机会和了解可能遇到的威胁，预知未来环境变化的趋势，为确定企业的方向和目标，提前采取措施降低和化解风险，提供了重要依据。

2. 预测是使企业与外部环境保持动态适应的必要手段。对环境一无所知就贸然进入，是十分危险的，通过预测可以提前认识和把握环境的特点，使陌生变得相对熟悉，使企业生产经营活动与环境特点相互适应，这样才有利于企业发展。

3. 预测有利于企业创新，形成和保持企业竞争优势。在当前市场竞争日趋激烈的情况下，预测本身已经成为企业竞争力。对市场预测快、准，早于其他企业对环境变化做出反应，迅速推出适应环境的新技术、新产品、新的服务措施和管理手段，利用时间差占领竞争市场的制高点，预测使企业获得了优势地位。

4. 预测提高了管理人员的管理预见水平，从而提高管理成功的概率。通过预测可以使人们知道未来事物发展走向和变化的规律，从而知道企业应该做什么、不该做什么，如何去做和怎样的努力会获得怎样的结果，从而降低不确定因素对企业发展的干扰，最大限度地获取企业发展所需要的资源，使企业发展环境与约束条件相互协调，预先发现障碍并设法排除，使企业顺利、快速地发展。

二、预测的内容

凡是对企业未来发展构成影响的因素都应列入预测的范畴。因为企业环境是一个大系统，其方方面面的因素都是相互关联和相互影响的，只有进行全方位的预测和综合的分析，才能透过纷繁复杂的表象发现其内在的带有规律性的东西，才不会被假象所迷惑，做出那种本末倒置、导致决策失误的傻事。预测内容分析起来大致有如下内容。

（一）宏观环境的预测

宏观环境的预测内容较广泛，包括：（1）社会文化环境的预测，即对社会变革、经济发展的社会后果、人口增长率及其对社会的影响、教育水平、就业率及就业观念、消费者的购买心理及消费习惯等的变化趋势预测；（2）经济环境预测，即对国家总体经济发展状况、国际经济大环境、国家宏观经济政策的调控、利率汇率的变化、居民消费水平和购买能力的变化等的预测；（3）科技发展预测，即对科学技术发展趋势、新技术对相关领域以及对社会产生的影响的预测；（4）政治法律环境的预测，即对国家的政治体制、政权的巩固与稳定、法律的权威与延续以及社会治安状况等的预测。

以上因素的变化都会直接或间接地对企业发展产生深刻的影响。大而言，可能影响到企业的经营领域、经营方向、投资规模、经营理念；小而言，可能影响到企业的目标市场及企业政策、经营方法和管理手段。因此，企业必须加强对宏观环境的预测，准确把握变化趋势并随时做好应对变化的准备。

（二）市场预测

市场预测可以说是企业最重要的预测，因为它对企业产生的影响是最直接的，也是企业最为关心的。市场预测包括对消费者需求及其变化的预测和市场供应状况的预测，简而言之，就是市场供求的预测。

消费者需求是市场构成的重要因素，满足消费者需求是企业生产经营的起点也是终点，发现需求、创造需求、满足需求以不断提高人们物质及精神生活的水平始终是企业追求的目标，也是企业的价值所在。然而消费者需求是不断变化的，众多消费者的不同特点也决定了他们的需求是多种多样的，因此，企业所提供的用于满足消费者需求的产品或服务不能是单一的和一成不变的，而应该是动态发展的、有针对性的。只有不断进行预测和分析，发现和掌握它们的变化趋势和规律，不仅以"变"应"变"，还要快速应"变"，才能赢得市场主动。

对市场供应状况的预测实际上就是对竞争对手的预测。所谓竞争对手就是与我们在同一市场分切同一块蛋糕的生产同类产品或类似产品的企业。按照常理，它们分得的蛋糕越多，我们获得的就会越少，因此，它们的存在就构成了对我们的威胁。但是，随着生产力水平的提高和科技的进步，市场发生了巨大变化，一个企业垄断整个市场的情况已属罕见，即便垄断也只是短暂的情况。企业只可能通过努力而争取成为市场的领导者，占据更多的市场份额。所以企业要客观地面对自己和竞争对手，对市场保持清醒的认识。通过预测竞争对手的数量和实力，并与本企业作对比分析，来确定本企业的市场占有率。

清楚了总体的市场供求状况，了解了本企业所拥有的市场占有份额，加之对其他相关因素的分析，就可以进行企业的销售预测、销售收入的预测和企业利润的预测。

（三）资源预测

市场经济条件下的资源预测应该是根据市场需求进行销售预测，然后以销定产，以产定资源。为了满足销售与生产的需要，进而满足消费者的需要和国家社会的需要，企业必须拥有足够的资源，这些资源除了人、财、物之外，还包括技术和其他相关信息等。企业要对目前所拥有和未来能够获得的资源有一个准确的估计，以确保能够支持计划期内各项工作的进行和预期目标的实现。

企业资源预测的具体内容有：人力资源预测，即对企业所需人员数量、质量及人员积极性的预测；原材料预测，即根据销售预测的数值对生产所需要的各种原材料包括各种所需能源的数量、费用做出的预测；设备及投资预测，即对设备能力及各种磨损以及用于设备更新所需的资金预测；技术及相关信息的预测，主要指相关技术的进步与发展状况以及对本企业的影响、竞争对手的动态、财务运营状况、领导特别是高层领导的稳定性等的预测。对以上情况能够准确预知和把握，提前准备应变的方案，可使企业在竞争中收到事半功倍的效果。

三、预测的方法

预测不是猜测。猜测是盲目的和缺乏依据的，而预测则是建立在对客观事物变化规律正确认识基础之上的。

科学预测的第一个依据是，事物的发展是连续不断的。可以将事物的过去、现在和将来看成是连续的、动态发展变化的统一体，事物的变化总是建立在原来的基础上，受过去和现在影响，因此，按照这一事物运动轨迹，就可以用已知的过去和现在对未来的发展变化做出较准确的预测。比如，已知过去几年旅游接待情况和收入情况，就可以据此预测出未来一个时期的旅游接待和收入情况。

科学预测的第二个依据是，世界上的事物都是相互关联的，其发展变化脱离不了相关因素的影响。因此，可以根据相关因素的变化来推测事物可能产生的变化以及变化的趋势。比如，经济的快速发展会影响人们的收入水平，收入水平的提高会带来旅游的发展。

科学预测的第三个依据是，事物的发展具有相似性的特点。比如人有孕育、出生、成长、成熟、衰老、死亡这样一个过程，产品的生命周期同人的非常类似。因此，可以按照这一相似特点对产品市场发展的每一个阶段进行销售、生产、资源供应等各方面的预测。

基于上述科学预测的依据，人们研究出了上百种预测方法，这些方法被分成两大类：定性预测和定量预测。所谓定性预测，就是指预测者根据已知的数据和资料，依靠个人的知识、经验和判断对事物的发展趋势做出的预测；而所谓定量预测则是指预测者依靠客观的数据和建立数学模型而对事物的未来进行的预测。

（一）定性预测方法

1. 专家会议法。即聘请专家开会讨论需要预测的问题的方法。此方法简便易行，即通过会议由专家相互之间广泛交换意见甚至争论来相互启发，集思广益，弥补个人的局限与不足。此方法也有缺陷：权威人士的意见可能对与会其他专家心理上造成影响，而且主持人的干扰也不可避免。

2. 德尔菲法。该方法又称为函询法。它适用于缺乏市场统计数据且市场环境变化较大、难以用一般方法预测的项目。首先寄发调查表，以无记名的方式分别征求每位专家的意见，然后将意见进行归纳、整理形成新的表格再反馈给每位专家。经过几轮的征询与反馈，使各种意见逐步趋向一致，从而得出一个比较统一的预测结果。

该方法的优点是：专家之间背靠背，避免了相互之间的心理影响，同时也避免了主持人的干扰；由于采用通讯方式，费用较低。此法也有缺点：受人的主观因素影响较大，耗时较长。

由于专家的选择、问卷的制定以及每一轮预测结果的处理与表达都需要一定的技巧,难度较大,因此,应用此方法时应注意:提出的预测问题应概念清楚、明确、具体,易于理解;调查表的编制要尽可能简单,并附上有关背景资料;还要考虑吸收不同专业技术领域的专家,要有学派代表性。

3. 推测法。即根据已掌握的历史资料,根据销售人员、顾客、管理人员的意见以及预测人员对事态的估计和主观判断,对事物未来的发展趋势做出预测。具体又可以分为:(1)销售人员意见综合法。即根据销售人员长期与顾客打交道、对销售量和市场需求的变化等非常熟悉的特点,召集有经验的销售人员进行预测的方法。(2)顾客意见法。即根据顾客最清楚自己将来需要什么和准备购买什么的特点,召集与企业销售有关的主要顾客,征集他们的意见和看法,或采用顾客投票方式表达他们的购买意愿或评判意见,然后将意见整理汇总,这些意见将对预测有着重要的参考价值。(3)管理人员评判法。即召集各部门的主管人员根据自己的经验、知识和已掌握的信息对要预测的问题从各自不同的角度交换意见,集思广益进行预测的方法。(4)意见综合法。即对以上几种意见进行综合,然后由预测人员根据自己对意见重要程度的判断加权,获取综合预测值的方法。

推测方法简单易行,节约时间,花费少,效率高。在有稳定市场或市场变化情况尚可预料的情况下,这种方法通常是有效的。

(二)定量预测方法

定量预测方法主要有,根据历史统计数据的时间序列对未来的变化趋势做出预测的时间序列分析法和利用事物各变量之间的因果关系来预测未来变化的因果分析法。时间序列分析法包括简单平均法、移动平均法和指数平滑法。用这种方法进行预测,通常是在影响商品需求量的因素没有发生明显变化、需求趋势比较稳定的情况下。因果分析法常用的是回归分析法。

1. 简单平均法,是将过去若干时期的实际值相加求平均值,用该平均值作为预测值的方法。其公式为:

$$预测值\ Y = \frac{过去若干时期资料值之和}{资料期数\ n} = \frac{\sum_{i=1}^{n} Y_i}{n}$$

2. 移动平均法。该方法是建立在距预测期越近的数据与预测值的关系越密切的假设上。它包括简单移动平均法和加权移动平均法。

(1)简单移动平均法,就是用最近几期的实际值的平均数作为下一期的预测值,逐期移动来进行预测。公式为:

$$Y_t = \frac{X_{t-1} + X_{t-2} + \cdots + X_{t-n}}{n}$$

其中:Y_t 为 t 期预测值;n 为移动期数;X_{t-n} 为前 n 个时期的实际值。

（2）加权移动平均法。这是根据距预测期越近的实际值对预测值的影响越大的原理，通过逐步加大近期实际值在平均值中的权数求预测值的方法。确定权数一般遵循距预测期越近权数越大，反之越小的原则。但要注意：个别异常的数据，即对预测不构成影响的数据，要剔除掉。为了简化计算，可使权数大于0，小于1。其公式为：

$$Y = \sum_{i=1}^{n} X_i D_i$$

其中：Y为预测值；X_i为i期实际值；D_i为i期的权数。

3. 指数平滑法。它是加权平均法的一种特殊形式。此法在计算新预测值时，只需有最近几期的实际值、最近几期的预测值和一个平滑系数α就够了，是预测值与实际值的一种平均。如果数据存在着复杂变化时，同其他方法一样，预测精度就会受到限制。此时就须引入多重移动平均法、多重指数平滑法等。一次指数平滑法的公式为：

$$F_t = \alpha D_{t-1} + (1-\alpha) F_{t-1}$$

其中：F_t为t期预测值；D_{t-1}为最近一期的实际值；F_{t-1}为最近一期的预测值；α为平滑系数（0≤α≤1）。

4. 回归分析法。回归分析也称相关分析。该方法是通过对已掌握的数据的观察与推理，找出这些数据之间的因果关系和表达这些关系的数学模型并通过模型来进行预测的方法。它不仅剔除了不相关因素，而且对相关的紧密程度加以综合考虑，从而提高了预测的可靠性。

回归分析法的步骤：进行定性分析，确定有哪些可能的相关因素；收集这些因素的统计资料；应用最小二乘法等求出各因素之间的相关系数和回归方程；根据这个方程预测未来。根据预测对象和因果关系的不同，回归分析法可分为线性回归和非线性回归；根据自变量的多少又可分为一元回归和多元回归。一元回归方程为：

$$Y = a + bx$$

其中：y为因变量；x为自变量；a和b为回归系数。

回归系数用最小二乘法求出，公式为：

$$a = \frac{\sum_{i=1}^{n} y_i}{n} \quad b = \frac{\sum_{i=1}^{n} t_i y_i}{\sum_{i=1}^{n} t_i^2}$$

其中：y_i为各期的实际资料值；t_i为时间变量值；n为资料期数。

(三) 选择预测方法应考虑的因素

预测方法有很多，但是，并不是每一种方法都适用于每一个预测。预测方法的选择关系到预测的质量，进而关系到决策的成败。因此，应如何选择预测方法，选择预测方法时应考虑哪些因素，应成为人们重视的问题。选择预测方法通常与预测对象的特点、性质、变化规律、预测的精度要求、预测的时间期限、预测的费用、预测所需要的数据以及预测者本身的知识经验能力等有关，因此，以上因素就是当我们拿到一个预测问题，考虑确定该使用哪种方法时，必须要注意到的。

1. 预测对象的性质、特点及变化规律。企业预测多种多样，大到经济形势预测、技术预测、社会预测，小到市场预测、销售预测、库存预测。不同对象、不同情况就应采用不同的预测方法。例如，范围广的、很难获得准确数据的、变化快的以及崭新产品问世尚无统计数据的，通常用定性方法较多；而微观的、有数据资料记录的、对预测结果要求较精确的，则一般使用定量预测方法。

2. 预测的期限。定性方法多适用于长期预测，因为长期预测所要的结果是明确未来发展变化的趋势和规律。有了明确的发展方向和战略目标，就可以预测阶段性的和近期的收获、成果以及需要为之所作的投入了，这时则需要使用定量方法。

3. 预测的精度与费用。企业预测都有精度与误差的问题。通常对预测的精度要求高，费用也会随之增大。但如果选用费用少的低级模型，预测结果可能又会受到影响，随之带来的因预测精度低而造成的损失就会增大。其关系见图4－4。然而不同的预测对象决定其精度与误差的极限值不同，比如，用于企业战略决策的预测，要求可靠稳定，但对具体细节的精度要求不一定很高；而用于企业生产销售的预测不涉及方针大略，却在具体数据上要求得比较精细。因此，要在预测精度与误差极限范围之内考虑选择预测方法。

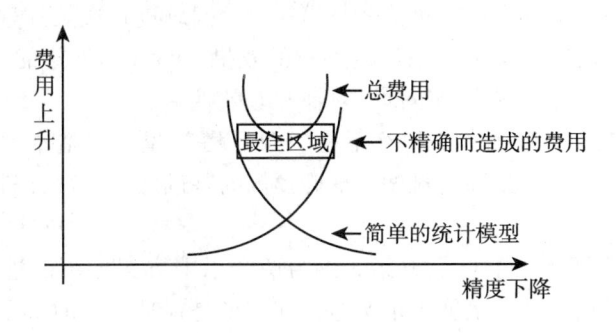

图 4－4

4. 预测所需要的数据。预测是根据已知的过去和现在探索未知的将来，因此，必须要有一定数量的历史资料和数据作为预测的基础，但在一些特殊情况下确实缺少甚至没有历史资料。在具备历史资料且对预测精度要求高的情况下使用定量预测，而在缺少或没有统计数据的情况下就要使用定性方法进行预测了。

5. 预测工作者的素质。预测工作是由人来做的，因此，使用什么方法一定会受到人的因素的限制。所以应根据预测工作者的专业知识水平、能力、经验等来决定采用适合的预测方法。

第四节 决 策

管理活动中充满了大大小小的决策，例如，目标决策，解决企业发展方向问题；生产决策，解决企业生产什么、生产多少、何时生产、何地生产的问题；技术决策，解决怎样生产、选择怎样的设备和技术的问题；销售决策，解决如何销售产品、决定对各种销售因素诸如地区、对象、方式、渠道、网点、时间、批量、广告宣传的组合方式问题；财务决策，解决资金运筹问题；组织决策，解决机构设置、人员配备、权力责任、奖励惩罚等问题。总之，管理工作的一个明显特征就是其所固有的"两难处境"。在进退维谷、举步维艰的情况下，管理人员必须在错综复杂的因素中做出明智的抉择，因此，著名管理学家西蒙提出"管理就是决策"。

一、决策的概念及其特点

决策是指人们针对需要解决的问题，经过充分的预测和调查研究，用科学的方法拟订和评估各种方案，从中选择合理方案并加以实施的过程。

由决策的概念可以看出，科学的决策具有以下特点。

1. 必须明确需要解决的问题。首先，要搞清楚为什么在众多问题中要针对这个问题而不是其他问题进行决策，找出针对该问题进行决策的理由；其次，要搞清楚针对这个问题的决策应该产生怎样的效果，与我们期望的效果是否一致，这样能够减少盲目性，提高决策的针对性和有效性。

2. 决策的基础是预测。决策绝不是"象牙塔"里闭门造车，它必须建立在通过运用充分翔实的信息和资料做出准确预测的基础之上。离开科学的预测，决策将是危险的。

3. 必须提出两个以上可行方案。因为两个以上方案才可能进行比较而分出优劣，如果只找出一种方案就决定实施，其结果是很难设想的。寻找和拟订方案的关键是要打破旧有的思维定式，大胆创新。另外，方案必须可行。所谓可行不仅能给企业自身带来良好的经济效益，经济、技术上的可行，还应考虑造福社会，在社会效益和影响力以及可持续发展方面可行。尽可能保持两方面的协调统一，如果两者之间有矛盾也应设法将负面影响降低到允许的范围，所以要经过可行性研究对方案进行分析论证。

4. 决策是一个过程，而非一个点的行为。一些人通常将决策看成是最后做出决定或者是下命令的瞬间行为，这是对决策不全面和不准确的理解。"他们忽略了完整的全过程，忽略了最后时刻之前的复杂的了解、调查、分析的过程以及在此之后的评价过程。"拍板定案的行动固然重要，但是，为确保确定的方案是正确的而做的前期工作，以及为使方案能与实际情况吻合而做的后期工作，都是必不可少的，也是更重要的。

5. 评估方案的标准要适度。管理是科学也是艺术，作为管理中重要组成部分的决策也是如此。尽管人们都希望通过努力所确定和实施的是最佳方案，但是，决策会受到很多因素的影响，而且这些因素通常是动态的变化的，因此，绝对最佳是不存在的。此外，为追求最佳总是要有较大的花费，可能会导致得不偿失。因此，西蒙提出了"令人满意"的标准，孔茨则提出了合理性决策标准。

二、决策分类

正确的决策分类有利于我们选择合适的决策方法，以提高决策的质量。决策分类通常可以从以下五方面进行。

1. 根据决策者所处的管理层次分，可将决策分为高层决策、中层决策和基层决策。高层决策是由高层领导者负责的经营决策；中层决策是由中层领导者负责的多是执行性的决策；基层决策则是由基层管理者负责的作业性决策。

2. 根据决策在企业经营中的地位和作用分，可将决策分为战略决策和战术决策。战略决策是指确定企业发展方向和目标的决策，重点是解决企业与外部环境的关系问题；战术决策是指实现战略决策的短期具体决策，重点是解决如何组织、协调内部资源的具体问题。

3. 根据决策问题出现的重复程度分，可将决策分为程序性决策和非程序性决策。程序性决策是经常重复出现的问题，对这些问题已有了处理经验、方法、程序，可依常规办法解决。非程序性决策是不常出现的或新的问题，无处理经验，要靠决策者的判断和信念来解决。

4. 根据决策目标与所用方法分，可将决策分为计量决策和非计量决策。计量决策是指决策目标有准确的数量，易采用数学方法进行的决策。非计量决策则是难以用准确数量来表示目标，需要依靠决策者的分析判断进行的决策。

5. 根据决策的可靠程度分，可将决策分为确定型决策、风险型决策和不确定型决策。确定型决策是一个方案只有一种确定结果，通过比较结果即可做出的决策；风险型决策是指未来事件出现什么状态不能确定，但可以估计出各种状态发生的概率，其结果可根据概率来确定；不确定型决策是指决策问题的不确定和不可控因素较多，既不知事件发生的状态也不知每种状态可能发生的概率，完全凭决策者的主观判断做出的决策。

三、决策程序

一个合理的决策程序应包括四个步骤,见图4-5。西蒙将这四个阶段命名并解释为:"情报活动"阶段——探查环境,寻求要求决策的条件;"设计活动"阶段——创造、制订和分析可能采取的行动方案;"抉择活动"阶段——从可资利用的方案中选出一条特别行动方案;"审查活动"阶段——对过去的抉择进行评价。由图4-5可见,在实际的决策过程中,决策的每一阶段都不是孤立割裂的,而是通过不断的大大小小的信息反馈,彼此保持着密切的关系,相互影响相互作用着,从而形成了一个动态过程。

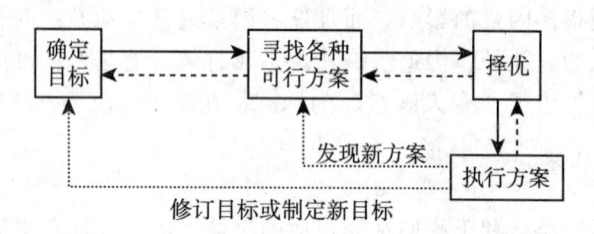

```
确定目标 → 寻找各种可行方案 → 择优
                ↑ 发现新方案    ↓
                              执行方案
        ← 修订目标或制定新目标 ←
```

图 4-5

(一)发现问题并确定目标

决策通常是针对要解决的问题进行的,因此,发现并确认问题就成为决策关键的第一步。有些问题是比较容易发现的,如一些紧急情况的发生,自然就暴露了所存在的问题。有些问题则处于潜在状态不容易被发现,而对于这类问题,管理者为防患于未然又必须提前预见,因此有一定的难度。美国管理学家威廉·庞治(Willan Pounds)为我们提供了可以找到类似问题的四个重要时机:(1)当情况出现反常时;(2)当绩效偏离计划时;(3)当别人向管理人员提出更高要求时;(4)当竞争者的行为给管理者提出新的课题时。值得注意的是,找问题并不只是发现与标准不符的差距,更是要找到造成差距的原因,通过对问题进行综合分析找出深层原因,才能对症下药提出切实有效的可行方案。发现并确定问题后就要提出决策目标,同时制定相应的衡量标准。有时,发现的问题和确定的目标不止一个,这时就要本着分清主次、综合平衡、抓住关键的原则,根据问题的轻重缓急,根据对解决问题的机会成本和效益作比较分析以及资源的有限性等,来确定决策目标的优先次序。

(二)提出多种可行方案

本环节的工作是发动相关人员集思广益,大胆创新,设法找出一定数量的并具有一定质量的可行方案,为后续的决策工作打好基础。通常有三种做法:(1)在现成方案中找合适的方案,比如游客的运送无非就是航空、铁路、轮船和汽车,在现有的方案中根据决策背景和目标要求进行选择即可。(2)根据过去的经验提出可行方案。过去的经验可以是自己的也可以是他人的。以往曾经发生过同样情况,解决问题的效果又令人满意,这个方案就可以借鉴,这样做既省时又省力。当然要注意防止过去的经验与现实情况脱节的情况出现。(3)通过创新设计出满意方案。首先要对我们所处的环境包括机会威胁和优势劣势非常清楚,对决策目标非常明确,然后通过资料收集分析和逻辑推理等方法拟订可行方案并进行筛选和可行性分析。特别要强调决策方案本身及决策方案的设计过程都是系统工程,因此,一定要对各方面的因素加以综合考虑,统筹兼顾,从而获得具有良好的整体效果的方案。

(三)方案的评价与选择

备选方案提出之后,就要运用适当的方法对这些方案进行评价,在评价过程中对方案作分析比较,从而选出大家一致认可的方案。在此环节中应注意以下问题:

1. 确定评价和选择方案的标准。一般来说,组织目标就是评价标准,将决策方案的预期效果用目标量化后的具体指标来衡量,越接近决策目标,方案越好。

2. 用"合理的"和"令人满意的"标准代替最佳标准。

3. 选用合理的评价方法。对方案进行评价时,要考虑定性与定量两类方法结合使用。可以请专家对方案进行反复论证,然后将公认的最好的方案保留下来;可以用数学模型的方法通过计算对比,将好的方案选出;对那些既无经验又无法判断的重大决策则可以在几种不同的典型环境中通过实验获取经验数据,作为确定选择方案的依据;不同的方案有时相互之间存在互补关系,因此,还可以对最后选出的方案进行补充调整,使其更为完善。

(四)方案的实施与修订

这个环节包含三个问题:第一,实施前的防范分析,即先对未来实施过程中可能出现的不利因素进行估计并提出相应对策;第二,方案实施中的信息沟通,即通过信息的沟通与反馈使决策方案能够获得上级的理解和下级的支持,从而减少方案实施过程中的障碍;第三,方案的修订,即追踪决策,当有不曾预料的新情况、新问题出现,或者有情况发生变化,使决策方案与实际情况不相适应,就要根据实际情况对决策方案进行修正,使方案可行并更符合客观实际。

四、决策方法

选择使用决策方法同样要注意软硬结合,即定性方法与定量方法相结合,同时注意根据不同问题选择适合的决策方法。

(一)定性方法

1. 头脑风暴法。该方法也称"诸葛亮会"。召集5~12位富有积极性、独创性的有关人员进行集体讨论,大胆设想、各抒己见,通过思想碰撞、相互启发形成好的决策方案或者互为补充使方案更加完善。运用此方法应注意：(1) 提前将需要决策的问题告之大家，提出的问题要具体、明确，便于理解，使与会人员有充裕的时间对议题进行考虑；(2) 鼓励大胆设想，多方位思考，思路越宽建议越多，越可能出现突破性的决策方案；(3) 对任何设想不加以指责，只能对别人的原建议做出补充和改进，以形成更加新奇和完善的方案。

2. 认知冲突法。与前一种方法的规则相反，这种方法鼓励争论和提出相反意见。要求与会者在别人提出的意见中发现缺陷与不足进而对该方案进行批判或否定，直至找出一个批不倒、立得住、大家公认的好方案。运用此方法特别需要强调的是，争论时要对事不对人。这种方法主要适用于对已有方案的深入评价与选择。

除以上方法外，将预测中使用的专家预测法和德尔菲法中的预测问题改为决策问题，两种方法同样可用于决策。

（二）定量方法

1. 直观判断法。这是一种适用于确定型决策的最简单的决策方法。前提条件是有几种备选方案且每种方案的结果都是一定的，通过比较确定一种最有利的方案。如某饭店需贷款解决扩建问题，三家银行的贷款利率分别是 4.5%、5% 和 5.5%，显然选择利率为 4.5% 的方案是上策。

2. 盈亏平衡分析法。这也是一种适用于确定型决策的方法。当一个管理者需要知道实现利润至少要卖出多少产品或达到多少销售额，一个产品是要继续卖下去还是从组织的产品结构中删除，就可使用该方法。该方法的基本原理是，将成本分为固定成本和可变成本。固定成本是不随销售量变化的成本；可变成本是与销售量成比例变化的成本。当一个组织的全部销售收入刚好等于它的全部成本时，该组织即达到了盈亏平衡。为了计算盈亏平衡点，管理者需要知道单位产品的售价、单位产品的可变成本、全部固定成本以及它们之间的关系。公式为：

$$盈亏平衡点产（销）量 = \frac{固定成本总额}{单位产品售价 - 单位变动成本}$$

$$盈亏平衡点销售额 = \frac{固定成本总额}{1 - 变动成本率}$$

$$变动成本率 = \frac{单位变动成本}{单位产品售价} \times 100\%$$

3. 决策树。这是一种适用于风险型决策的方法。它的基本原理是，把与决策有关的方案列成树枝形图表，用图表分析计算各种方案的期望值，通过比较期望值的大小找出较好的方案。

(1) 从左向右画图并标识已知条件。树形图结构由以下几部分构成：左端为决策节点，用"□"表示；由决策点引出方案枝，有几个方案，便有几个枝，用直线表示；每条方案枝到达一个状态节点，又称"概率节点"，用"○"表示;再由状态节点引出状态枝,有几个自然状态便有几个枝,反映不同自然状态下的概率。标识已知条件时,将自然状态名称及概率值标在状态枝上方,损益值标在状态枝后。

(2) 计算。计算方法是,将由状态结点出发的每一个状态枝上的概率与对应的损益值分别乘积再求和,就得出某一状态结点的期望值,然后将所有节点的期望值进行比较,取最大期望收益值并将此值写在决策结点的方块内。注意,计算过程是由后向前进行。

(3) 剪枝。为明确表达全部决策过程,在计算出结果后,要将树形图中未被选中的方案枝剪掉,用"//"表示。

下面举例说明其决策过程。

【例】长虹饭店根据旅游发展的需要,拟进行改革。改革的方案有三个:扩建、重建、合同转包。每个方案都会遇到三种不同的自然状态,分别是:客源多、客源一般、客源少,概率分别为 0.3、0.5、0.2。服务期限为 10 年,年收益率见表 4-1。请用决策树法确定采用哪个方案好。

表 4-1　　　　　　　　　　　　　　　　　　　　　　　　　　　　单位:万元

自然状态 方案	客源多 0.3	客源一般 0.5	客源少 0.2
扩建（投资 100）	50	25	-25
重建（投资 200）	70	30	-40
合同转包（投资 20）	20	10	-5

第一步,画图并标识已知条件,见图 4-6。

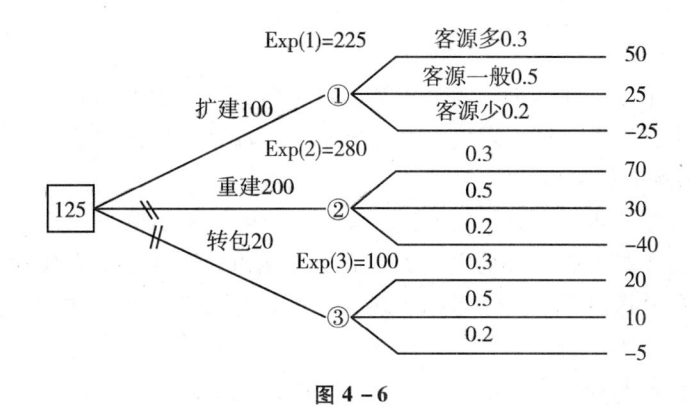

图 4-6

第二步,计算。期望值用 Exp(i) 表示,i 是状态结点号,则有:

$\text{Exp}(1) = [0.3 \times 50 + 0.5 \times 25 + 0.2 \times (-25)] \times 10 = 225$（万元）

$\text{Exp}(2) = [0.3 \times 70 + 0.5 \times 30 + 0.2 \times (-40)] \times 10 = 280$（万元）

$\text{Exp}(3) = [0.3 \times 20 + 0.5 \times 10 + 0.2 \times (-5)] \times 10 = 100$（万元）

由于每个方案投资额不同，所以还要将计算结果再减去投资，才是净收益。得到：

$\text{Exp}(1)' = 225 - 100 = 125$（万元）

$\text{Exp}(2)' = 280 - 200 = 80$（万元）

$\text{Exp}(3)' = 100 - 20 = 80$（万元）

第三步，剪枝。由上述计算结果得出，应选用期望收益值最大的方案，即扩建方案。期望收益值为125万元。将另外两个方案枝剪掉。

4. 悲观标准。又称小中选大标准。由于决策者担心决策失误可能会给组织带来损失，因而在决策时从最坏的结果中选取一个最好的。具体做法是：先从每一个方案中选择一个最小的收益值，然后从当中选择那个最大的收益值所代表的方案作为决策方案。

5. 乐观标准。又称大中取大标准。这种方法显示了决策者乐观冒险精神，表明他不愿放过任何一个获得最好结果的机会，争取好中取好。具体做法是：首先从每一个方案中选择一个最大的收益值，然后从这些值中选择一个最大值，将其所对应的方案作为备选方案。

6. 等概率标准。因无法确定未来各自然状态出现的情况，因此，假设各自然状态发生的概率均等，使其转化为风险型决策，以采用决策树的方式进行决策。

第五节 计划工作实务

一、计划工作原理

计划工作作为一种基本的管理职能活动，内含限定因素原理、许诺原理、灵活性原理和改变航道原理。理解这些原理有利于计划的制定和执行。

（一）限定因素原理

此原理又称"木桶原理"，含义是木桶盛水量的大小取决于桶壁上最短的那块木条。用在计划工作中就是说，主管人员必须明确影响目标实现的关键因素是什么，只有全力找出影响计划目标实现的主要限定因素，才能有针对性地拟订行动方案。

（二）许诺原理

这是指任何一项计划都是对完成各项工作所做出的许诺，而实现目标就是兑现许诺。许诺的大小，与实现许诺的时间成正比，与实现许诺的可能性成反比。

按照许诺原理,第一,制定计划目标要主观愿望和客观实际相结合;第二,必须合理地确定计划期限,不能随意缩短和延长计划期限;第三,每项计划的许诺即目标不能太多,因为许诺越多,需要的时间和资源越多,要考虑资源的有限性。

(三) 灵活性原理

体现灵活性原理的计划又称"弹性计划"。此原理可表述为:制定计划时要留有余地,以便出现意外情况时,有能力改变方向而且代价不能太大。为确保计划的灵活性,在制定计划时要量力而行,且留有余地。但同时要注意,灵活性是有限度的,它受时间和费用的制约,甚至有些计划是不容灵活处置的。

(四) 改变航道原理

此原理表现为计划工作者在制定计划之后,不能被其框住,在执行过程中要根据实际情况对计划作必要的检查和修订。中国有句俗语称"计划赶不上变化",计划工作者要像航海家经常核对航线并在必要时调整航道以避开险情那样,确保计划的总目标不变,但实现目标的进程和方法可因实际情况的变化而随时做出调整。

二、计划的编制

计划编制是一个复杂的过程,具体可分为确定目标、预测环境、计划方案编制等阶段。

(一) 确定目标

计划是在我们所处的地方和我们要去的地方之间铺路搭桥。因此,我们必须了解我们的现状,清楚我们的优势和不足,知道我们适合做什么和能够做什么,然后分析外部环境有哪些需求,这些需求是不是我们可以抓住的机会,据此确定与我们自身状况相吻合的目标。

(二) 预测环境

目标能否实现,不简单地取决于自身是否努力,还取决于环境的作用。因此,要预测未来环境可能发生的变化并确定其发生的概率和影响程度,要研究组织将面临怎样的环境,哪些因素对组织发展有利,哪些对组织不利,哪些因素可控,哪些因素不可控等,从而在计划中早做准备,使计划切实可行。

(三) 设计、评价和选择计划方案

在设计、评价和选择计划方案之前,应先确定实现目标的指导思想、原则及评价标准,以防因人们方向不明、掌握标准不一致而在评价方案时出现偏差。

设计方案时,要发扬民主、集思广益、开阔思路、大胆创新;评价方案时则要运用定性与定量相结合的方法,权衡各方案的利弊;选择方案则是关键的一

步,应该在经验、实验和研究分析的基础上进行。选择方案时,可能发现可行方案有两个,此时要确定首先应采取哪一个,而将另一个进一步完善后作为备选方案。

(四) 制定派生计划

选定了总体计划方案之后,不要忽视制定用于扶持总计划的分计划——派生计划。例如,一家饭店决定要增加一项新的娱乐设施,此计划导致要制定一系列派生计划:筹措资金、购买和安装、雇用及培训服务和维修人员等。只有大小计划相互衔接、综合平衡,形成目标体系,才可确保总体计划的实现。

(五) 编制预算

计划编制的最后一步就是要将决策和计划转化为预算,对计划予以数字化。量化了的计划可使各项指标更加明确和具体,既便于执行,也便于考核、检查和控制。

三、计划的执行与修正

因计划关系到一个组织方向、目标、战略等大问题,是一个组织的行动纲领,因此,计划一经制定,就不能轻易改变。但是,计划是面向未来、指导未来的,而对于未来的变数人们不可能百分之百地掌握,因此,当形势变化、计划与实际情况不符时,计划在执行中必须修正。所以,计划又必须保持一定的灵活性。

将计划的严肃性与灵活性相结合,使计划既能指导未来又能"赶上变化"的有效办法是滚动计划法。

滚动计划法是一种定期修订计划并逐期向前推移的方法。它遵循近细远粗的原则,把组织的长、中、短期计划有机地结合起来。它的基本原理是长计划、短安排,可以有效地减少长期计划一经实施即便环境发生变化也不易改变而造成的损失。滚动计划法的优点是:第一,使计划更符合实际。由于计划期越长,不确定性就越大,而此法则相对缩短了计划期,提高了计划的准确性和计划的质量。第二,使长、中、短期计划相互衔接,可及时调节。第三,增加了计划的弹性,提高了组织的应变能力。滚动计划法适用于制定任何类型的计划。五年滚动计划见图4-7。

四、企业计划书

为使计划真正成为指导企业未来发展的依据,企业计划最终要成为计划文件。尽管由于企业不同,情况不同,计划书的内容和格式会有所不同,但是,由于制定计划的程序与思路大体一致,因此,企业计划的基本框架差别是不大的。基本模式为:

企业内外环境分析(或者是企业的问题界定与分析)→确定目标→确定实现

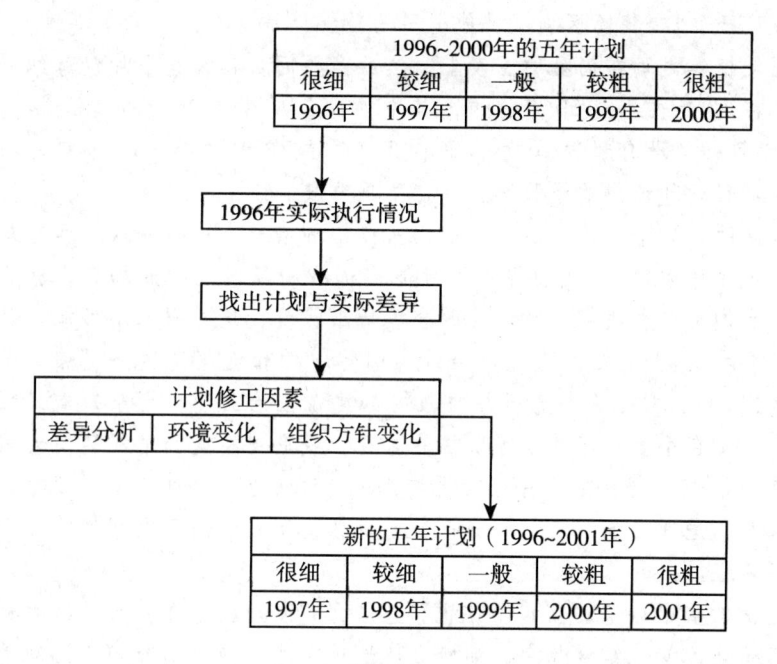

```
┌─────────────────────────────────────┐
│        1996~2000年的五年计划         │
├──────┬──────┬──────┬──────┬──────┤
│ 很细 │ 较细 │ 一般 │ 较粗 │ 很粗 │
│1996年│1997年│1998年│1999年│2000年│
└──────┴──────┴──────┴──────┴──────┘
                │
                ▼
    ┌───────────────────────┐
    │   1996年实际执行情况  │
    └───────────────────────┘
                │
                ▼
    ┌───────────────────────┐
    │    找出计划与实际差异 │
    └───────────────────────┘
                │
                ▼
    ┌───────────────────────────────┐
    │         计划修正因素          │
    ├──────────┬──────────┬─────────┤
    │ 差异分析 │ 环境变化 │组织方针变化│
    └──────────┴──────────┴─────────┘
                         │
                         ▼
┌─────────────────────────────────────┐
│     新的五年计划（1996~2001年）      │
├──────┬──────┬──────┬──────┬──────┤
│ 很细 │ 较细 │ 一般 │ 较粗 │ 很粗 │
│1997年│1998年│1999年│2000年│2001年│
└──────┴──────┴──────┴──────┴──────┘
```

图 4-7

目标的指导思想与原则→具体行动方案→资源分配→执行和修正计划。

企业计划书一般分为文字、表格和附件三部分。文字部分主要表述对环境的分析、对未来的构想、目标的展示以及指导思想与原则；表格部分主要是活动项目、资源分配、保证措施与条件等内容；附件部分则主要是一些必要的说明和其他相关资料。

案例

关于 H. I. D. 集团的发展

在 H. I. D. 集团的办公室，总裁戴维·科林斯（Dave Collins）与其管理团队成员卡伦·塞茨、托尼·布里格斯、戴维·金和阿特·约翰逊等围坐在会议桌旁开会。目前，H. I. D. 集团在佐治亚州拥有 10 家假日旅馆，在加拿大拥有 8 家不同类型的酒店，在加勒比海地区还拥有一处房产。此外，它在佐治亚州还拥有 2 家高档酒店。科林斯与经理们一起讨论企业的使命及目标并制定战略计划。当他们召开战略计划会议时，受聘的顾问建议每位经理各自陈述其希望公司在未来 10 年内怎样发展国内业务，如应该拥有多少家旅馆、建在何处以及其目标市场对象等。顾问还要求经理们考虑另一个问题：公司应该具有什么样的推动力量？

也就是说，H. I. D. 集团区别于其他公司的独特性是什么？

经理们把答案写在简易的图表上，然后由顾问对答案结果加以总结。科林斯的目标是在10年内再建50家旅馆，其中前5年要建成26~27家，其他所有经理的10年目标都没有超过20家，而在5年内最多增加15~16家。显然，高层经理在长期目标和理想的增长率上存在意见分歧。

在顾问的指导下，团队成员对他们所提出的增长率进行评议。运营与发展部主任戴维·金评述说，"我们根本不可能在那样一段时间内建那么多旅店。考虑到我们现有的员工和我们能够承受的合理员工数量，这些根本不可能。我不知道我们该怎样去实现这样的目标。"会计师阿特·约翰逊同意这个观点。卡伦·塞茨接着提问，"我们是否要把所有的旅馆都建在佐治亚州？大家知道，我们的主要业务一向是在小城市经营中等价位的旅馆，我们现在是否需要转向大城市，如转向杰克逊维尔，或者在亚特兰大再增加一个旅馆？"科林斯回答说，"我们有机会在加利福尼亚发展，在新泽西也会有机会，而且我们正在寻找向杰克逊维尔进军的可能性。"

顾问试图重申讨论的重点。他说，"诸位，你们认为你们所提出的建议应如何与你们企业的使命结合起来？如何合理选址？你们绝大部分经营活动是在佐治亚州展开，你们是否有足够的力量支持在全国开展业务？"

托尼·布里格斯回答说，"各位都知道，我们一直是把小城镇旅馆作为我们的市场利基（niche），尽管我们的亚特兰大旅店曾经偏离这个目标。然而，我们通常立足于小城镇，在那里没有多少竞争。而现在，我们是在讨论在加利福尼亚建立豪华酒店。"

科林斯最后建议说，"现在可能到我们改变目标市场、定价策略和在全国的城市地区组建大型旅馆的时候了。我们可能需要对公司的各方面进行彻底的变革。"

讨论题

1. 目前 H. I. D. 集团的使命是什么？这一使命会如何变化？
2. 你对 H. I. D. 集团的使命、战略目标和战略计划在这次讨论中的结局有何看法？为什么？
3. 在这次讨论中，H. I. D. 集团经理们应当制定什么样的目标来指导行为从而达到一致意见？经理们是否存在同组织目标不一致的方面？

（选自理查德·L. 达夫特著，韩经纶等译：《管理学》，机械工业出版社 2005 年版）

第五章 组　　织

【学习目的与要求】

1. 了解组织结构的概念和各类组织结构的形式及其特点，掌握影响选择和确定组织结构的因素。
2. 理解设计组织结构的原则，明确设计组织结构的程序。
3. 理解组织结构设计中的几个关系。
4. 理解人员配备的原则。
5. 掌握人员选聘的原则、途径以及人员配备的程序。
6. 理解人员培训的原则，了解人员培训的各种形式。
7. 明确绩效考评的作用、内容和程序。
8. 理解沟通的概念与作用。
9. 了解沟通的渠道和沟通中的障碍。
10. 掌握沟通的原则、方式和具体措施。
11. 了解团队的概念及特点。
12. 熟悉高绩效团队的形成。
13. 理解团队成员的分工与凝聚。
14. 总体把握组织职能的内容并做出自我评价。

对于组织，我们可以从两个角度理解。首先，组织是为了达到既定目标而编制的具有正式关系的人群集合体。这个集合体的特点是：由人组成；有明确的目标；有按照目标需要确立的结构形式；有分工、权责关系和规章制度。然而为形成这样一个实体，需要做一系列工作，例如，设计和建立组织结构，挑选、培训人员并将他们安排在相应的岗位上，还要不断对此做出调整和变革以保持与环境变化的相互适应。因此，组织又是一种工作过程，是按照计划目标的需要，设计、建立组织实体结构，配备各项工作人员，并不断做出调整以保持与环境变化动态相适应的一系列活动。

计划目标确立之后，通过对人员合理的组织与分工才能使计划得到执行和落实。因此，组织是计划工作的继续，是有效管理的基础和实现企业预期目标的保证。

第一节 组织结构

组织结构是支撑组织有序和有效运营并取得良好经济效益的载体。构建组织结构是组织职能的重要内容之一。

一、组织结构的概念

（一）组织结构

组织结构是指一个组织内反映组织目标特征，表明平行和垂直的各构成部分或各个部分之间所确立的正式权责关系的网络形式，是一个组织的总体格局。

组织结构设计的思路可以概括为划分任务、设置部门和授予权责。具体来讲，就是在分析组织环境的基础上把总任务即组织的总目标分解成一个个具体任务，然后按任务的性质和层次划分成基本工作单位，即设置部门，同时确定各部门的权力和责任。

构建组织结构包括的内容有：部门划分、专业分工、管理幅度、管理层次、指挥系统、权责分配、职位界定和职位说明。

（二）组织结构图

组织结构图是一个组织总体格局的文字图示表述，它用一系列相连的方框和直线连接而成，见图 5-1。

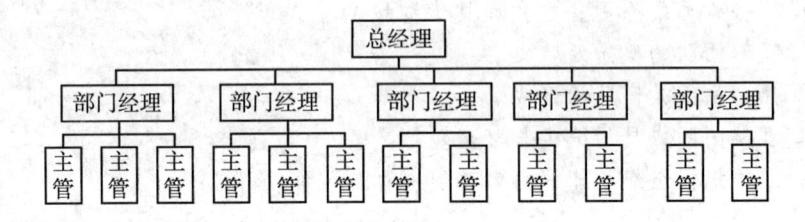

图 5-1

图 5-1 中的方框表示工作部门或岗位职务；连接各方框的直线，即权责路线，则表明各工作部门或岗位职务的权责范围及相互之间的权责关系。

组织结构图的作用在于将复杂的组织系统予以直观化、平面化，使人们对组织的总体格局有一个总体把握，也使人们很容易明确本部门甚至本人在组织中的地位、应该发挥的作用、上下级关系、合作单位等。可以说，组织结构图是一个帮助人们认识、了解、熟悉组织的工具，更是一个经常提醒人们正确处理局部与全局关系的手段。

（三）组织结构的意义

1. 组织结构是落实管理目标、提高管理效率的重要条件。现代生产中，合理的组织结构具有关系明确、信息畅通、管理有序、分工合作等特点，因而能解放生产力、推动生产力的发展。不完善的组织结构则通过对生产效率、产品质量、资源利用、员工士气等的负面影响,而阻碍生产力的发展。

2. 组织结构是合理利用人力资源,达到各种资源相互协调以创造良好的经济效益与社会效益的前提条件。单个人的力量是有限的,而杂乱无章的人的组合只能形成人的力量的内耗,只有通过调查研究和相关分析,找出并构建适宜的组织结构,使组织与环境之间动态适应,组织内人与人之间形成默契和协调,充分发挥人的主观能动性,对其他资源加以最合理的使用,才能使实现人的理想、创造最佳效益成为可能。

3. 组织结构是合理组织生产、使企业生产经营过程中的每个环节得到协调发展的重要手段。组织是一个系统,组织结构是这个系统的具体化,它通过将系统中的各个部分排列组合和规定每一部分应该完成的系统子任务以及相应的责、权、利,不仅使系统中的人、财、物有机地协调起来,而且使产、供、销也有机地协调起来,从而使生产经营活动有序、高效地按既定目标进行。

二、组织结构的形式

我们知道,组织系统与环境有着千丝万缕的联系,系统的发展目标要在环境分析的基础上确定,而要谋求目标的实现,组织结构也要根据环境的变化和要求适时做出调整和变革。在不同环境下可供选择的组织结构形式通常有如下几种。

1. 直线制组织结构。典型的直线制组织结构见图5-2。

图5-2 直线制组织结构

这是企业最早的结构形式,来源于旧式军队组织。其特点是,结构简单,垂直领导,没有参谋机构。这种结构的优点是:权力集中,责任明确,效率高。缺点是:当企业规模扩大,环境多变,分工复杂,需要多方面的管理知识时,管理者便无法应付。该组织结构只适用于环境稳定、产品单一的小企业。

2. 职能制组织结构。随着生产规模的扩大和管理业务的复杂,企业需要为管理负责人配备参谋助手,于是出现了职能制组织结构,见图5-3。

这种制度将管理工作分解,一部分工作由管理者的助手即参谋承担,使管理工作相对简单。但是,由于参谋部门也被赋予了直接的权力,因而易引起多头领导,不利于统一指挥,所以后来被否定。

3. 直线职能制。这是直线制与职能制的综合形式。如图5-4所示。

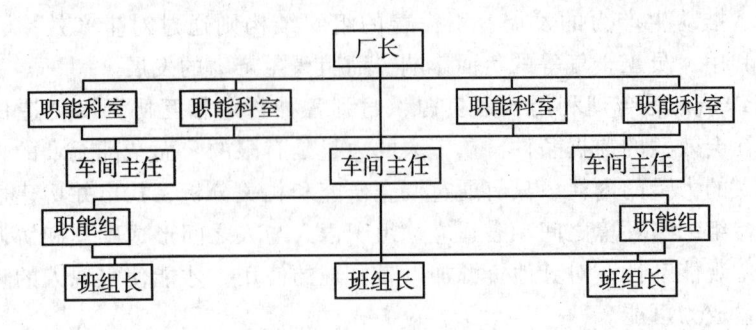

图 5-3 职能制组织结构

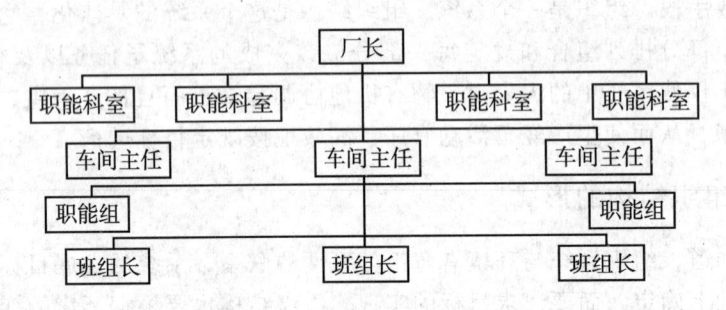

图 5-4 直线职能制组织结构

该结构在企业组织中设两类部门：一类是由厂长、车间、工段、班组等组成的直线部门；另一类是由经营计划、生产技术、财务、销售等组成的职能部门。直线部门对企业目标起直接作用，行使指挥命令的权力，而参谋职能部门只能对直线人员建议、说明、解释和劝阻，为上级领导及直线部门提供咨询和保证，没有直接指挥命令的权力。

这种结构吸收了直线制和职能制的优点，避免了两者的缺陷，其突出特点是权力高度集中，因此又称"集权式结构"。它的优点除了结构稳定、统一指挥、统一领导、生产效率高之外，还能发挥参谋人员的智囊作用，在整个企业范围内调配人力、物力和财力，统筹安排，做到经营管理合理化。但在这种结构中，下级缺乏必要的自主权，积极性发挥比较困难；各职能部门之间互通情报少，横向协调工作量较大；由于这种结构强调集中领导，因此，整个组织系统适应性较差。

这种结构适用于小企业及生产单一产品的企业或大企业中的事业部、分公司。

4. 职能部制组织结构。这种结构源于法约尔对管理职能的划分。如图 5-5 所示。

职能部制结构是根据管理系统化的原理，按工作性质和内在联系的紧密程度，把企业工作划分成几个分系统，形成大的职能部。按照同样的原理，再将工

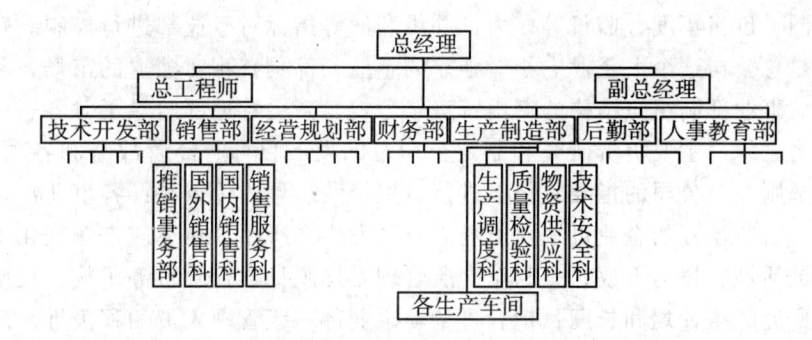

图 5-5 职能部制组织结构

作细分由职能部中的若干科室承担。每一个职能部设经理、副经理，分工负责该部门的全面工作。经理、副经理一般由既懂管理又具有该部门工作领域的知识、经验的专业人员担任。这种组织结构的最大特点是，每一个职能部都是组织系统不可或缺的重要组成部分，离开哪一部分，组织目标的实现都是不可能的，因此，彼此之间存在着相互作用和相互制约的有机联系。职能部制结构的优点在于：有利于加强部门之间的协调；有利于高层领导摆脱日常事务干扰，集中精力考虑企业的经营战略决策问题；副职人员既是正职人员的参谋助手，又是正职人员的下级，从而有利于明确相互之间的关系和权责。职能部制的适用范围基本上与直线职能制相同。

5. 事业部制组织结构。这是一种在总公司领导下，企业按产品、顾客、地区或工程项目等来划分部门并分别实行相对独立的经营管理的组织结构形式。20世纪20年代，美国通用汽车公司首先创立和采用了这种"分权式"的组织结构形式，目前国内外大型企业集团已普遍采用。如图5-6所示。

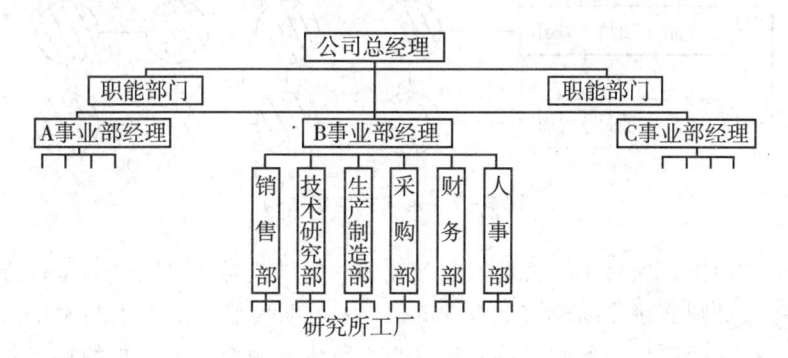

图 5-6 事业部制组织结构

一个标准的事业部制组织由三个部分组成，即高层管理、职能部门、事业部门。事业部制组织结构的原则是"集中决策、分散经营"。根据该原则，企业高层领导将相当大的直线指挥经营管理权下放给事业部，只把握重大的人事决策、财务控制、价格幅度、监督等权力,并用利润等指标对事业部进行控制。每个事业部都是总公司这个大企业中相对独立的企业,都具有相对独立的市场、利益和自主权。事业部制组织结构的突出特点是分权,高层管理部门除了对各事业部有上述权力之外,主要负责研究和制定公司总的发展目标、经营战略和各项政策,各事业部则在总公司的指导监督下进行自主经营。具体优点是:各事业部作为自主经营、自负盈亏的企业可按照市场需要开发生产产品,在适应市场变化上具有很大的灵活性;权力下放,有利于高层管理者摆脱日常行政事务干扰,集中时间与精力研究战略计划和长期目标;可调动事业部一级管理人员的积极性,激发他们的责任感和创新精神;有利于管理人员的培养和锻炼,在独立应对市场变化中,提高他们的应变能力、经营管理水平以及综合素质,同时,也便于对他们进行考核。事业部制结构的缺点是:机构重叠会造成资源的浪费;事业部之间横向联系困难易形成本位主义,不利于整体协调。事业部制结构主要适用于产品品种多样化及市场环境变化较快的大型企业。

6. 矩阵式组织结构。这是一种把直线职能制的纵向领导系统同按工程项目或规划项目划分部门的横向管理系统结合起来,构成纵横交错的矩阵结构形式。如图 5-7 所示。

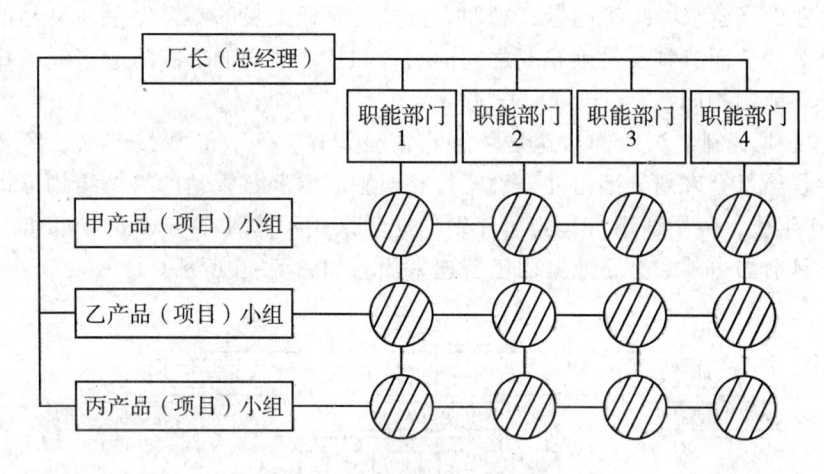

图 5-7 矩阵式组织结构

在该结构中,项目小组负责人在总经理的领导下对项目工作的全过程行使权责,小组成员则需接受纵横两个系统的领导:在日常组织业务上与本部门领导保持联系;在推行项目任务时,接受项目小组负责人领导。该结构的特点是,它是一种补充形式,一般与其他组织结构形式配合使用,根据需要随时成立或解散,有较强的适应性。该结构的优点是集权与分权相结合,使各项目小组能够比较协调、灵活地开展工作,提高效率;集中和利用各部门各类人才的知识技能和经验,互通情报,创新性地研究解决问题。缺点是:双重领导,处理不好会产生矛盾；临时性的组织容易产生短期行为。该组织结构适用于某些需要集中各方面专业人员参加完成的项目。

7. 委员会式组织结构。这是一种体现群策群力、集体决策、集体领导的组织形式。委员会可以是执行某一管理职能的常设机构，也可以是为完成某一特定任务而临时设置的机构；可以是直线制的，拥有指挥权，也可以是职能制的，只负责提供咨询建议。该结构的优点是：发挥委员会中每一个人的优势，提高决策水平。缺点是：效率低；一旦决策失误，无法分清责任。目前这种结构正以董事会、监事会、职代会、学术委员会等形式发挥着作用。

8. 网络式组织结构。这是近年来，随着信息技术的提高和互联网的普及，随着知识经济和全球经济一体化等新经济形式的出现而出现的一种新的组织模式。这种组织结构重视利用自身优势，开发合作伙伴，高效灵活地满足市场需求，创造企业价值。它不仅追求效率，更追求与环境的适应和协调。

网络式组织结构的主体由两部分构成：一部分是由规模较小的管理群体构成的核心层；另一部分是由若干独立公司组成的外围层，二者之间是一种合同关系。核心层规模小，却掌握着核心竞争优势，通过合同转包等形式，将制造、加工、销售等业务转移给外围层中的合作伙伴。该组织结构的突出特点是，充分发挥各自优势，实现多赢。具体优点是：信息沟通快，适应性强；扬长避短，优势互补。该组织结构的缺点是：核心层创新技术的保密问题会受到挑战；对外围组织的控制力不如传统组织那样强。这种组织结构适用于对环境变化敏感需要灵活应对以及拥有核心竞争能力但资源不足的企业。

三、影响选择和确定组织结构的因素

管理学家伍德·沃德对英国100家公司进行研究后得出，企业绩效与其组织结构有着密切的联系，每一技术类型的企业，都有相对最佳的组织结构，每一生产系统都有一种最适宜的组织形式。找出这种最佳组织结构是组织职能的任务，而要完成这一任务则必须对影响和限制选择确定组织结构的因素进行深入和综合的分析。

1. 企业面临的环境特点。环境对组织结构的稳定性和权力划分的影响是比较大的。通常在环境较稳定的情况下，适合采用集权式的、稳定的组织结构；而在环境变化较大、不确定因素较多时，应采用分权式的组织结构，将权力下放，使下级有更多的经营决策的空间与环境变化保持动态适应。

2. 企业战略目标。组织结构是为实现目标服务的，因此，结构的设置必须与企业目标协调一致。企业在不同的发展时期有不同的目标，因此，应根据目标对组织结构加以调整。一般来说，起步阶段，组织规模小，管理工作量少，组织结构无须很系统完善；发展到一定规模时，对组织结构提出了较高要求；形成产品多元化时，则应采用分权式结构。

3. 企业人员积极性。结构设置与职权划分的合理与否在很大程度上影响组织人员的协调和积极性的发挥，因此，设计结构时应尽可能处理好管理幅度与层次、集权与分权、稳定性与灵活性、正式组织与非正式组织、责权利等容易引起矛盾和造成士气低落的较敏感的关系，防止部门重叠、职责交叉、责权利不对等，使上下级之间、各部门之间的关系协调，让成员乐于为组织做出贡献。

4. 企业性质和特点。企业性质和特点可以影响分工、专业化、部门设置、管理幅度、授权等组织结构的方方面面。如企业有知识、技术密集型和劳动密集型之分，不同特点的企业其组织结构就有很大差异。知识、技术复杂且不稳定的企业适宜采用开放灵活、具有弹性的组织结构；技术较稳定的企业适宜采用规范化、标准化的组织结构；劳动密集型的企业则适宜采用对任务、职位、职责、权力有明确且严格的规定，组织内部关系是以垂直的上下级关系为主的组织结构形式。

5. 企业信息沟通。很多管理专家比喻，组织结构是组织的骨骼系统，信息传递是组织的神经系统，无论是骨骼系统还是神经系统出了问题都可能导致组织瘫痪。组织结构与信息传递有着密切的关系，首先组织结构设置的合理与否取决于信息收集的是否全面准确；反之，信息传递是否快捷无误又取决于组织结构是否协调健康。为使组织能够建立起畅通、高效、完整的信息沟通系统，使上情及时下达，下情迅速上报，且无干扰、不失真，就必须在组织结构设计中充分反映信息沟通的要求，使信源、信宿、信道的安排都有利于组织的信息沟通。

四、设计组织结构的原则

对于组织而言，组织结构类型的选择要具体情况具体分析，没有唯一和最佳。但在设计和维持合理的组织结构时却需要遵循以下最基本的原则。

（一）从客观到主观的原则

从客观到主观的原则是指，从企业环境的客观要求出发，从企业的自身条件和工作目标出发设置组织结构。这里，企业的环境、条件、目标及其所需要的关键活动（职能）被视为客观，而部门划分和职责确定相对为主观。从客观到主观的组织结构设计具体就是，要"因活动（目标职能）设部门，因部门定职责，因职责设人"而不是相反。

以往我们一些企业设计组织结构失败的原因常常是从主观到客观，或无视客观环境、企业目标的变化发展，组织结构长期处于僵化的不适应状态；或不顾本企业客观情况，盲目赶时髦地变换组织结构；或"因人设部门，因部门设活动"等，结果造成组织效率低下，人、财、物资源浪费极大。

（二）专业化原则

将总体目标分解为若干分目标，依据分目标设置部门，每个部门都承担一类特定的工作任务，这就是专业化原则。专业化包括劳动专业化、职能专业化和部门专业化。专业化的目的是提高企业的生产效率和管理的有效性。

专业化过程可分为专业划分和部门设置。在实际划分专业或设置部门时应注意两条原则。

1. 专业化是有限度的。现代企业,不可没有分工,也不可分工过细。合理的专业化限度受两方面因素的影响。

(1) 经济因素。大量统计结果表明,专业化程度与单位产品费用呈图 5-8 所示的关系。

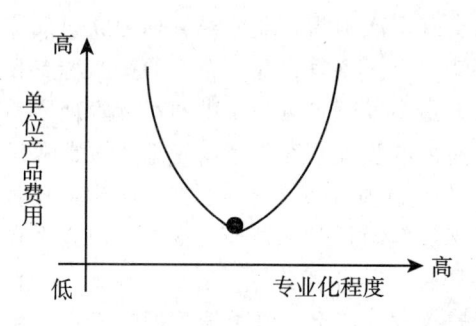

图 5-8

当专业化程度很低时,每单位产品的费用很高;当专业化程度提高时,每单位产品费用随之减少。这是因为专业化可以大量使用专业化机械和工具,可以提高人们工作的熟练程度,减少变换工作的时间损耗和培训费用。但是,当专业化程度达到某一点并继续提高时,每单位产品的费用又会随之增加,这是因为过分死板的专业化会造成设备闲置、人员浪费、机构臃肿,影响工作效率,使专业化本身的开支开始超过由专业化所带来的产品效益的提高。

(2) 心理因素。从行为科学角度分析,适度的专业化可以使责任明确、效率提高,但过分的分工却可能给员工带来极度单调、厌烦和疲劳,看不到自身的价值,还可能产生惰性、推诿。

因此,合理的专业化设计和职能范围的确定,必须根据具体情况,同时考虑经济成本和心理效应。

2. 部门设置的形态不是唯一的,却是有标准的。部门设置根据组合基础的不同模式各异,有按企业职能划分的,有按产品或地理位置划分的,还有按用户、工序、时间等划分的。其中没有一种适用于所有企业的部门设置的方法。使用哪种方法合理,应该用以下标准衡量:

(1) 能否最大限度地利用专业技术和知识;
(2) 能否最有效地使用资金和设备;
(3) 能否最快、最准确地传递信息;
(4) 能否最大限度地达到企业目标所要求的协调。

(三) 管理幅度与管理层次原则

管理幅度是指一个管理者直接领导的下级人数，即一个管理部门所控制的规模。一个主管人员能够有效地直接领导的下级人数称为有效管理幅度。决定有效管理幅度的条件包括职务的性质和内容、管理者的权力、职能结构的健全程度等。经管理学家研究，高层组织有效的管理幅度为 4~9 人，基层一般为 8~12 人。

管理层次指企业指挥系统分级管理的层次设置。如果说管理幅度表明的是企业的横向结构，那么管理层次则指企业分级管理的纵向系统。管理层次的确定主要取决于企业所处环境的市场竞争状况、企业的生产特点和有效的管理幅度。管理层次一般分为三级，最高经营决策层、中间经营管理层和基层执行督导层。

在组织设计中，有效的管理幅度与减少管理层次常常是矛盾的。管理幅度的大小直接关系到管理工作的复杂性和有效性。美国管理学家 A.V. 格丘纳斯指出，当管理幅度以算术级数增长时，管理工作中人与人之间潜在的相互影响的关系数字则以几何级数增长。其计算公式是：$C = N[2^{N-1} + (N-1)]$。其中，C 表示关系数；N 表示下属人数。那么，是否把管理幅度定得越小越好呢？对于一个管理者来说，管理幅度越小，工作越容易，但却意味着管理层次的增加，并由此延长信息沟通渠道，影响工作效率。因此，合理的组织结构设置必须权衡轻重，兼顾管理幅度和管理层次两方面的因素。

(四) 统一指挥的原则

组织设计中最基本的关系就是上下级的关系，或者说是权力与责任的关系。处理好这个关系，必须遵守统一指挥的原则。

统一指挥的原则规定，任何人都不应接受一个以上的上级的直接指挥，并只对该上级负责。统一指挥原则不否定间接的上下级之间的正常沟通：不越级指挥，可以越级检查下属的工作；不越级请示，可以越级上告，越级提出建议。

统一指挥贯彻了组织原则中的权力、职责，并以此建立正式的组织渠道。统一指挥形成了垂直领导的指挥链，与管理幅度结合便构成金字塔式的组织结构。

(五) 责、权、利明确且对等的原则

组织结构一经建立，就必须根据岗位职务逐级规定严格的职责，并授予这些职责以相应的职权，使组织内部每位管理人员都拥有和明了与各自职务相等的权与责。在这里，权力是履行责任的条件，责任是行使权力的目的，二者必须相等，若不统一必然形成弊病。

组织管理中的尽责用权还必须配以相应的经济利益。获取相应的经济利益是负责任者不可侵犯的权利，也是用权者的约束条件。这不仅是调动员工积极性所要求的，而且是按劳取酬、多劳多得的社会主义分配原则所决定的。

(六) 协调的原则

有分工的地方就需要协调。科学的组织结构是协调的基础，因为组织结构是

企业目标、组织权力路线、职责关系、信息传递渠道的框架，而组织整体协调又是企业结构设计的目的。基于这种认识，企业经营管理应以结构、制度、程序作保证，力求形成人人有分工、事事有人管、职责职权既不重复又无缺口的分工协调局面。

组织协调包括纵向协调，即每一管理层次之间的协调、上下级的协调；也包括横向协调，即各部门之间、职能部门与直线部门之间的协调。在组织运营的动态过程中，还会经常出现新的不协调，对此，我们可以采用以下超越部门分工的"中心"机制进行协调。

1. 以"顾客为中心"进行协调。面对顾客，企业永远是一个整体，各部门没有任何推诿可言。

2. 以"行政权力为中心"进行协调。由一位高级领导者行使权力，使被置于中心权力之下的各个部门形成协调。

3. 以"特别任务机构为中心"进行协调。在某些重大生产、服务、业务活动中，建立类似矩阵组织的工作小组增进协调。

（七）稳定性与适应性相结合的原则

企业组织需要充分的稳定性，它必须有既定的行动目标，有较严密的组织结构，有较强的领导班子，必须能承前启后，以过去的业绩为基础规划未来，进行再生产，且工作具有相当的一致性和连续性，即使是在外部环境变化时仍能稳扎稳打地进行正常运转。组织的稳定是企业生存和发展的基础条件。事实上，组织结构不稳定往往是企业经营管理不善的原因和结果。

但是，稳定不等于僵化，由于企业赖以生存和发展的外部环境在不断变化，企业的目标在不断变化，分工的方式、部门的设置、职能的界定、有效的管理幅度、集权与分权的程度、人员的素质等都会发生变化，因此，必须以动态权变的设计观点和方法调整组织结构，使其适应客观的需要。

一个能够与外部环境保持最佳适应状态的组织结构才可能是合理的、有活力的、稳定的组织结构。

五、设计组织结构的程序

组织结构的建立一般可以概括为以下步骤。

1. 分析环境，确定目标。组织结构的形式是一种工具，而工具本身无所谓好坏，只能看应用得是否合理。合理的组织结构必须能够与企业的内外环境相适应，能够满足实现企业目标的要求。因此，认识环境，明确目标是设计科学可行的组织结构的前提。

2. 确定职能，形成部门。目标确定之后，要具体分析目标包含哪些内容，实现目标需要办哪些事，进行哪些活动，从哪些方面去努力，即把总目标分解为若干分目标，分清主次详细列出，按照专业化原则将相关活动归并为若干职能，再按照职能要求建立企业的一级管理单位——部门。在此基础上,设计每一部门内部的组织结构。

3. 确定管理幅度和管理层次。以提高管理的有效性为出发点,综合分析部门的经营管理特性和相关因素,确定管理幅度和管理层次,可以具体化到岗位、职务、权力、责任。

4. 把全部纵横构成部分连接起来,不仅形成组织的基本框架,更形成一个有机整体。这个有机整体的每一部分边界要清楚,部门的权责间既无重复又无缺口;整个组织结构应该反映出企业连续的工作流程和全部经营管理职能活动的自然结合;整个组织结构要便于信息的传递和活动的协调。这一环节的工作是组织设计的关键。

5. 绘制组织结构图,制定工作说明书,形成组织手册。把以上几个步骤具体化,绘制成文字图示,就是理想的组织结构图。组织结构图的绘制方法是:用"□"代表部门,部门之间用线来连接;线代表权力,表示一个部门权力所达到的范围。方框和线还不能足以清楚表明具体内容,所以还要将各部门与各岗位的职责权限、业务范围、工作内容、管理标准和用人要求用文字表述,制定成工作说明书,最终形成组织手册。

6. 组织运行保障设计。根据目标要求和组织结构的特点,通过研究工作流程,制定工作程序标准,进行职务和岗位设计,分析环境设备条件等多方面因素来确定各级各类管理人员和全体职工的比例及人数。为形成组织实体并确保组织得以良性运营而做好必要的准备。

7. 反馈和修正。已经设计完成的组织结构进入运营状态,会由于新情况的发生和设计过程的不够完备出现各种问题,因此,要设立信息反馈系统,将组织运行情况及时反馈到上述各个环节,对组织结构的设计进行修正和完善。

六、组织结构设计中应处理好的几个关系

在组织结构的设计中,不可避免地要遇到几个关系。处理好这几个关系有利于组织结构的建立,也有利于组织的运行。

(一)管理幅度与管理层次的关系

在组织结构设计原则中已提及此关系,在此不再详述,只介绍确定管理幅度需要考虑的因素。影响管理幅度的因素有六种:

1. 主管人员的能力。主管人员能力强,管理幅度大;相反则小。

2. 被管理者的能力。被管理人员的能力强、素质高,管理幅度可大些;反之则小。

3. 工作性质。工作简单、稳定,管理幅度大;相反则小。

4. 计划完善程度。计划详尽,且下属对计划要求明确,管理幅度可大些;反之则小。

5. 授权程度。授权适当且充分,管理幅度可大些;相反则小。

6. 信息沟通状况。信息沟通渠道畅通,信息传递快速、准确,管理幅度大;相反则小。

管理幅度大,组织呈现扁平形态;管理幅度小,组织则呈现尖高形态。当前简化管理层次已成为一种趋势。因为扁平结构可以缩短信息垂直传递路线,减少信息的失真,提高决策质量和效率,降低管理成本。当然,管理幅度的增大和管理层次的减少都应视组织情况而定,要适度。

（二）集权与分权的关系

选择组织结构从某种意义上看就是在选择集权或分权。在集权组织中,决策的权力集中在管理的高层,下属部门没有处理权,遇有情况必须逐级请示。这种组织相对稳定,便于统一指挥和领导。分权组织则是权力和责任分散,各部门可根据环境变化和工作需要自行做出决策。分权有助于激发下级的自主创新精神和承担责任的勇气。在实际工作中,绝对集权或分权的组织是少见的,一般都是根据组织情况采用集权与分权相结合的方式。影响集权与分权的因素有:

1. 企业环境的稳定程度。组织环境复杂多变,宜分权;反之则适宜集权。

2. 企业的经营战略。如组织实施差异化战略,宜分权;集中化战略,则适宜集权。

3. 企业规模。企业规模小,管理工作简单,适宜集权;规模大,部门多,事务复杂,宜分权。

4. 管理哲学。组织采取集权或分权,还取决于主管人员的个性和他们的管理哲学。

（三）正式组织与非正式组织的关系

非正式组织与正式组织在企业中并存,这是客观存在。正式组织是根据任务要求按照组织规程建立的组织。它靠权责关系维系,追求的是效率和企业目标。非正式组织是在共同的工作、生活中自然形成的群体。它靠共同的利益、观点以及约定俗成的行为准则维系,追求的是个人的自身需求的满足。

非正式组织对正式组织可能产生两方面的作用:积极的正面的作用和消极的负面的作用。当非正式组织与正式组织的目标协调一致,非正式组织成员凝聚力较高且与正式组织成员关系融洽时,非正式组织可以促进组织目标的加速实现;当非正式组织的目标与正式组织目标不一致,甚至对立时,非正式组织就会对组织目标的实现起到相反的作用,如果非正式组织成员的凝聚力很强,对正式组织构成的危害就更大。所以,管理者要正确认识非正式组织并处理好正式组织与非正式组织的关系。

1. 要正视非正式组织的存在,了解它的特点,发挥它的积极作用,克服它的消极作用。

2. 对非正式组织加以引导,整合非正式组织的小目标和正式组织的大目标,采纳非正式组织提出的合理建议，满足它们的合理要求，使它们产生对正式组织的依赖和归属。

3. 做好非正式组织领袖人物的工作，和他们交朋友，发挥他们在非正式组织成员中有影响力、能够左右大家行为的作用，通过他来潜移默化地影响和引导非正式组织成员的思想与行为，使其统一在为实现组织目标的共同努力中。

（四）冲突与协调的关系

协调是组织的原则之一，协调也是组织追求的一种境界。尽管如此，冲突却不可避免地出现。冲突常被认为与协调对立，有冲突存在组织就不得安宁，就会分裂。实际上，冲突有两类：一种是建设性的冲突；另一种是破坏性的冲突。前者可以增进协调，促进发展，后者才是管理者要努力防范的。协调与稳定是同义词，但过度的稳定是僵化，建设性的冲突可以防止僵化。比如，在企业内部开展公平竞争，搞一些评比、竞赛活动来增加企业活力；在企业内设置性质不同、内容相反的部门，像生产科与检验科，用以相互制约和相互促进。

管理者对待冲突，首先，要以它是有利于达到目标还是阻碍实现目标作为标准，来分析判断它是建设性冲突还是破坏性冲突。对建设性冲突要鼓励和支持，对破坏性冲突则要坚决制止。其次，适度利用建设性冲突。冲突水平过低、企业缺乏活力时，要制造冲突；冲突水平过高时，为防止失控，使建设性冲突转变为破坏性冲突，则要强调合作，减少冲突。最后，对待破坏性冲突，要采取措施，有效地防范和化解它。具体措施有：协商法，即通过冲突双方协商、谈判，化解矛盾；仲裁法，即请第三者进行仲裁，使冲突得以解决；权威法，即靠上级行政命令解决矛盾；调整法，这种方法适用于因制度不合理或对对方不理解造成的冲突。通过对制度进行修改、调整，或冲突双方互换岗位进行角色体验来增进了解，解决冲突。

第二节 人员配备

作为管理职能，人员配备就是在组织结构确立之后，通过对人员的选聘、培训和考评为组织各个层次配备相宜数量和质量的合格人员。

一、人员配备的原则

（一）以人为本的原则

现代企业进行人员配置，首先要解决的是对企业中人的认识问题。传统企业，以企业的固定资产来估计企业的价值，现代企业则认为，人才是最宝贵的资源，是企业最大的财富。同时，人才的浪费也被视为企业的最大浪费，煤埋在地下一万年仍然是煤，而人才被埋没，其价值或退化、或变质、或消失、或成为竞争对手，是企业最大的损失。美国钢铁大王卡耐基曾说过："如果将企业的一切设备、财产都拿走，只留下我的人才，几年后，我仍是美国的钢铁大王。"许多成功的企业家就是用这种以人为本、爱才、惜才、聚才、用才的战略与策略支撑企业的生存和发展。

（二）企业目标与岗位职责明确的原则

人员配备的前提是明确企业和部门的工作目标、各项工作职责的内容及要求。这个前提越明确，人员选择、培训、评估的标准就越明确，人员配置工作的质量也就越有保证。

企业用人必须与企业的全盘战略计划结合起来。应综合考虑社会经济环境特别是目标市场、劳动力市场对企业的目前和今后会产生什么影响？消费者的期望是什么？行业内竞争态势的转换，企业的经营目标、市场、服务项目、方法的变化等。除此之外，还需明确企业内从经理到员工各岗位职责和工作内容的具体要求，据此制定出兼顾宏观和微观、理想和现状、远期和近期的用人计划，从而保证人员配置的数量和质量。

（三）任人唯贤的原则

任人唯贤就是以企业目标、岗位职责要求为标准，从实际需要出发，实事求是地发现人才、选拔人才和使用人才。企业选人、用人的标准应一致，要重视那些确有真才实学的人，不论亲疏都应机会均等、公平竞争。企业"招兵买马"以弥补组织中出现的空缺时，不应以主管人的个人好恶行事。正如德鲁克所说："有效的管理者在用人时从来不问'他能跟我合得来吗'，而是问'他贡献了些什么'，因为，有效的管理者知道他所选的人是用来干事情，而不是用来投主管之所好的。"

（四）用人之长、补人之短的原则

人员配置工作的实质就是帮助各级员工发挥自己的潜质和潜能，把每一个人都安排在对他本人来说最恰当的岗位上，从而运用其长处，共同建立企业绩效。

用人之长的关键在于任人唯贤，不求全责备，如中国古人所说："取长补短则天下无不用之人，择短舍长则天下无不弃之士。"具体做法是，围绕特定问题，如特定的部门工作、特定的业务工作、特定的阶段性工作、特定的区域性工作、特定的临时性工作等，有针对性地选择在该方面具有专长的人。在企业中力求创造一种"勇者竭其力，智者尽其谋"的局面。

企业在用人之长的同时，还要补人之短。因为任何人都不完备；任何人在进入企业岗位前都不可能完全具备一切实际所需的观念、知识和技能；每个人的长处都有一定的时效性、局限性；人类的知识技术在更新换代，管理环境在不断变化，管理层次在不断升级，因此，长处也只是相对而言。补短的有效方式是培训。培训既是企业人员配置的基础，又是企业人员配置的延续。要重视岗前培训，但也不能忽视在职培训，通过不断地培训补人之短，使人才不断增值。

（五）人才的互补原则

每个人都有自己的强项和一技之长，而组织的某些岗位，特别是管理岗位，却需要综合的知识和技能，因此，需要人才互补。比如，一个班子里有擅长策划的，有擅长组织协调的，有擅长管理的，有擅长销售的等，通过合理的人员配置把专长各异、个性不同的人聚在一起，取长补短，避免偏颇，形成结构合理的协调的工作集体，从而产生系统组合效应——增量。要建立人才互补的群体一般考虑的因素有：经验、知识、智能、专业以及个性特征。

二、人员的选聘

人员选聘，是企业为满足发展需要，通过各种渠道寻找、招募、筛选和安置人员的过程。人员选聘应根据企业岗位分析、职位的要求和受聘者应具备的能力素质进行。企业招募、选择、聘用人员基于的原因可以是：建立一个新组织；解决企业现有人力资源不足；调整不合理的人员结构以及岗位、职务空缺等问题。人员选聘是企业获取和运用人力资源的入口，应严格把关。

（一）人员选聘的原则

1. 公开透明的原则。这是指将岗位、职位、招聘标准、人员数量、应具备的条件以及考试和面试的时间、地点、规则及结果和录用人员名单均以广而告之的形式公布。既可以得到社会响应，广招人才；也可以使企业置于舆论监督之下，防止不正之风，树立良好的组织形象；还可以为应聘者提供信息，使其选择到自己满意的工作。

2. 公平竞争的原则。这是指在招聘标准面前人人平等。要一视同仁地对待所有应聘者，为有识之士、有才之人提供平等的竞争机会。

3. 全面考核的原则。这是指对应聘者要从体力、智力、知识、专业、技能、情商、品德等各方面进行综合考察。不仅要考察其现实符合度，还要考察其未来可供开发的潜力，即可持续发展的能力。

4. 择优聘用的原则。这是指根据综合考察的结果，选择优秀应聘者予以录用。为防止招聘人员感情用事，应将考核标准尽量地予以量化和具体化，同时应配以严格的招聘纪律。

（二）人员选聘的途径

人员选聘一般有内招和外选两种途径。

1. 内部选聘。这是指当企业出现职位空缺时，让企业内部符合职位要求的人员调离原有职位来填补该职位。具体包括：同级别职位调换；低级别到高级别的提升；当然也不排除有因空缺岗位更适合员工发展而降级调整的做法。

内部招聘，特别是内部提升，一般首先通过企业内刊、布告和互联网，将空缺岗位的相关情况在企业内通报，由员工自荐或推荐，然后由主管人员对员工的个体和群体的工作状况进行分析，最终确定聘任人员。

为对员工负责,对企业负责,主管人员对员工进行分析时可从才、德两方面进行。才,是指专业知识技能和管理能力;德,是指价值观、事业心、责任感等。具体方法见图5-9。以德为横坐标,以才为纵坐标,划分成四个区域。

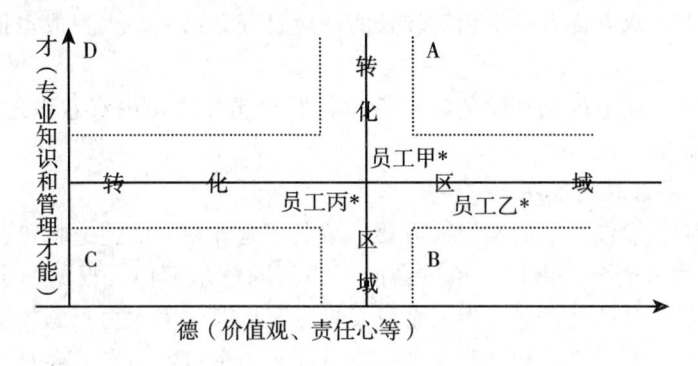

图 5-9 员工工作状况分析

通过分析可见,处于A区的员工德才兼备,是可以信赖和马上提升的。但这类人为数并不很多。B、D区的员工或德或才均有缺憾,但通过培训或激励有希望向A区发展。C区的员工则是解聘、淘汰的对象。对处于图中可转化区域的员工,我们可以通过深入具体的分析比较,灵活掌握聘用和提升的机会。例如,处于A区转化区域的员工甲就不一定比处于B区转化区域的员工乙先提升,而员工丙也不一定非要解聘。

内部选聘有如下优点:第一,有利于调动员工的积极性,使员工看到希望,特别是当提升呈连带状态时,提拔一个人,能激励一批人;第二,有利于培养员工的忠诚情感,减少优秀员工的外流;第三,被提拔人员和企业组织相互熟悉,能较快地适应工作。

内部招聘与选拔也有不利之处:第一,内部调配,可提升的人力资源有限,易出现揠苗助长的情况;第二,易产生不正常的庇护关系、报恩关系甚至割据关系;第三,由于"近亲繁殖",减少了新观念、新技术、新方法进入企业的机会,特别是当企业既不引进干部又不注意让干部外出培训时,企业工作更易呈"一潭死水",难有活力和创新。

2. 外部选聘。就是根据一定的标准和程序,从组织外部招募、选拔符合空缺岗位工作要求的人员。外部招聘的方法有很多:(1)从自荐者中选拔;(2)发布招聘广告吸引应聘者,从应聘者中选拔;(3)通过就业机构招聘;(4)校园招聘;(5)网络招聘;(6)员工引荐。

外部选聘的有利方面有:第一,能为企业带来新鲜血液,打破一些传统的定式,使企业处于停顿状态的工作出现突破;第二,能广招人才,对员工干部需求量大的大企业、新企业,能在短期内完成人员配备工作;第三,能防止出现内部人员过度提升、滥竽充数的现象;第四,能减少内部争职位的人际关系矛盾,减少人情的影响，使招聘工作简单化。

不利之处是：第一，外聘干部有时会伤害内部员工的积极性，出现对立情绪，甚至在组织中产生新老帮派体系；第二，外聘干部进入新的环境后，企业组织与他们个人，双方都有一个相对较长的适应过程；第三，人力成本提高，管理队伍不稳定。

我们了解了以上内选外聘的特征后，就要在实际应用中有意识地趋利避害，内外结合选择能人。

（三）人员选聘的程序

人员选聘工作包括：确定用人需要、编制招聘计划、实施选聘和选聘评估。

1. 确定用人需要。由用人单位会同人力资源管理部门，根据一个时期内员工辞职、离职、调动等情况，根据企业发展状况以及未来人力资源的供求等情况的分析，确定企业现阶段和预测未来一段时间人力资源的需求。要对用人岗位要求、任职资格、所需人员应具备的条件等做出明确规定，使具体操作人员对所需人员的质与量都能够心中有数。

2. 编制招聘计划。要明确招聘目标，制定招聘政策，确定发布招聘公告的方式、招聘的渠道与方法，对实施招聘的时间、地点做出规定，还要做出招聘预算。招聘计划拟订完成后，上报企业领导批准。

3. 实施招聘。这个环节包括很多具体工作：做好招聘宣传以及相应的准备工作；审查求职申请表，进行初次筛选；用笔试、面试、情景模拟等方法对应聘者的知识、技能、认知能力、人格、一般能力和特殊能力等进行测试；试用；正式录用和签订合同。

4. 对招聘工作进行评估。评估包括对整个人员选聘过程进行总结与评价，也包括对录用的人员进行追踪分析。要广泛听取意见，及时进行信息反馈，使招聘工作中的失误得以迅速纠正和调整，也为下一轮招聘工作提供经验教训。

（四）选聘中的彼得原理

这是一种常见的被提拔过头的现象。应聘人员在原岗位做得很成功，提拔之后却不称职。这种情况不仅给企业带来损失，对员工及其应聘者本人都有一定的负面影响。可采取以下方法避免这种危险。

1. 提升别人的人首先应是一个合格者。

2. 认真、全面地评价候选人的各项素质和潜能。

3. 让被提升者了解职务的要求，关注新的焦点，采用新的管理行为，处理新的关系。

4. 对他们进行培训，弥补短处，对于连带提升的人员更应加强培训。

三、人员培训

科技的发展、企业的变化、知识的更新、观念的转变以及人有"短"需要补和人的"长"有时效限定等理由，都需要现代企业重视人员培训。为保持企业的可持续发展，培训已经成为企业一项永久性的、具有挑战性的工作。

（一）人员培训的原则

进行人员培训的目的不外乎是为员工补充新知识、增加新技能、转变观念、提高素质。为实现培训目标，确保培训效果，在进行人员培训时应坚持以下原则。

1. 全员参与的原则。从培训对象来看，培训不仅是新员工的事，对老员工也要有培训计划；不仅要对员工进行培训，更要重视管理人员的培训。从培训主体来看，培训不仅是培训部门的事，每一位管理人员和具有经验的老员工的工作内容中也都应包括培训的内容。要把企业建设成为学习型组织，那么，每一个人都应既是培训者也是受训者。

2. 因材施教的原则。就是要强调培训的针对性和有效性。不论是教师和教材的选择还是教学方法的确定都应以满足需要、切实解决问题为目标。

3. 强化的原则。通过正面信息的灌输和反复训练，不仅强化学习效果，更强化在工作实践中体现学习效果。

4. 理论与实践相结合的原则。针对员工培训其针对性强、实践性强、员工都有实际工作经验的特点可采用适合员工培训的联想法和经验分享法等方法来引导受训者联想、思考、分析，使课堂上学到的东西能很快在实际工作中见到成效。

（二）培训的类型

针对不同的培训对象和培训要求可采用不同的培训方法。

对一般员工的培训有上岗前的岗位责任培训、上岗后的业务技术培训、岗位练兵与技术考核等。对管理人员和准备提升人员的培训方式则比较灵活。具体包括：

1. 理论培训。如服务理论、管理思想、领导方法的培训。

2. 职务轮换培训。目的是让主管人员全面了解整个组织业务的工作流程、操作程序、相互关系和管理特点，获得不同的经验，为其在较高层次上任职和为企业发展储备人才打下基础。

3. 在副职岗位上培训。这里的副职，可以是组织原来一直就有的永久性职务，也可以是原来没有、特为培训而设置的临时性职务。通过受训者观察、了解正职的经验和方法以及正职对受训者直接、具体、深入的指导，达到增长才干的目的。

4. 业务研讨会。在部门或其他部门主管报告工作的基础上，就某项决策或某些疑难问题进行研讨。由于它不是正式组织的会议，而是较宽松的培训形式，因此，有利于与会人员各抒己见，用集体智慧解决实际问题，改进企业或部门的工作。这种方法不仅可以创造一种研究业务的活跃气氛，还可以加深对理论和问题的理解。

5. 派出培训。指派个别管理人员到大专院校学习,参加各种培训班,或通过从厂长到各车间主任、从总经理到各部门经理的成建制派出培训,提高管理人员整体素质和培训效果。

6. 参观考察。到国内国外经营管理好的同行部门和企业参观考察,能较深入、具体地吸取参照它们有特色的先进经验和方法。但要注意与自身特点结合,切忌照搬照抄,要学实质而非皮毛。

7. 培训技巧培训。管理者又是培训者,他们应该具备培训的意识和培训的能力与技巧。培训技巧培训就是通过系统的课堂讲授和形象的实际演练,向他们传授知识和技巧等培训的实用方法。

8. 现场演练。即通过实际工作、现场管理的指导教练,提高受训人员发现、分析、解决问题的能力,提高他们计划、组织、控制的实际管理水平。

以上培训形式,可根据需要和条件采取脱产、半脱产及在职等方式搭配使用。

四、人员绩效考评

人员绩效考评是用科学可行的方法,按照一定标准,在适当的时间,对企业员工的工作绩效包括工作行为和工作效果进行考察与测评。它是全面了解员工情况的重要措施,也是企业进行相关人事决策的基础。

(一) 绩效考评的作用

绩效考评的作用表现在以下四个方面。

1. 可为人员的任用、调配和职务的升降提供依据。人员配备的原则是用人之长,补人之短,选拔的人员应该是德才兼备。这不应成为一句空话,应贯穿于企业人力资源管理工作的始终。了解一个员工的德能、长短,必须对他的思想品德、业务技术、知识能力等进行考量与评估,只有经过这样一个分析评价的过程,才能对其适合什么岗位、胜任什么职务做出较科学的判断,也才能避免类似任人唯亲的现象出现。

2. 可为确定员工的劳动报酬和实施奖惩激励提供依据。按劳取酬、奖罚分明,这是企业分配制度的基本原则和激励手段。无论是发放报酬还是实施奖惩,都应有一个客观依据,这个依据就来源于人员的绩效考评。通过对员工的实际能力和工作业绩进行评价,可以确定奖或罚,以及奖罚的等级,使员工感到公平。在考评过程中还能为员工本人指出成绩和不足,提出今后的努力方向,帮助他们制定改进工作、挖掘自身潜力的措施,因此,它又是一项重要的激励手段。

3. 可为制定培训目标和计划提供依据。通过绩效考评可以检查培训效果。培训之后员工带着学习的收获投入到工作中,通过绩效考评可以测量工作是否有改进、业绩是否有提高,进而可以了解受训者的实际情况和培训内容、培训方法是否适宜,为深入分析培训需求、制定和修订培训计划与目标提供了重要依据,为进一步增强培训的针对性、提高培训质量奠定了基础。

4. 为企业决策提供参考依据。绩效考评对企业决策有重要影响。通过绩效考评所反馈的信息能够了解企业的各项政策、制度是否合理,主管人员的管理活动是否围绕组织目标而展开,企业用人是否恰当等,从而采取相应的措施及时纠偏,减少工作失误,并确保今后计划、政策、制度的制定始终与组织目标保持一致。

(二)绩效考评的内容

绩效考评没有统一的内容,通常是各组织自行确定,但一般从德、能、勤、绩四个方面考核。

1. 德。主要考核员工的思想品德和职业道德。是否爱岗敬业、积极进取,是否有事业心和责任感,这是员工评价的首要内容。著名管理大师彼得·德鲁克说:"人的品德本身不一定成大事,但品德有缺陷却足以败事。"员工无才有德,企业或许还能维持,如果相反,企业可能就会遭难了。

2. 能。主要考核员工的工作水平和实际能力。不同的岗位对其从业人员所应具备的技能是不同的,要按照岗位标准和要求来衡量。具体包括:(1)是否具备从事此项工作必需的知识、技能和体力;(2)熟悉或熟练程度;(3)与本岗位相关的能力,如理解判断能力、人际交往能力、适应能力、应变能力、表达能力、创新能力、决策能力等。

3. 勤。主要考核员工的工作态度和工作热情。态度决定行为进而决定工作成果,因此是绩效考评内容的重要组成部分。具体表现为:勤奋努力的程度;吃苦耐劳的精神;遵守纪律的自觉性;顾全大局的胸怀等。

4. 绩。主要考核员工实际达成的工作业绩和效果。德、能、勤最终通过实际业绩体现出来,因此,这部分是绩效考评中最有说服力的内容,包括工作完成的数量、质量、效果以及产生的影响。

(三)绩效考评的程序

为保证考评结果客观、公正、有效,在进行绩效考评时要按照以下程序操作。

1. 根据绩效考评目标制定评估计划。一套评估计划不可能适用于所有评估目标。比如,通过评估确定员工工资和通过评估确定员工的潜能以备未来的培养,显然是有区别的。因此,要根据不同的目标制定相应的计划。计划内容应包括考核标准、考核责任人、考核时间、考核办法等。

为保证考核标准严肃、权威、客观、公正,制定标准时应注意:第一,以职务分析为基础;第二,具有足以限制考核者随意性行为的高一级的考核标准;第三,具有正规的等级评定手段和技术;第四,具有帮助考核结果较差的员工改进的建议、措施等;第五,考核责任人在实施考核前要有专门训练,要对其承担的责任以及对企业、对员工的影响十分清楚,以确保其秉公办事。

2. 收集资料,评价业绩。绩效考评作为一项制度,信息资料的收集就不应是一时的突击性的工作,而应该是在平常就配有员工工作表现的记录,如工作质量、任务完成情况、安全情况、遵守各项制度情况以及重大贡献和重大事故等,这样既可使绩效考评工作更全面准确也可使绩效考评工作更有效率。值得注意的是,收集资料应尽量避免与标准无关的信息,减少对考核工作的干扰。

将收集的有关信息对照考核标准进行综合分析,就可做出对员工的评价,得出考评结论。在下结论之前,要认真检查考评中有无不够负责任的和不符合事实的评价,提高考评的效度(指绩效考评所获信息与待测评的真正工作绩效间的相关程度)和信度(指绩效考评的一致性和稳定性),使绩效考评发挥出真正的作用。

3. 反馈考评结果。绩效考评不是主管人员了解员工的工作情况得出结论就结束了,还应将考评结论反馈给员工,与员工交换意见,让他们知道组织对他们工作能力的评价以及他们对于组织所做出贡献的认可,知道组织对自己的期望和自身的不足,从而明确今后的努力方向。如果对考核结论有不同意见,也可以通过交换意见给员工提供一个表达看法的机会,使组织对员工有更深入的了解,也有利于重新考虑适合于该员工的工作要求。

与员工交换考评意见宜直接单独面谈;要客观全面分析,不能只讲缺点;要有亲和力,给员工提供表达的机会,不能只讲不听;还应注意,不要将考核与工资、晋升一起谈。

4. 将考评结果备案。将考评结果备案,有利于对员工的追踪考察,也可为培训和人事调整提供依据,对提高企业人力资源管理整体水平具有十分重要的意义。

(四)绩效考评的形式与方法

1. 绩效考评的形式。常见的绩效考评形式有:(1)自我考评,即被考评者根据职务要求定期对自己的工作进行总结与评价,这种形式容易出现自夸现象;(2)同事评议,即同级、同岗的同事的评议,可以是面对面,也可以是背对背,使用这种方法,容易出现怕伤面子而有水分的评价,或同事之间不融洽的关系;(3)直接上级考核,即由直接上级对其下属的工作进行全面的考核与评价,这种方法因接触频繁,容易掺杂个人感情因素;(4)下级对上级考核,采取这种形式最好用无记名评价表或问卷;(5)外部评议,由协作单位或业务往来较密切的单位的人员进行评价;(6)现场考核或测评,专门召开会议通过有关人员的答辩进行测评;(7)由绩效专家进行考评,这种方法没有个人恩怨的干扰,容易得出客观的评价,但是,专家可能对本企业的工作不太专业,而且成本高。

由于以上方式各自都存在缺陷,因而应视情况综合运用,以避免这些问题对**绩效考评工作的干扰**。

2. **绩效考评的方法**。常见的绩效考评方法有：（1）目标考评法。根据目标要求，具体包括实现目标进度、措施、实际效果，进行考评。（2）民意测验法，主要有对话法和问卷法。对话法就是找个别人谈话或召开小型座谈会，来了解对被考评者的评价；问卷法就是将被考评项目制成表格，要求被调查者根据自己的意见，按要求填好表格后返回，将表格意见汇总后，形成对被考评人的评价。（3）打分考评法。根据考评内容将考评项目逐一列出，形成表格，分档打分，根据分值确定评价结果。（4）排队法。将被考评人的实际工作业绩从大到小排列，据此确定被考评者的等级和得分。

第三节 组织中的沟通

如果将组织结构比喻成组织的骨骼系统，那么，信息系统和有效的信息沟通就是组织必不可少的神经系统。离开了它的作用，指令无法发出，信息无法反馈，横向无法联系，纵向无法接触，组织无法成为一个整体，更无从谈起去追求共同的目标。

一、沟通的概念与作用

（一）沟通的概念

沟通是指为达到一定的目的，将信息或观点通过相互理解的媒介传递给其他人并获得反馈的过程。在这个概念中有三点应注意：第一，所使用的媒介一定是相互理解的，语言、文字互不理解，就谈不上沟通；第二，语言可以是有声语言，也可以是无声语言，也就是体态语言，还可以是文字语言；第三，反馈应是接受这一信息的人对这一信息有正确的理解，只有信息接受者按照信息发出者的真正意图去行事，这个沟通才是有效的。因此，发出的信息应是清晰、明确的，而不能是含糊不清、令人费解的。

（二）沟通的作用

沟通具有凝聚协调、激励、控制以及获取信息提高决策水平的作用。

1. **凝聚协调的作用**。实现企业目标需要同心协力。通过信息沟通，可以统一大家的思想认识，形成共同的价值观和一致的目标追求，使企业员工自觉按照组织目标要求协调各自的工作活动。沟通还为员工提供了一个释放情感、表达意见的平台，使员工的社交需求得到满足，从而使凝聚力进一步增强。

2. **激励的作用**。员工在工作中非常希望得到上级和同事对自己工作的指导与信息反馈。及时明确地告诉他（她）该如何做；做得不好该如何改进；做得很好组织该给予怎样的奖励等，员工会感到组织的关爱，因此而更加努力工作。

3. **控制的作用**。企业是在不断的任务分配、指令下达、信息反馈，再下达新的指令的过程中运转，这个过程是信息沟通的过程，同时也是控制的过程。员工必须按照指令行动,达到任务要求,如果没有做到,还要按照新的指令进行改进。在此期间,员工的一切随心所欲都是受到限制的。此时的信息沟通发挥的正是控制作用。

4. 获取信息提高决策水平的作用。科学的决策必须建立在有效的信息沟通的基础上。企业管理者要通过企业内外的各种沟通渠道,获取足够量的、及时的、准确的信息并加以分析,才能清楚地知道自身地位和未来方向,制订和评价各种备选方案,从而做出正确的决策。

二、沟通的渠道

在企业信息沟通中有着纵横交错的沟通渠道。这些渠道包括正式沟通、非正式沟通、纵向信息沟通、横向信息沟通和斜向信息沟通等。通常不同渠道传递的信息内容不同,信息沟通的特点也有区别。

(一)正式沟通

正式沟通是通过正式的组织程序,依照组织结构所进行的信息沟通。这种沟通的媒介物和线路都是经过事先安排,因而被认为是正式而合法的。正式沟通渠道主要包括:根据规定,定期举行的各种会议,定期发布的报表、数据、报告等。企业的正式信息沟通渠道是一种制度化的结构体系,其信息传递具有准确性、可靠性以及系统性较高、可保存、可评估和定期性等优点。正式沟通渠道构成了企业主要信息流。而对于一些非定期的信息需求,正式沟通渠道也可以通过自身的一整套程序来满足。正式沟通渠道也有缺点,具体表现在:(1)报告制度传递信息的可靠性、准确性和系统性是以牺牲速度为代价的,所以信息沟通的速度较慢。信息的反馈速度也较慢,不能立即向信息提供者反馈信息。(2)正式信息沟通特别是报告制度一般要整理起草正式的书面报告,所以不很便利。

(二)非正式沟通

所谓非正式沟通,就是不按照正式的组织程序而进行的沟通,其信息传递的媒介和路线均未经过事先安排,具有很强的随意性、自发性。非正式沟通渠道一般包括随时可能进行的谈话、座谈会、建议等。当然,在非正式组织中,其成员间的社会交往行为也主要采用非正式的沟通渠道,具体表现是各式传闻或小道消息。非正式沟通的优点:首先,非正式沟通传递速度较快,因为是面对面地沟通,使得信息反馈基本上是同时进行的;其次,非正式沟通可以脱离企业的等级结构,建立在人际关系基础上,信息传递更具主动性。最后,正式沟通往往是例行公事,而非正式沟通更具目的性和针对性,其效率也更高。非正式信息沟通渠道的突出缺点是:信息的可靠性和系统性程度较低。因此,对非正式沟通可以采取一种"管理"的态度进行利用,以更好地扬其所长而避其所短。

通过对正式和非正式沟通渠道的分析可以看出,一个有效的信息沟通结构需要建立一种合理的正式沟通体系,同时也要保持一个较为合理、负责的非正式沟通作为补充,两者不可偏废。

(三) 纵向信息沟通

这是沿着组织的指挥链在上下级之间进行的信息沟通。可分为自上而下的和自下而上的两种形式。自上而下沟通亦称为下行沟通,指组织内部同一系统内的较高层次人员向较低层次人员进行的信息沟通,如命令的发送、计划的下达和程序规则的颁布等。自下而上的沟通亦称上行沟通,指组织内部同一系统内的较低层次人员向较高层次人员的沟通,如请示、汇报、要求和意见申诉等。由于纵向沟通是在组织领导和指挥链当中进行,所以它也属于正式信息沟通。纵向信息沟通的优点是:作为一种制度化的沟通体系,能从组织上确保下层信息向上层决策者传递和决策层的决策信息向下层传递,同时又因以决议、报告、报表的形式传递因而可以减少信息的失真。这种沟通也存在缺点:在上行沟通中,由于其信息传递的决定权在下层,所以对下层不利的信息可能无法传递到决策层。在消除纵向信息沟通中的障碍时,上级起主导作用。他要培养自己良好有效的沟通风格,掌握沟通技巧,不在上面等信息,而是主动到下面了解情况。为了能让下级反映真实情况,听到坏消息时也要保持冷静,不要因自己的发火或情绪失控而切断信息来源的通道。为了能够与上级有效沟通,使上级了解下级并帮助下级解决问题,下级在上行沟通中也应注意:(1)尽可能简洁、准确、完整地提供重要的信息;(2)客观地提供信息,既要提供好消息,也要提供坏消息;(3)与上级人员沟通之前尽可能提前打招呼,以便上级人员有一些准备;(4)提出问题时,最好能附带解决的办法,这样可以提高效率;(5)要遵循统一指挥的原则,除非绝对有必要,否则不可越级沟通。

(四) 横向信息沟通

横向信息沟通渠道,指组织内部同一层次人员之间的沟通,所以也称为平等沟通。这种沟通主要是为了促成不同系统(部门、单位)之间的协调配合和相互了解。例如,高层管理者之间、中层管理者之间、直线人员与参谋人员之间以及同一班组内的员工之间所发生的沟通,都属于这类沟通。通常横向沟通是在以下四种情况下进行:(1)任务协调。定期召开的各种会议通常都是出于此目的。(2)解决问题。出现问题时使用头脑风暴法,大家共同商讨解决办法。(3)信息分享。一个部门定期与其他部门进行沟通,互相交流一些新的想法和提出新的建议。(4)解决冲突。部门内成员或者部门之间出现矛盾或误解时通过沟通探讨化解冲突的办法。

横向沟通的优点是:能密切同级部门之间和人员之间的联系,化解矛盾,达成共识;能为组织内部的个体提供所需的社会支持,使个体在这种强有力的支持下增加工作的动力。由于横向沟通脱离了组织的指挥链而跨系统发生,它通常被认为是非正式沟通。所以它带有非正式沟通的缺点。即:当正式的垂直通道受到破坏时,当成员越过或避开他的直接领导行事时,当上司发现所采取的措施或做出的决策他事先并不知道时，横向沟通可能会产生功能失调的冲突。

下面一些做法会对横向沟通有所帮助：（1）主动交流，多与同级人员交朋友以扩大信息交流的机会；（2）换位思考，沟通时多从对方角度考虑问题，如有需要，为其提供真诚的建议；（3）采用多种沟通交流的方式，扩大共同关心的领域，为合作奠定良好的基础。

（五）斜向信息沟通

这是一种发生在组织内部既不同系统又不同层次的人员之间的沟通。斜向沟通对组织中的其他正式沟通渠道会起到一定的补充作用。例如，员工的创新建议直接提给相关部门的主管，则沟通线路和传递时间会大大缩短。但斜向沟通容易在部门之间尤其是在直线职权与参谋职权之间造成矛盾，有越级沟通之嫌，因而使用时要慎重。

三、沟通的方式

（一）谈心

谈心是最具亲和力、最直接的一种沟通方式。谈心即敞开心扉开诚布公地将心里话讲出来。这种沟通方式既可以用于正式沟通，也可以用于非正式沟通。随着通信工具的日益发达，谈心的形式愈加丰富。除面谈、写信之外，还可以给每位员工提供免费网址，用于与组织内任何人包括最高层的领导进行沟通；可以设立总经理的直拨电话，允许员工直接与总经理进行交流。

为了切实收到谈心效果，在运用这种沟通方式时，应注意：（1）谈心应该是真诚的，如果谈心的任何一方认为对方没有诚意，他都不可能向你吐露肺腑之言。（2）营造朋友谈心的氛围，人们都愿意与朋友谈心。与朋友谈心无戒备、无隔阂。所以上级与下级谈心时首先应放下领导的架子，可以走出办公室，选择一个私人的时空，在和谐的氛围中交流。（3）可以为对方提建议，但不要替人家做决定。如果是上级对下级，更会让下级感觉上级是居高临下给自己施加压力。（4）对谈心的内容要严格保密，否则会失信于人。

（二）倾听

倾听不同于听。"倾"形象地描绘了认真听的动作，躬身、侧耳。倾听不仅听声音，而且要从语言、表情、动作等对信息做出综合的理解，是人主动参与、去思考、接受、理解并做出必要的反馈的过程。倾听作为沟通的一种方式，其意义在于：（1）可以满足倾诉者受尊重的需要，可以提高他的自尊与自信；（2）可以帮助决策者获得重要信息有助于决策；（3）有利于建立良好的人际关系。倾诉者通过倾听者认真听的态度、真诚的安慰和建议，会产生对他的信任与好感。

倾听有信息性倾听、评价性倾听和感情移入性倾听三种类型，它们的目的不外乎理解并掌握重要信息、对信息进行评价以便决策和了解表达者的真实情感。

为此，倾听时应该：（1）集中精力认真听，并通过重复、提问等方式让对方知道你对他是关注的；（2）要一视同仁地对待倾诉者，你对他有成见的人也可能提出很有见地的意见；（3）要及时反馈，要边听边在心里进行理解和评价，不清楚时马上询问，及时反馈可以使倾诉者很快知道对方对他的态度，也可以避免许多麻烦与误解；（4）要营造良好的倾听环境，选择合理的时间和地点，确保倾听不受干扰。

（三）口头沟通与书面沟通

企业各种会议上的发言、讨论，会下的议论、小道消息等，都属于口头沟通。口头沟通具有以下优点：传递快捷、反馈及时；探讨问题深入、沟通双方能较为准确地了解对方意图；如果是上级对下级的会晤，还会使下级感到受尊重和重视等。但是，这种沟通方式也不总是节省时间，比如议而不决的马拉松会议，其显性和隐性损失的价值都相当大；另外，信息在口头传递中容易失真。

书面沟通是正式信息沟通的主要方式，其主要形式包括各种备忘录、传真、电子邮件、信件、组织刊物以及各种图表、稿件等文字资料。书面沟通方式也有利弊，其最突出的优点是：信息沟通双方都拥有沟通记录，可对信息永久保存，一旦遇到疑问可随时查阅。另外，与口头沟通相比较，文字形式更严谨、准确，逻辑性强，条理清楚，能减少他人对信息的曲解，减少信息的失真。另外，书面沟通易于复制，利于大规模地传播。书面沟通的缺点是：将信息组织成文字形态需要花较多时间，因而影响传递信息的效率；反馈间接且缓慢；对文字水平有一定的要求，如果文字的组织与表达不利，信息接收会更加困难。

（四）辅助性语言和体态语言

在沟通中，除了语言外，辅助性语言和体态语言也必须引起我们关注，忽视了这部分内容，沟通将是不完整的，很有可能还是不真实准确的。辅助性语言主要包括语音、语调、语速的变化和哭、笑等；体态语言主要是指不经意间人体动作的变化，比如，微笑、皱眉、叉腰、摇头、脸色的变化以及沟通时传授双方之间的距离等。有专家研究表明，在信息沟通中，大约7%的信息是用语言的方式表达的，大约55%的信息是用面部表情和姿势表达的，大约38%的信息是通过语音语调的变化来表达的。所以我们在沟通中要从两方面注意非语言的运用。第一，接受信息时，不仅要注意听语言，更要认真地去看语言，两个方面综合才能保证我们所收到的是准确的信息。第二，传达信息时，要有意识地用非语言来辅助语言，保持非语言与语言的一致性，以强化所要表达的意思和避免对方产生疑义。

（五）电子沟通

随着科技的进步，电子网络技术已被引入组织的沟通领域。这使得组织沟通领域出现了变革与飞跃。首先，电子网络因其快速、准确的特点，极大地提高了组织沟通的效率。另外，网络的出现为有效沟通增加了更多的可选择空间。可利用电子沟通传送各种组织文件，同时，音频及视频的多媒体支持也为不同地点的员工创设了新的议事模式。此外，组织内部人员还可以选择在局域网的 BBS 上发布信息、讨论专业问题；也可以越级向上司发送电子邮件以征询意见；更可以通过企业 OICQ、MSN 的聊天途径甚至手机短信等与同事进行随时随地的交流。

四、沟通的原则

影响沟通的因素非常复杂，为保证沟通的有效，必须在沟通之前从物质上、心理上做好尽可能充分的准备。为此可遵循以下原则。

（一）明确的原则

沟通之前必须明确以下问题：（1）沟通的对象及其特点；（2）沟通双方的角色地位和权利义务；（3）沟通要解决的问题和要达到的效果；（4）适合本次沟通的媒介、渠道和方法等。明确了这些问题，就可以缩小与沟通对方之间的差距，增进对对方的理解，同时增加自身沟通成功的信心，有计划、有准备地投入到沟通当中，使沟通取得预期效果。

（二）吸引与诚信的原则

沟通者要主动加强自身对于沟通对象的吸引力，创造一种彼此诚恳信任的沟通氛围，要通过良好的态度、举止和语言，使对方相信自己解决双方共同关心的问题的诚意和足够的能力，进而打消对方顾虑，彼此开诚布公，畅所欲言，不仅增进了解，还能为日后合作打下基础。

（三）连续一致的原则

沟通不是一次性活动，它将伴随企业管理活动的始终。所以沟通活动的主导者——企业管理人员要有计划地、不断地通过沟通向员工和有关人员传达新的、有价值的、有利于增进了解和促进合作的信息。在沟通中注意沟通计划与企业目标一致；沟通的方式方法与沟通对象的期望、价值观、理解力一致；企业各部门的表达口径一致；沟通者的口头语言和体态语言一致。

（四）完整准确的原则

保证信息的完整与准确是信息沟通的重要要求。在进行信息沟通特别是在分配任务、传达指示、听取汇报的沟通中，为避免执行过程和制定决策过程因信息不够完整与准确而造成的损失，双方都应该集中精力，完整、准确地传达和接受信息。必要时要提问、复述以确定所接受的信息没有走样。

（五）及时有效的原则

信息的价值和有效性与其提供和处理的时间有关，迟滞的信息不仅会导致组织决策失去最佳机会，也会导致组织成员因没有及时的信息指导而在执行中出现失误，甚至会造成沟通双方因此而误会、冲突。所以要经常不断地进行信息沟通，以使获取的信息是最新鲜和准确的，反馈是最及时的，尽可能使沟通双方在第一时间获得有效信息，从而实现沟通目的。

五、沟通的障碍

尽管我们期待组织沟通的有效，但是，由于构成组织环境的大大小小的要素非常复杂而且多变，常常使得信息在传播沟通的过程中受到干扰而被放大、缩小、失真甚至丢失。通常使得信息沟通受阻的障碍来自以下方面。

1. 组织结构的不合理。条块分割或职责权限不清以及领导方式使用不当，导致信息沟通受阻，这是一种常见的管理沟通障碍。

2. 语言表达障碍。信息发出者由于表达能力问题、口齿不清、情况紧急、语言不通等使对方无法了解信息。

3. 理解上的差异。虽然接受信息的人听到或看到了信息发出者的信息，但是，所理解的内涵并不是信息发出者的原意，有时甚至出现曲解。

4. 立场的不同。当信息发出者和接受者立场不同、意见不一时，发出的指令容易受干扰，即使接受，也会带有抵触情绪。

5. 固有的成见。在长期接触中，对某人形成了或肯定或否定的看法，因此，只要知道这个信息是谁传出或发送的就立刻判断此信息的真伪，而有时这种判断往往是错误的。

6. 出于安全需求的考虑。人们担心说真话会受惩罚或被辞退，所以有时说假话。

7. 背景差异。年龄、经历、经济水平、受教育程度、工作岗位和层次等的不同，常常会使得人们形成的看法不同，价值判断有差异，因而影响沟通的效果。

8. 时空环境选择不当。从时间上看，在劳累、心绪不佳、被某事困扰、急于去做其他事情时，对信息的传递往往心不在焉，因而沟通的效果不好；从空间上看，物理环境选择得不够恰当也会造成信息传播的效果下降。此外，沟通时双方之间的距离也会对沟通造成物理或情感上的影响，因而影响沟通效果。

9. 缺少必要的沟通设施。开大会时没有扩音设备，灯光太暗，需展示图片时没有投影仪等，都会影响信息接收者的接受效果。

除上述因素外，还有一些由于事先没有估计到且准备不充分的情况也会影响沟通，如讨论问题时冷场；交流时，话太多或太少；意见不一时的责备与争吵；不懂装懂等。

六、有效沟通的措施

1. 关注沟通细节。越是高层领导越应对其所发布的信息保持敏感和负责，沟通前就要考虑清楚信息将影响哪些人，接受信息后他们会有怎样的反应，如何才能使效果最佳。此外，做出决定前应与相关人员"通气"，这样可以减少很多不必要的麻烦。比如，做出一个人员调动的决定，起码要与四个方面进行沟通：调动者本人、他以前的工作部门、他要去的工作部门以及主管单位——人事部门。如果擅自做主，必然会给整个工作系统带来损害。

2. 明确沟通目标。为什么事情而沟通，沟通后要达到什么目的和取得什么结果，这些都应十分清晰，否则，可能会闹出笑话或产生误会。而且，只有明确了目标才可以决定沟通的内容以及使用什么样的方式方法、通过哪条沟通渠道等才会更加有效。

3. 控制信息流量。信息作为指令规定着人与物的流动时，不能过多也不能不足。信息过量未必是好事。它会增加管理人员的处理难度，使他们难以向同事或下属提供有效的和必要的信息，还会使沟通变得更加困难。所以，要对所沟通的信息进行科学处理，包括过滤、筛选，去掉虚假信息和无关紧要的信息等，以保证信息的质量和信息数量的适当。

4. 讲究语言艺术。为避免因思路混乱、逻辑不清、语言啰唆冗长、缺少针对性和趣味性而使沟通效果不佳，沟通前一定要花时间做些必要的准备。

5. 了解沟通对象。沟通渠道、方法、方式、风格以及沟通内容的确定要以沟通对象为前提，不清楚对象的沟通是盲目、无意义、徒劳的。比如，请培训教师作培训，一定要向教师讲清楚接受培训人员的层次、特点、现状、要求和通过培训要解决的问题以及要达到的目标，否则，这次培训可能是费力不讨好。

6. 注意信息反馈。有效的管理沟通应是双向的，在信息传递的过程中，发布信息者既要注意所传信息的真实、全面和及时，还要迅速了解和掌握接收信息者的态度与反应，以便及时有效地做出下一步工作的部署。单项的信息沟通如同无的之矢。

7. 理顺组织关系。构建合理的组织结构、确定好权责关系是扫清信息沟通障碍的关键。要根据组织的性质特点、内外环境的要求和有效的管理幅度来确定管理层次。从沟通角度来说，层次越少越有利于沟通。

第四节 团队建设

在知识经济社会，要求企业不断运用新知识进行产品、技术、服务和管理的创新。在创新中强调以人为本，由具有相关知识、技能、经验的人员组成具有民主气氛的团队，共同协作，努力攻关。在以创新来应对环境的变化中，团队比传统的组织结构或其他固定的群体更具灵活性，反应更迅速。它有助于更好地利用员工的聪明才智，提高组织的运行效率和竞争能力，可以说，团队就是适应企业创新的组织的创新。

一、团队与团队特征

（一）团队

团队是为完成共同目标，由组织授权一些具有互补技能的人员组成的自主管理、自我控制、共同承担责任的群体。

以团队的方式开展工作具有明显的优势：（1）适应性强。可以根据形势和需要快速地组合、重组、解散。（2）凝聚力强。因为目标一致，技能和经验互补，可以发挥各自的优势，还可以相互学习，团队成员在不断地学习、进步和取得成就中相互依赖，从而更加团结。（3）决策速度快。管理层将与任务有关的决策权下放给团队，一方面，使管理者得以从琐碎的事物中脱身，集中精力处理企业战略决策；另一方面，因为团队成员对与工作相关的问题常常比管理者具有更充分的信息，因此可以大大提高决策效率。（4）提高绩效。与传统的垂直式、功能化的组织模式和围绕个体进行工作设计相比，团队方式因其成员自身特长突出且互补，自主管理和自我控制等使责任心增强，因此，可以减少浪费，提高绩效。

（二）团队的类型

根据团队的任务目标、基本功能和工作特点，可以将团队分为解决问题型、自我管理型、综合功能型和虚拟型四种类型。

1. 解决问题型团队。这是一种为解决某一特定问题特别是跨部门问题而临时组成的团队，它可以是一个工作小组，也可以是一个委员会。这种类型的团队通常由员工及主管 8~10 人组成，他们针对问题定期开会讨论，分析原因、提出解决问题的措施和采取有效的实际行动，直至问题的解决。

2. 自我管理型团队。这是针对解决问题型团队的员工参与决策程度低、积极性尚待进一步开发的不足而创建的一种新型团队。团队通常有成员 10~15 人。这是一种真正拥有管理自主权的团队。他们通常自己挑选团队成员，并承担以前由上司承担的一些责任，自行制定工作节奏、分派工作任务、安排工作休息、检查工作程序，并由成员自己相互进行绩效评估。这类团队大大降低了主管人员的作用，对于减少管理层次、工作丰富化、充分提高人员积极性，进而提高管理效率具有重要意义。

3. 综合功能型团队。这是一种既跨越纵向职能部门又跨越横向事业部门的高效能团队。它是由同一等级、不同工作领域的员工组成，其目标是为完成某项具有挑战性的任务。这类团队通过来自不同领域的员工相互之间交流信息，激发产生新的观点，从而创造性地解决特殊难题、科研课题和开发项目。

4. 虚拟型团队。这是一种不在同一组织，甚至不在同一地区，通过电子邮件、电话、传真进行沟通，从而实现目标的团队。在快速变化的环境中，这样的团队将会越来越多。

(三) 高绩效团队的特点

一个成功团队具有如下特征。

1. 目标明确。团队成员对所要达到的目标有清楚的了解，并确信目标的价值和意义，尤其能够将团队目标与个人目标整合，因而清楚自己应该做什么和怎样与团队成员共同努力才能实现团队目标。

2. 自觉执行行为准则。任何一个团队若要取得绩效都必须有行为准则作为基础。高绩效团队成员对此十分清楚，因此，他们积极参与行为准则的制定，并自觉执行。不仅如此，他们对团队有集体荣誉感，对团队表现出忠诚与承诺，为了实现目标而主动承担团队工作。

3. 恰当的领导。高绩效团队的队长，其作用不在于对团队的控制，而在于充当教练和公仆，为团队成员提供服务和必要的指导与支持，挖掘团队成员的潜力，引导他们的行为，激发他们努力工作。

4. 良好的沟通。团队内外有畅通、健康的信息沟通渠道。通过信息沟通和反馈，能及时获取信息，正确决策；还能加深成员彼此间的了解，消除误会，达成共识。团队成员能够充分利用这些渠道，而且具有较强的沟通能力。

5. 相互信任。高绩效团队之所以有很强的凝聚力，是因为成员之间彼此真诚、相互信赖。首先，他们交换意见都是为了工作，因而不会将对工作的意见迁移到人的身上；其次，交换意见的方式是公开的，是大家都可以参与探讨的。看到大家的热情和责任感，更加深大家彼此的好感和信赖。

6. 技能互补。组成高绩效团队的成员都具备实现团队目标所需的较强能力，而且这些能力不同，具有互补性。互补的能力加之成员合作的愿望和良好的沟通就构成了其他群体所没有的突出优势，因而能够完成一般群体无法胜任的工作。

7. 有力的支持。团队建立之前，领导者就已经搞明白建立团队的目的、团队将解决什么问题、为实现目标团队应配备怎样的人和多少人等。因此，可以说团队的建立对于组织而言是十分必要的。既然如此，团队的活动是一定能够得到有力支持的，比如人、财、物、时间、资料信息，同时还会得到授权。有了这些支持，团队既定目标的实现就有了更大的保证。

二、高绩效团队的形成

组织要重视团队建设，其理由是，一个团队的生产效率可能会远远超过个体独自工作的生产效率的总和，这一点已得到许多成功团队范例的证明。然而并不是所有团队都是成功的，这说明团队的建立需要一定的条件，团队的建设需要一个过程。

(一) 塑造高绩效团队的条件

1. 支持的环境。团队的建设与成功离不开组织的支持。组织提供给团队的资源，首先是团队活动的指导方针，明确的指导方针有助于团队制定团队宗旨和行为准则，有利于协调和解决可能发生的问题与矛盾；其次是时间和管理者的关心，团队的工作始终在组织的关注下，当团队向组织提出建议并请求批准时，组织能够根据团队工作的进展情况给予有效的答复或建议；最后是资料和设施的使用权，团队能够快速解决问题和做出决策，取决于所有部门管理者在这方面的支持，否则，团队绩效将成为一句空话。

2. 合适的员工。一个团队的有效运转，需要具有技术、决策和协调三种不同技能类型的人员。他们在一个团队中发挥各自的作用，使团队成为一个团结的高效率的技术创新的群体。为此选择团队成员时应注意：（1）根据团队用人需求选择确定合适的人员；（2）按照选拔人员的工作流程来挑选人员；（3）通过相关数据资料的统计分析和实际需要设立一系列相关指标，根据指标选择人员。

3. 有效的培训。团队发展是一个不断学习的过程，因此，培训应贯穿于团队发展的始终。要通过相关技术、沟通技巧、个人在团队中担当的角色、分析问题的步骤、有效使用会议、决策等内容的培训帮助员工发展和自我超越，使个人和组织共同成长，实现学习与工作的互动，形成相互信任的团队氛围，实现绩效的目的。

4. 恰当的奖酬。奖酬是组织对团队绩效的最大鼓励。奖酬的发放应鼓励团队合作，因此，应采取奖酬与团队整体绩效挂钩的做法，使团队真正成为荣辱与共、利益与风险共担的利益共同体。而对于员工来说，能够在团队中得到个人发展机会，团队绩效中有自己的贡献，这本身就是最大的奖励，也是个人经历中的重要财富。

5. 共同的企业精神。高绩效团队的最高境界是形成有高度凝聚力的团队精神。团队精神包括：共同的信念和价值观；有默契的心理契约，对团队具有归属感和主人翁责任感；鼓励培养个人技能的同时强调优势互补，有相互尊重、相互信赖的文化氛围和民主透明的沟通渠道；正确对待冲突，既能利用建设性冲突进行创新和开拓，又能快速化解矛盾并达成解决问题的一致行动。

（二）团队的形成与建设过程

形成高绩效团队要经历四个阶段，即形成阶段、震荡阶段、规范阶段、绩效阶段。团队领导在每一个阶段都应该根据特点积极开展工作，这样才能加速高绩效团队的形成。

1. 形成阶段。此阶段员工从各个部门集中在一起，心理上会发生一定的变化。他们对自己的角色和职责需要确定，对团队的其他成员需要了解，对团队的规则需要熟悉，还会考虑如何使自己适应团队。由于彼此不熟悉，所以沟通少、观察多，此时的效率也很低。在这个时候，团队建设的任务应该是，使成员明确目标，创造沟通机会，使用一些有助于团队内部合作的管理工具来缓解队员的焦虑和不安，让队员参与共同制订实现目标的方案。

2. 震荡阶段。团队初步形成，规范初步建立，人们的个性开始显露。随着相互了解的加深,也开始发现一些问题,这些问题带来了困扰:有人对团队的目标开始怀疑;有人对团队的缓慢进展变得没有耐心;有人过分热衷于自己的角色。此时,团队建设应注重鼓励队员间公开的沟通与交往,引导团队集中精力于完成共同目标,树立共同的价值观,形成团队凝聚力。

3. 规范阶段。经过磨合,团队逐渐成熟。队员了解了别人的长处和自己的不足,开始相互学习,取长补短。团队效率的提高,也使人们认识到彼此合作的重要性,开始产生信任与合作。为了团队的利益,团队成员可以放弃个人要求,情绪稳定、容忍力加强。但是,此时"一致性"的压力加大,所谓"一致性"就是以牺牲有价值的不同意见为代价而谋求统一,而这种统一可能会使团队过分自信,不再接受创新的意见,因而阻碍团队发展。所以此时团队建设的任务,一方面是进一步明确目标,强调自我约束、技能互补、团结合作;另一方面要运用建设性冲突来鼓励成员开拓进取,对成员们提出的有利于团队目标实现的、具有创新意义的建议和想法给予鼓励。

4. 绩效阶段。团队发展到此时已进入成熟期,团队的生产效率达到最高,团队规范已深入人心并成为评价团队成员业绩的标准。团队成员更重视他们之间的分歧点而不是相同点,他们开诚布公,沟通交流,相互学习,密切合作,形成了和谐过硬的团队,也建立起了敢于挑战、精诚合作、充分信任、敬业奉献的团队精神。

三、团队成员的分工与凝聚

(一) 团队成员的角色分析

一个团队通常由实干者、协调者、挑战者、创新者、传播者、监督者、主导者、完善者、专业者九种角色组成。这九种角色对团队的有效合作均有助益,缺少哪一个角色,都意味着团队职责无法完成。但这些职责不可能由某个人全部承担。因此,要使团队发挥最佳的组合效应,就必须根据需要完成的任务妥善安排适当的人员担当每种职责。

1. 实干者。他们的特点是:有较丰富的经验;对工作勤勤恳恳,吃苦耐劳;忠于职守,自律精神强;在实际工作中能够有条不紊地制定计划、设定目标和各种规章制度;擅长制定具体操作程序,推进工作的进展和确保工作的完成。但是,他们缺乏灵活性,应变能力较差;对新事物不感兴趣;缺乏激情和想象力;比较保守。他们适合在团队中承担具体实施的职责。

2. 协调者。他们性格温和,乐于交往、善于倾听;遇事沉着、冷静、自信;对事物具有分析判断能力;愿意虚心听取来自各方对工作有价值的意见和建议;看问题较公正客观;他们擅长化解矛盾、在团队成员之间建立合作关系。但是,他们缺乏变革的勇气;缺乏创造力和想象力;有时因注重人际关系而忽略组织目标。他们适合在团队中承担联络协调的职责。

3. 挑战者。他们思维敏捷，思路开阔，能从多方面考虑解决问题的方法；精力充沛，有进取精神，认为达成目标至为重要；不怕矛盾和冲突，积极应对来自各方面的挑战，在压力环境下能够从容处理紧急情况。但是，他们情绪不够稳定，遇事容易冲动，产生急躁情绪；以自我为中心，瞧不起别人，容易伤害他人情感，在团队中引发争端。他们适合在团队中承担开拓和鼓动职责。

4. 创新者。他们思想深刻，思维活跃，知识渊博，具有丰富的想象力和创造性；考虑问题不拘一格，善于提出自己独到的见解；独立性强，喜欢在宽松的环境下按照自己的方式和节奏工作。但是，他们过于自信，以至于不太注重细节问题的处理方式，不拘于礼节，因此，常常使别人感到与他们不好相处。他们适合在团队中承担创新与改革的职责。

5. 传播者。他们性格外向，喜爱交际，具有良好的沟通、谈判和外交能力；有很强的求知欲，喜欢探索新事物和新方法，并通过宣传、利用新创意去激发他人的热情，在别人的帮助下找到资源和办法加以实施；他们不甘寂寞，喜欢变化。但是，他们对事物的估计往往过于乐观，一旦遇到问题，便热情不再，兴趣转移；他们说话不太讲究方式，因而容易得罪人。他们适合在团队中承担探索和公关的职责。

6. 监督者。他们性格内向，头脑清醒，善于观察比较，处理问题理智、沉稳；对人、对事言行谨慎，客观公平，实事求是；善于深入地分析问题，有战略眼光；能够权衡利弊，正确决策；他们关心各种标准及规章制度的建立、完善和贯彻执行。但是，他们比较冷漠、缺乏热情，缺乏对团队中其他成员的鼓动能力和激发能力。他们适合承担团队的控制测评的职责。

7. 主导者。他们成熟、自信，具有较强的自控能力；对工作有强烈的信念，喜欢处在团队的主导地位，列出工作的优先次序，确定他人角色并使成员对自身的角色有清晰的认识；能够承受压力，保护团队不受外力的侵害。但是，他们创意不足，且说得多，做得少。他们适合承担团队的组织与维护职责。

8. 完善者。他们为人处事十分认真，做事勤奋努力，有条不紊，力求完美；追求持之以恒，绝不半途而废；注重承诺兑现，不失信于人；观察分析问题细致入微，常常发现别人注意不到的问题。但是，他们常常焦虑自责，杞人忧天，过于注重细节而不够洒脱。他们适合承担团队各项工作落实的核查职责。

9. 专业者。他们有专业技术知识，是专业领域的人才；专注于个人在专业上的学习、发展，追求自我实现；在专业领域的研究创新上充满激情且勇于奉献；有明确目标并乐于为之奋斗。但是，对于专业以外的事情，他们不感兴趣，不善整体思考，缺乏大局意识。他们适合承担团队专业技术开发的职责。

通过以上分析，我们应该认识到：

第一，没有一个角色是完美无缺的，团队并不是让团队成员没有缺点，而是设法发挥他们的优点，通过他们优点的强强联合，打造团队高绩效。

第二,九种角色是管理学家为深入研究团队理论经过高度抽象后提出的,只能作为理论参考,绝不能在实际中简单套用。

第三,不是所有团队都需要这九种角色,比如,小型团队就不一定要协调者,事务性团队不一定要创新者等,要根据团队需要和特点而定。

第四,角色的作用会随团队发展的不同时期发生改变。团队初期,创新者、主导者和传播者的作用较突出;中期阶段,专业者、实干者和协调者的作用不能低估;当团队遇到困难时,挑战者的作用则凸显出来。但不论什么时候,都离不开团队全体成员的合作,没有合作,团队就失去了它的作用。

(二)努力建设高绩效团队

团队建设的关键是结构合理、技能互补、高度信任、密切合作,为打造这样的团队,组织和个人都应努力。

作为组织一方,要对组织机构进行必要的改进,使其有助于团队建设和工作的开展;要进行必要的团队建设方面的培训,使成员明确自己的职责和应做的工作;要营造有利于沟通的环境,使成员之间能够充分表达意愿和交流信息;要帮助下级成长,为他们提供有力的支持和必要的指导,充分信任并授权,使他们得到锻炼;要创建企业文化,鼓励员工积极投身到团队建设中来;要建立适合激励团队绩效的奖酬制度,既肯定个人的努力,又鼓励团队的合力。

作为员工个人,首先要明确,未来绝大多数企业不再仅仅是个人能力表演的舞台,一个员工的成功不再定义为他个人的绩效,因此,要设法使自己融入到团队中来;要提高自己的技能水准,使自己具备进入团队的资格,有为取得团队绩效作贡献的能力;要提高自己的情商水平,主动与团队成员沟通和交流,相互理解,相互赞赏,相互信任;要谦虚谨慎,杜绝个人英雄主义,学习别人的优点,时刻检查和克服自己的缺点,在谋求团队绩效的同时,谋求个人的进步与发展。

案例

晋升决定

唐娜·霍普金斯是纽约一家著名豪华宾馆的前厅部营运总监。她的工作职责主要是管理前台、预订部、门童,并负责管理酒店大堂的礼宾部(concierge)及贵宾楼层。霍普金斯小姐毕业于一所大学的营销专业,曾获得学士学位,她从事酒店业已经有十几年的时间了。在这家著名的豪华宾馆里她工作已经有七个年头了,任现职也长达四年。在她任职的七年时间里,无论在哪个岗位,她都做得非常出色,而且她在酒店的职务也逐步得到提升。为了使自己得到更好的发展,她渴望能够升到管理层,她相信自己有这个能力。

在刚刚担任前厅部营运总监的时候，唐娜就发现前厅部的工作有些混乱：一是有很多客人对前厅部提供的服务不满；二是前厅部人员变动太快。为此，唐娜制定了严格的培训计划和优质服务计划，结果该计划的实施不仅受到了入住客人的好评，也得到酒店员工的积极拥护。

乔纳森·布赖恩特是本酒店的行政管家（客房部经理），他在这家酒店工作的11年里，曾担任过很多不同的职务，任现职也有四年了。他手下管理着100多名员工，主要负责保持整个酒店一尘不染，这也是入住客人对酒店的基本要求。无论从乔纳森个人的技术能力看，还是从他与下属之间的交往关系看，他一直是酒店的模范员工。在他的部门里，不仅员工的工作效率极高，而且人员的变动也很小。当然，乔纳森也认为自己现在该被提拔重用了。霍普金斯小姐与乔纳森是好朋友，他们都非常欣赏对方的工作能力。

几周前，霍普金斯小姐碰到了一件既扰乱酒店日常运营又损害酒店声誉的事。有一个大型律师代表大会计划周末在本酒店召开，前台员工本以为他们已经做好了充分准备，可以接待好下午到来的参加会议的大批人员。但是，周五下午1点左右，电压突然猛增，导致酒店的计算机登记入住系统无法使用。所有客人的房间预订记录及入住后客人的相关记录全部无法从计算机系统中调出，不管是客人的入住还是退房都只能等到系统恢复正常后才能进行。

为解决计算机系统瘫痪带来的影响，霍普金斯小姐做出相当迅速的反应。她立即与布赖恩特先生取得联系，很快拿到了客房分布图，以确定哪些房间已经住人，哪些房间可以入住。她与住店经理根据目前房间可入住的状况和所签合同中事先预订的房间拟订出一个简明的用房计划表。为了方便查找，他们将这些临时用房计划表贴在前台一间房子里的大架子上，并与客房部协商好，要他们随时向前台负责人提供相关的用房情况。

在这期间，霍普金斯小姐还指示前台负责人将所有入住客人的详情仔细登记注册，以便在计算机系统恢复后能迅速将其存入系统。对于那些要退房的客人可以通过人工核算后给他们办理退房手续。但如果他们同意等到系统恢复后再结账退房的话，酒店愿意在豪华餐厅里为他们提供一顿免费的午餐。酒店总经理亲自将客人送到餐厅，并把具体详情向餐厅员工了解释，要他们把午餐的费用全部打在前厅部/房务部的账上。除此之外，霍普金斯小姐还指示前台大厅里的一个门童协助大厅领班将新到的客人按先后顺序排好队，并适当给予他们一些帮助。在安排客人入住时，霍普金斯小姐也得到了住店经理的主动帮助。

计算机系统在瘫痪了一个半小时后开始恢复正常。当计算机系统恢复正常以后，霍普金斯小姐将所有办理完入住手续的客人资料集中在一起，要求前台员工立即将它们储存在计算机里。之后，他们就开始着手办理客人的退房手续。她与餐厅取得联系，让他们通知那些需要办理退房的客人到前台来。等他们把这一切都处理妥当以后，已经是下午4点了。紧接着，他们又做好了晚上迎接更多的入住律师的准备工作。

星期一早晨,霍普金斯小姐来到酒店,总经理通知她和布赖恩特先生,酒店集团在芝加哥分店的房务部行政总监的位置现正空缺,尽管他对失去他们两人中的任何一个都觉得很惋惜,可他觉得他们两人都该得到提升了,因此,他鼓励他们去应聘这个职位。霍普金斯小姐和布赖恩特先生两人同时申请参加这个职位的应聘,但这并没有给他们之间的关系带来任何影响。两周后,他们得知有11名申请人有条件参加此次应聘,他们两人都在其中。紧接着总公司还要从这个名单中筛选五人出来,继续进行下一轮的竞争,当然,经过筛选后的五人名单中,霍普金斯小姐和布赖恩特先生仍在其中。尽管没有正式宣布,但有消息说入围的五人中,除他们两人之外,还有一人是来自集团内部另一家酒店的经理,一人来自于原来的竞争对手,另一人来自公司总部办公室。

在接下来的一周里,霍普金斯小姐和布赖恩特先生几次飞往芝加哥,参加由公司总经理和人力资源部经理对他们进行的面试。霍普金斯小姐对自己几次面试的表现都非常满意,虽然她嘴上没说什么,但心里对自己得到这个职务是很有把握的。可让她没有想到的是,在她面试后的那一周,这个职位就确定由来自公司总部办公室的那位先生来担任。他是个金融专家,没有多少管理酒店业务方面的经验。遭受极大打击的霍普金斯小姐找到了酒店总经理想知道这其中的原委。总经理对此也觉得很失望,但又解释说公司这么做也是为了选拔优秀的集团公司员工,充实公司的经营队伍,以留住人才。与总经理谈过话的那天下午,霍普金斯小姐就给猎头公司打了电话,在过去的两三年间,这家公司一直断断续续地与她保持联系。

讨论题

1. 你认为公司的决定是否正确?为什么?
2. 公司做出这样的决定实际上意味着什么?
3. 公司做出的用人决定可能会给公司带来什么潜在成本?

(该案例选自蒂莫西·R.辛金编著:《酒店管理案例典型案例研究》,大连理工大学出版社2003年版)

缺少团队精神引起的……

卡梅伦·齐默尔曼先生是环宇饭店集团市场调研部经理。最近,他在集团所属的10所饭店内举办了为期6个月的服务质量检查评比活动。检查的方法是,设计了一份客人调查问卷,发到每个饭店的前厅部。当客人离店时,请他们填写问卷。为了保证问卷的回收率，卡梅伦还特意定做了一批环宇钥匙链作为送给每个填写问卷的客人的小礼物。

每个月月末，各饭店将填好的调查问卷汇集到卡梅伦的办公室进行分析评比。得分最高的饭店可获金星一枚，并赠送给饭店一箱香槟酒供员工享用，还有由集团董事长签发的奖状，挂在饭店的前厅展览。

现在，卡梅伦刚刚汇总出上个月的检查结果。金星饭店已经在评比中第五次夺魁，可以成为集团的标杆饭店。而月光饭店在评比中已经第三次落于末位。卡梅伦详细翻阅了月光饭店的调查情况。下面报告摘录了5月份以来20位以上住店客人对月光饭店服务质量反映最强烈的意见。

1. 客人进客房时，房间经常没有准备好。
2. 客人要求在房间里置放一些诸如儿童床、床头用餐桌等物品，常常没有回复，直到找到值班经理问题才能解决。
3. 客人入住的房间清洁卫生差，客人经常为此而要求更换房间。
4. 客房服务员不知道客人何时来店、何时离店。
5. 客人经常向前厅投诉诸如房间空调不制冷、卫生间漏水等问题，但得不到解决。
6. 前厅接待员在派房时似乎不清楚饭店的房态情况。

从上述意见中，卡梅伦发现，月光饭店的问题主要出在前厅和客房两个部门。因此，他把这些材料转给了集团的业务部经理威尔福德·斯特雷奇先生。威尔福德看了这份材料，当即改变第二天的日程安排，决定前往月光饭店进行考察。

以下是威尔福德与月光饭店总经理托马斯·廷代尔见面后的谈话。

托马斯：您的突然到来，真让我有点吃惊，我能为您做些什么？

威尔福德：确切地讲，不是您为我做些什么，而是我能为您做些什么？直说吧，昨天我在集团总部仔细看了您饭店5月份的客人调查问卷结果，我想坦率地告诉您，客人对您的饭店很不满意，饭店的前厅和客房两个部门之间似乎隐含着许多麻烦。

托马斯：噢，客人都反映了些什么意见？

威尔福德：我带来了一份调查结果的复印件，请您自己看好了。

托马斯：我已经觉察到这两个部门在工作中配合不好，特别是在互相沟通方面有很多问题。但我没想到会发展到这么严重的地步，看来这些问题需要马上解决。

威尔福德：您打算如何解决这些问题？我们总部又能帮您做些什么？

托马斯：我需要一周的时间，同我的前厅部和客房部经理讨论研究，然后我们再见面研究，那时我想就会拿出解决问题的办法了。

威尔福德：您的想法很好，但要注意，下一个月检查评比时希望您的饭店别再压底儿。目前集团总裁对您饭店的情况很不满意。

同威尔福德道别后，托马斯经理回到他的办公室，通知前厅部经理凯瑟琳和客房行政管家安东尼娅下午2:00到他的办公室开会。

会议开始后，托马斯经理首先向两位部门经理谈了上午威尔福德来访和饭店存在的问题。下面是会议的一个片断。

托马斯：正如大家都看到的，客人的投诉意见都集中在你们两个部门。我想今天我们三人坐在一起，共同研究解决这些问题是非常必要的。

凯瑟琳：我认为出现这些问题并不是偶然的。近几个月来，前厅部和客房部员工之间的关系变得越来紧张。

托马斯：安东尼娅，您是否已经注意到这些问题了？

安东尼娅：很对不起，到目前我还没有注意到。我与客房服务员接触不多，一般是由各楼层的主管控制他们的工作。

托马斯：虽然您没注意到这些问题，但这是事实，我们必须拿出办法来解决这些问题。下周我要向威尔福德交出报告，拿出我们解决问题、提高饭店服务质量的建议和意见。

凯瑟琳：我建议，利用我部本周例会的机会，召集全体员工，向他们宣读客人的反映，请他们提出问题的原因在哪儿。安东尼娅女士，如果您的部门也能召开同样的会议，那我将非常高兴，我们可以在一起开会研究如何去协调、解决问题。

托马斯：我同意凯瑟琳的建议。安东尼娅女士，您的看法如何？

安东尼娅：我也同意，我尽力去做。但我不能保证我部员工能完全按照我们的想法去做。

两天后，托马斯和两位部门经理又一次开会，研究两部门召开员工会议的结果。会议的情况如下。

托马斯：两个部门的员工会议进行得如何？

安东尼娅：我部会议开得不很理想，这让我非常担心。我的员工感到饭店把错误都归结于他们是不公平的。今天已有一名员工因此而辞职了。

凯瑟琳：您的意思是说，这些都是我部员工的错误吗？

安东尼娅：我想是谁的错误您自己心里应该很清楚。

凯瑟琳：我认为由于您的工作不得力，不能很好控制您的下属，而您又想把责任推到我部员工的头上。好，让我告诉您，我部有一支出色的员工队伍，为饭店做出了很大的贡献，我只是希望您部员工也能如此。

托马斯：好了，不要再说了。这样无助于问题的解决。问题很明显，还是出在你们两个部门之间的配合、协调和沟通上。我准备去集团总部请他们从业务部派一个人来，对你们两个部门都不偏不向，公正地调查问题，提出解决的方法。

假设您就是集团总部派来的工作人员,您将给予月光饭店怎样的帮助?提出怎样的解决问题的方法和途径?

讨论题

1. 什么是团队精神?
2. 团队精神与工作绩效有哪些关系?
3. 团队精神与沟通有哪些关系?

(本案例原名《团队精神——服务质量管理的灵魂》。选自常殿元、张俐俐编著:《成功·借鉴·思考——旅游与饭店管理案例研究》,旅游教育出版社1995年版)

第六章 领　　导

【学习目的与要求】
1. 明确领导与领导职能、领导与管理的区别和联系。
2. 理解领导的各种权力和领导的内涵。
3. 明确领导的作用。
4. 掌握各种领导理论。
5. 了解领导风格的类型。
6. 理解领导的服务意识。
7. 明确授权的意义、作用，掌握授权的原则。
8. 了解衡量领导效能的各项指标，掌握提高领导效能的途径。
9. 总体把握领导职能的内容并做出自我评价。

　　管理的计划、组织、控制三个基本职能形成了管理活动的一个基本轮廓，但是，以此还不足以有效地实现组织的目标，只有将领导活动同计划、组织和控制有机地结合，才能带领、引导和影响组织中最活跃、有思想、有感情的人，并有效地协调他们个体之间、群体之间的努力，使组织既定目标得以实现。因此，领导职能构成了连接计划、组织和控制的纽带，是管理活动的基本组成部分，也是管理的一个重要职能。

第一节　领导职能概述

　　领导一词在管理学中有两种含义，一种是指人，即领导者；另一种是指活动，即领导行为或领导职能。两者有着紧密的关系。领导者是领导行为的主体，没有领导者就不可能有领导活动；而领导活动是领导者实施领导职能的具体过程，其所产生的效果则是领导者的价值所在。除此之外，领导还不同于管理，但与管理又存在紧密的联系。

一、领导及领导职能

　　把"领导"两个字拆开来理解，可能更合乎管理学中的定义。"领"有带领、率领和领着的意思；"导"则有引导、指导和导向的意思。领导是动态的活动过程，因此，对"领导"最简单的理解就是怎么样"领"着、"导"着人们去实现组织目标。

而作为管理的一个职能，领导是指管理者运用权力和影响力引导与影响下属为实现组织及群体目标而做出努力与贡献的过程。

从定义中我们可以看到，领导是一个动态系统，这个系统包含有四个要素：领导者——运用权力引导、指导、施加影响的人或人群，即领导主体；被领导者——接受主体影响和指导的人或人群，即领导客体；组织目标——领导的目的或领导活动要达到的效果；环境和条件——这是潜伏在定义中的因素，组织目标的确定和引导、指导方式的选择都受这一因素的影响，如果忽视这一潜伏因素，领导将是被动和盲目的。

在领导职能的实施所产生的领导效能中必然涉及领导权力、影响力以及下属对领导者的追随、服从而表现出的执行力。所谓领导权力，是指领导者个人所具有的并施加于别人以影响其心理与行为的控制力，它通常包括由组织地位赋予的由法律、制度明文规定的正式权力和个人素质、威望形成的个人权力。影响力是指领导者运用权力对别人施加作用的过程中形成的结果。领导的效能最终要通过下属对领导者的价值观、期望值等思想、理念的贯彻执行表现出来，这就是所谓的执行力。而执行力的水平如何，一方面，取决于下属自身的能力；另一方面，更重要的是，取决于领导者的权力运用和影响力。

二、领导与管理

领导者是组织中被赋予或实际承担着影响、指导和协调与目标相关的群体或个人活动的个人或集体，是领导职能的主体和核心。领导者可以是任命的，也可以是从一个群体中产生出来的。领导者对下属所产生的影响力不仅来源于职位赋予他的法定权力，更来源于领导者自身的个人权力。而管理者是指那些拥有管理权力的人。他们通常是被任命的，用合法权力即职权对下属下达命令、进行指挥、实施奖励和惩罚。在理想的情况下，所有的管理者都应该是领导者，但是，很遗憾，有些管理人员只能成为管理者而不能成为领导者，究其原因在于，他们只会依赖被上级任命的职权实施管理，下属则因趋"奖"避"惩"而服从管理，无法产生对其自觉自愿地追随与服从。

综合国内外专家、学者的研究成果，领导者与管理者的区别如表 6-1 所示。

由表 6-1 可见，组织中的每一个管理者如果同时又是一个领导者，即不仅用法定权力进行管理，而且更多地运用非职权的个人权力形成的影响力使下属乐于追随和服从，那么这个组织的情况将是十分理想的。

表 6-1

领导者	管理者
创造机构	运行它们
开发与创新	维护与寻求秩序
倾听	说话
经营未来	负责现在
询问"做什么"和"为什么做"	询问"怎么做"和"何时做"
挑战现状	接受现状
做正确的事	正确地做事
授权与他人	控制他人
创造时间	忙忙碌碌

三、领导的内涵

(一) 领导者的权力基础

权力是领导的基础，也是领导者发挥作用的基本条件。在一个组织中，领导者之所以能够带领和引导员工，在复杂多变的内外环境中，克服来自各方面的种种干扰因素，为实现目标而不懈努力，最终实现目标，原因就在于他们拥有相应的领导权力作为保障。

一般认为，领导者的权力基础包括法定权、奖励权、处罚权、专家权和典范权五个方面。在这五个权力基础中，法定权、奖励权、处罚权属于职位权力，而专家权和典范权则属于个人权力。

1. 法定权（legitimate power）。这是来自于组织内部正式的管理职位的权力，是由组织机构正式授予或法律规定的，它是领导者履责尽职必不可少的保证条件，是与其承担的职责相匹配的。领导者在其职责权限范围内，可以决定做什么工作、怎么做、何时做以及由谁来做等。被领导者必须服从领导者依权发布的指示、命令。没有这一法定权力，领导者可能就会"在其位，难谋其政"。另外，凭借这一法定权力，领导者可以获取来自从上到下以及各个部分的别人不容易获得的信息，对这些信息进行筛选、解释，然后传达给特定的组织成员，从而有意识地影响组织成员的态度与行为。

然而，这一职位赋予的所谓"刚性"权力，只有被合理使用，其作用才能得以充分发挥，否则，它的作用可能是最弱的。因为，一方面，别人可以表面服从你、口头服从你，背后则违背你；另一方面，被领导者也拥有宪法、劳动法、合同法、工会法等赋予他们的法定权力，有了这些权力的保证，被领导者可以有效地影响或抵制领导者的领导行为。

2. 奖励权（reward power）。这是来自于职位的，决定对下属给予还是取消奖励、报酬的权力。由于奖励、报酬是下属非常重视的有限资源，因此，奖励权对下属行为有着重要影响。领导者可以在自己的职权范围内决定给下属加薪、晋级、提拔、奖金；或者给下属分配有利可图的、理想的工作，安排职位；或提供进修培训机会、改善工作条件；或给予下属所希望的其他物质资源或口头上的鼓励表扬以及精神上的信任、尊重、友谊；或授予更多的权威与荣誉等。奖励权建立在利益遵从的基础上，当下属意识到服从领导者意愿能给自己带来更多物质利益和精神方面的满足时，就会接受他的领导。

奖励权能否发挥效力，同样取决于其是否被运用得合理，如果奖励对象正确，奖励方式恰当，奖励内容能够满足需要，雪中送炭，这种奖励就能产生良好效果，否则，效果相反。

不要忽视被领导者手中的奖励权，它对领导者的行为及其效果也有着重要影响。当被领导者以积极工作、忘我奉献的实际行动来回应领导者的奖励时，那就是对领导者的最大奖励，这种奖励获得的将是整个企业的飞跃。

3. 处罚权（coercive power）。这依然是一种来自职位的，对他人实施处罚或者是建议进行处罚的权力。它通过对下属从精神上或者是物质上施加威胁，从而强迫下属服从。处罚权的表现形式有批评、罚款、降薪、降职、降低待遇、免职、分配不如意的工作、将负面的资料装入档案从而阻止他以后的升迁等。处罚权的实质其实就是形成一种威慑力，利用人们对惩罚和失去既得利益的恐惧来改变人们的态度和行为，从而迫使他服从领导。应当承认，处罚权的效果是明显的，它可以从反面告诉人们什么事情不应该做，从而限制人们的一些行为。但是，它毕竟在人们心中产生一种消极影响，使用不当会产生适得其反的严重后果。因此，应该慎用。

4. 专家权（expert power）。这是来自于领导者在下属从事的任务领域所具有的专业知识和专门技能的权力。这种权力是以下属的敬佩和信赖为基础，影响下属的行为进而使其产生自愿的对领导者的追随。专家权应该由两方面的专长组成，一方面是本专业领域的知识技能的专长；另一方面是管理领域的专长。一个很懂专业却对管理不精通的人，不会统筹兼顾和调动人的积极性，不能引导下属在本专业领域中取得进展，不能算是一个领导者；一个懂管理对专业却是门外汉的人，在专业技术方面做出的指示可能就不具有权威，因此，也难以服人。所以，一个有效的领导者应该是一个既熟悉业务领域的专业知识和技能，又精通管理领域的理论知识和方法技巧的人。只有两个方面的才能都具备，他才能够获得专家权，员工才能自然而然地服从他，把他当作一位博学的领导者，才能对他心悦诚服。

5. 典范权（referent power）。关于这个权力基础有多种译法，如指示权、感召权、统御权、个人影响权等。实际上它们都是指来自于领导者的个性特征、个人魅力的权力。这种权力通常表现为自信、无私、公正、廉洁、责任感、有魄力、进取、创新、亲和和具有感召力。如果一个领导者具有上述个人品质并善于巧妙地运用领导艺术，他就会很容易获得下属的尊重和依从，会吸引大批追随者，人们在追随服从他的同时还会以他为楷模效仿他的行为。

一个领导者的权力是职位权力和个人权力的综合，两类权力互为补充，缺少其中任何一类权力，领导效果都会受到影响。但是，从作用和效力上来看，职位权力是有限的，当领导者调离所在职位时，其权力也随之消失；而个人权力却不受职位的影响，很多领导者人虽然离开了岗位，但其影响力却依然长久。因此，企业领导者应正确理解权力基础，要敢于用权，还要善于用权，更要注意培养个人权力，树立在下属心目中的威望，提高领导影响力。

(二) 领导的本质

领导的本质是被领导者的追随和服从。如前所述，领导者在实施领导职能时具有法定权力和个人权力两种，如总经理有统驭整个企业的权力，主管就只有指挥管区工作的权力，这就是职权。在正式组织中，没有职权，就谈不上领导，即"不在其位，难谋其政"；来自于领导者本人的品德、才学、能力、资历、经验、良好的人际关系以及依靠职权下达命令和指示的合理性等形成的威信或威望就是个人权力。在这里，职权与服从相联系，威信则与追随相联系，只有当下属为领导者的个人权力所折服，产生一种发自内心的钦佩、崇敬与信任，他才会相信该领导者的政策与指令既有利于企业发展又满足个人需要，才能对领导者乐于追随和心悦诚服。

一个领导者服众的方式有三种：力服、才服和德服。从领导者的角度来认识，力服靠权位，才服靠智慧，德服靠人格。力服只能驾驭一般人，才服能驾驭才智出众者，德服才能驾驭才智胜己者。从下属的角度来看，在权位面前，他被迫服从；在才智面前，他是理智服从；在人格面前，他是衷心服从。而就领导过程和效果而言，三种服众的方式都应具备，不仅要有职权，靠力服，形成一种迫使下级服从的环境，更要有威信、有德有才，创造一种让人们乐于追随的环境。因此，我们说，领导的本质是被领导者的追随和服从。

(三) 领导是一个动态的管理过程

早期管理理论认为，领导是静态的，因此，总是力求寻找一种适用于任何情况的万能的领导方式，希求以"以不变应万变"的简单管理对付复杂多变的内外环境。而现代管理理论则认为，领导是一个动态的过程。领导者特别是高层领导者面对复杂的管理环境，找不到也不可能找到一种绝对好或绝对不好的领导方法，必须依据领导四要素即领导者、被领导者、组织目标及其所处的环境而动态地选择领导方式。这个观念可以概括为一个函数关系：领导 = f（领导者·被领导者·目标·环境），即：有效的领导取决于领导者、被领导者、组织目标和客观环境的相互关系。也就是说，在领导者、被领导者、目标和环境四个自变量中，任何一个自变量发生变化，因变量——领导方式都要随之而发生变化。因此，动态的领导观强调应以足够的灵活性随机制宜地选择领导方式。

四、领导的作用

没有成功的企业领导就没有成功的企业，这一点已得到越来越多的正反两方面经验的证明。由于领导是一个带领、引导下属实现目标的过程，因此，在这个过程中，领导自然就要具有以下作用：

1. 统领指挥作用。领导者要能够胸怀全局，高瞻远瞩，运筹帷幄，不仅自身要对包括各个部分的组织的整体保持清醒的认识，还要帮助组织成员认清组织所处环境和形势，只有这样，才能为企业确定正确的发展方向和引导下属走在通向目标的正确轨道上。

2. 沟通协调作用。在组织实现目标的努力中会遇到来自各方的干扰因素，如不能及时有效地排除，这些因素就会分散组织的注意力、涣散组织的凝聚力、干扰实现组织目标的执行力。因此，领导者应正确运用法定权力和个人权力，通过有效的信息沟通，消除组织成员间因干扰因素而造成的误解，从而将组织内的各种关系和所做出的各种努力协调到组织目标的实现上。

3. 文化建设作用。要使组织的运转状态达到高效与和谐，还有赖于企业文化。而企业文化的形成往往源于领导的理念与价值观。领导者在建立和制定各种政策与制度以及开展各种活动时自觉不自觉地将自身的追求与期望融入其中，并在创造适合本企业特点的文化氛围中使其变成员工的共同追求和自觉行动，从而使员工的行为达到高度一致，企业各部分达到高度整合。

4. 推动组织变革和发展的作用。组织作为一个开放系统，总是处于高度变化的环境中，企业必须与变化的环境保持动态适应，才能保持活力和不断发展。领导不仅深谙此道，而且能够以其特有的专家权和所处职位的法定权去敏锐地发现环境变化的因素与趋势，并能迅速发现它为组织提供的潜在机会，因而积极推动组织变革，促进企业发展。

5. 激励作用。对下属的需要和愿望越是了解，越能给予满足，就越能够激发起他们为实现组织目标自觉做出贡献的热情。为充分调动员工的工作积极性，领导者深知单纯的管理其作用是有限的，因此，他们尊重员工，充分肯定员工的努力与成绩，并采用各种科学方法培养、锻炼员工能力，为员工的发展提供广阔的空间，而且言传身教，身先士卒，用自身的努力为员工树立榜样。

总之，通过管理的计划职能，明确了组织的目标以及实现目标的途径；通过管理的组织职能，营造起了一个高效的组织结构；而通过领导职能，应该在组织中营造一种促使人们全心全意、全力以赴、自觉自愿去实现组织目标的气氛。

第二节　领导理论

不同的领导会采用不同的领导方法。然而，人们发现，有时采用同样的方法得到的结果却大不一样，有时采用不同的领导行为却达到了相同的预期效果。因此，自行为科学产生之后，领导行为及其影响领导行为的相关因素的研究日益受到重视，出现了许多理论。

一、领导特质理论

领导特质理论集中研究具备怎样的素质才能成为一个好的领导者。研究思路就是从已经获得成功的大人物身上找出那些让他们成功的特质，然后按图索骥去寻找未来的领导者。按照领导特质来源的不同解释可将该理论分为传统特质理论和现代特质理论。传统特质理论认为，领导是天生而非后天造成的，甚至认为人的相貌、身高、体型都是领导特质，都会影响领导效果。这些观点现在已很难得到人们的赞同。现代特质理论认为，领导特质是在实践中形成的，是可以通过后天的教育与训练培养的。不同的研究者对领导应具有哪些特质持不同观点。比如，有人研究出了 4 种智能特质；有人研究出了 16 种个性特质；还有人研究出了 6 种与工作相关的特质以及 9 种社交能力等。最有代表性的是美国普林斯顿大学包莫尔提出的企业家应具备的 10 种条件：

1. 合作精神，通过说服和感动赢得人们的合作；
2. 决策能力，实事求是且高瞻远瞩地进行决策；
3. 组织能力，识人善任并充分协调组织的人、财、物力；
4. 善于授权，恰当地集权与分权；
5. 善于应变，对变化能够沉着应对、冷静处理，不仅应变还能制变；
6. 敢于创新，对新事物、新方法有敏锐的感受能力，敢于超越而不循规蹈矩、墨守成规；
7. 敢于负责，对上级、下级、企业、用户和社会有很强的责任感；
8. 敢担风险，自信、果敢，有敢于承担风险的勇气和魄力；
9. 尊重他人，平易近人，认真听取和采纳他人的意见；
10. 品德高尚，诚实守信，公正无私，正派谦和。

尽管研究者试图从领导者身上找到他们独具的优于非领导者的优点，然而我们却常常可以看到，领导者拥有的这些特质非领导者也具备，因此，领导特质理论的研究结论还不足以让人们信服。

二、管理方格理论

这是美国得克萨斯州立大学教授罗伯特·布莱克（Robert Blake）和简·莫

顿（Jane Mouton）于 1964 年提出的研究领导行为的理论。布莱克和莫顿认为，可以将企业中的领导方式概括为两项主要的变数：对生产的关心程度和对人的关心程度。他们以此为横、纵坐标，并将其强度划分为 9 个（1~9）等份，绘制成图，构成 81 个小格，每 1 个小格都是一种关心人和关心生产的程度不同的管理方式的表述。如图 6-1 所示。

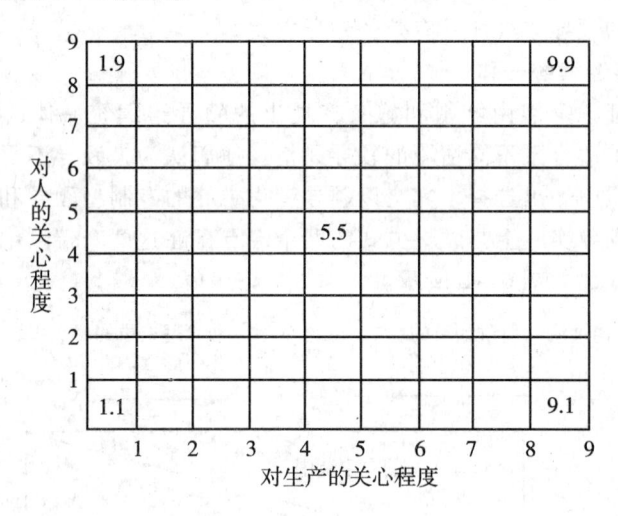

图 6-1 管理方格图

在图 6-1 中，最典型的有五种形态。

1. (1.1)"贫乏式管理"。这是软弱低能的领导者，对职工和任务都不关心，幻想以最小的努力完成任务。这种领导往往放弃自己的责任，只扮演信使的角色，起上情下达的作用。

2. (9.1)"任务式管理"。领导者全神贯注于工作和效率，几乎不考虑或根本不关心人，这种工作方式易引起员工反感与抵触。

3. (1.9)"乡村俱乐部式管理"。领导者很关心人，热衷于融洽的人际关系，但对生产任务考虑甚少，可能导致工作效率低下。

4. (5.5)"中游式管理"。这种领导者力图在工作任务的完成和职工的满意状况之间搞平衡，不把目标定高，对人采取较仁慈的专断态度，结果人际关系一般化，任务完成不突出。这大概就是那种不求有功、但求无过的领导的管理方式。

5. (9.9)"理想式管理"（或称团队式管理）。这是一种协同配合的领导方式，领导者无论对人还是对生产都表现出极大的关心，把组织和个人的需要紧密结合起来，使人们在组织目标上有共同利害关系而相互依赖、相互信任、相互尊重，形成一体化的作战团队。

布莱克和莫顿认为，(9.9)型管理是最佳的领导行为，并据此提出管理人员的培训规划,期望领导者的行为都能达到这个水平。

三、情境理论

情境理论也称为权变理论,这一理论认为,不存在一种普遍适用的、最好的领导方式。有效的领导方式是因情景而权变的。只有因情景即因时、因地、因人、因事制宜的领导方式才是有效的领导方式。

(一)领导连续统一体

由美国管理学家坦南鲍姆和施莱特提出的领导连续统一体,也称领导连续流,系统归纳了适合于不同情境的领导风格。他们认为,领导不是简单地在专制或放任两种方式中做出选择,完全以领导者为中心的专制型领导和完全以下属为中心的放任型领导实际上是领导方式的两个端点,在这两个端点中存在着一系列不同的领导方式,如图6-2所示。

```
领导连续流    管理人员的                    非管理人员的
              权力和影响                     权力和影响
              ──────→                      ←──────

              ┌─────────────────────────────────────┐
              │  管理人员的自主范围                  │
      专制    │                                     │  放任
              │              下属人员的自主范围      │
              └─────────────────────────────────────┘
               ↑       ↑       ↑       ↑       ↑       ↑       ↑
              上级    上级    上级    上级    上级提   上级提   上级允许
              自行    对部    提出    提出    出问题   出限制   下属在规
              决定    属推    设想    可修    接受下   性条件   定的范围
              并宣    销决    并征    改的    属的建   要求集   内自行做
              布      定      求意    暂时    议再做   体共同   出决定
                              见      计划    决定     决定
```

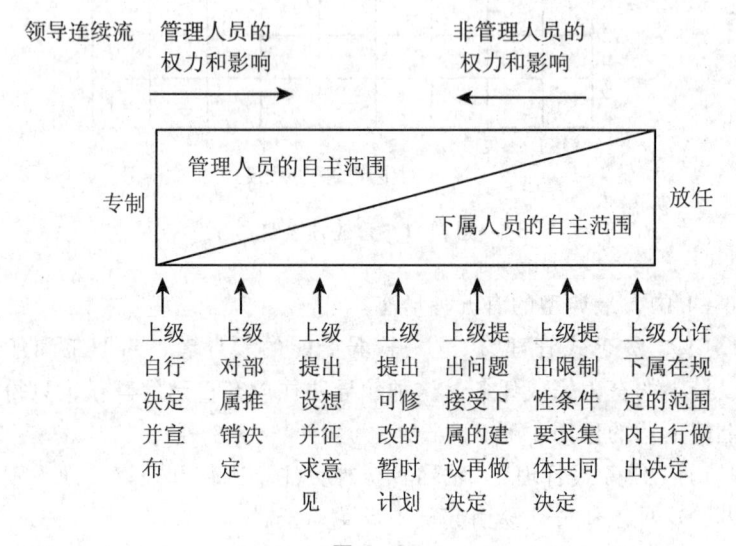

图6-2

图6-2中直线上的任何一点都是一种领导方式。直线两边的空间则代表领导者和下属权力影响,越向左管理者的权力和影响越大,管理人员的自主范围越大;越向右,下属的权力和影响越大,同时下属的自主范围也越大。直线上的任何一种领导方式没有好坏之分,要根据组织的实际情况做出选择。

特别应该指出的是,该理论在1973年被重新研究时,两位专家在原图的外围增加了两个圆圈,一个代表组织环境,另一个代表社会环境,以此表明环境对领导行为的影响以及领导行为与环境因素之间的相互作用,同时强调选择和确定领导行为必须考虑环境的要求与限制条件。

(二)菲德勒的权变理论

这一理论指出,领导是一个过程,有效的领导不仅仅取决于领导者的个性,而且取决于群体的工作环境以及领导方式对群体的适合程度。

经过大量的研究，菲德勒发现，对一个领导者的工作最起影响作用的环境因素有三个：

1. 任务结构，指任务的明确程度和下属对这些任务的负责程度。哪里的任务明确，那里的工作质量就更易控制，下级就有可能比在任务不清的情况下更明确地担负起其工作职责。

2. 职位权力，指领导职位所固有的权力和从各方面取得支持的程度。菲德勒指出，拥有一定明确职位权力的领导者比没有这种权力的人更容易使群体成员遵从他的指导。

3. 上下级关系，指领导者对下属的吸引力和下属对领导者的信任程度。从领导者的角度来看，这方面是最重要的。因为任务结构和职位权力大多可以置于组织控制之下，而上下级关系则直接影响下级追随领导者共同工作的程度。

菲德勒根据这三种因素的情况，将领导者所处的环境因素从最有利到最不利组合为八类，并逐一指出领导者在这八种情况下所应采用的领导方式，如表6-2所示。他总结出在非常有利和非常不利的领导环境中，以工作为主的领导方式能获得好的成效；在中等环境中，以人为主的领导方式和有效的群体工作联系在一起。

表 6-2

顺序号	1	2	3	4	5	6	7	8
上下级关系	好	好	好	好	差	差	差	差
任务结构	明确	明确	不明确	不明确	明确	明确	不明确	不明确
职位权力	强	弱	强	弱	强	弱	强	弱
领导方式	以工作为主	以工作为主	以工作为主	以人为主	以人为主	以人为主	以工作为主	以工作为主

菲德勒的研究表明，某一领导风格的成功与否，取决于该领导风格是否运用于适当的环境之中。同时，他认为，个体的领导风格通常是稳定的、不容易改变的，因此，提高领导有效性实际上只有两条途径：更换领导以适应情境，或改变情境以适应领导。

（三）路径—目标理论

这是加拿大多伦多大学教授罗伯特·豪斯提出的一种领导权变理论。该理论认为，领导者的责任是帮助下属达到目标。因此，有效的领导者应该通过为下属指明目标和实现目标的途径，帮助他们排除各种障碍和危险，使下属的行动更为容易，以增强员工满意度，提高工作绩效。该理论的基本模式是：分析并依据情境要素选择适宜的领导行为方式。

路径—目标理论提出的两大情境因素是：下属的个性特征和工作环境。下属的个性特征包括能力、技能、需要、动机等。工作环境则包括任务结构化的程度、职位权力的大小和规章制度对员工的约束程度、下属的受教育程度和人际关系状况等，这一要素的内容与菲德勒提出的环境因素的内容相类似。

该理论提出的领导行为有四种：支持型、指导型、参与型和成就导向型。支持型领导友善、关心下属需要，支持员工工作；指导型领导能准确告诉员工该做什么和怎样去做，使员工在需要时获得必要的指导；参与型领导常征求员工意见，鼓励下属参与决策并采纳他们的意见；成就导向型领导充分信任下属，为他们设定挑战性目标，鼓励他们学习和创造新的业绩。罗伯特·豪斯与菲德勒不同的是，他认为，领导者的领导风格是灵活的，同一位领导者在不同的情境下可以表现出不同的领导风格。

按照路径—目标理论：当任务不明确或压力过大时，指导型领导能导致更高的满意度；当下属执行程序化程度较高的任务时，支持型领导更能提高工作绩效；组织中的正式权力越明确，层级界限越清晰，领导者越应表现出支持性行为，减少指导性行为；自控能力强的下属对指导性风格更满意；当任务结构不明确、程序化程度不高时，成就导向型领导更有利于提高下属的绩效水平。

四、生命周期理论

这是由美国管理学家保罗·赫塞和肯尼斯·布兰查德提出的又一个领导情境理论。他们在菲德勒研究的基础上又补充了一个影响领导方式选择的重要因素——成熟度。认为，依据下属的成熟度选择正确的领导风格会取得领导的成功。这一理论后来发展成为领导生命周期理论。赫塞和布兰德将成熟度定义为：个体对自己的直接行为负责任的能力和意愿，主要指工作成熟度和心理成熟度。前者包括一个人的知识和技能；后者则是一个人做某事的意愿和动机。

生命周期理论使用任务行为和关系行为作为领导的两个维度，具体细化组合后形成四种领导风格，如图 6-3 所示。

关系行为	参与	推销
	授权	指示

任务行为（低→高）

图 6-3

（1）指示型领导风格（高任务—低关系）。对于那些刚刚接触工作、需要主管指导的人予以直接的监控教导。领导者会随时告诉他们要实现的目标、目标的期限以及实现目标的具体步骤，告诉他们该怎样做以提高他们的成熟度。

（2）推销型领导风格（高任务—高关系）。对于那些需要在信心上提高的人给予指导与支持。在下属的成熟度有所增长时，领导者应运用支持性行为来鼓励他们，应花时间与他们交谈、帮助他们明确个人职责和所要达到的业绩标准，听取他们的意见，但是，控制权应握在领导者手中。

（3）参与型领导风格（低任务—高关系）。领导与下属进行讨论，提供建议，共同决策。随着下属成熟度的提高——他们工作的能力和动力都大大增强，他们知道他们该做什么，此时领导者的任务是为他们创造便利和与他们沟通。

（4）授权型领导风格（低任务—低关系）。当下属成熟度很高时，领导可将确定问题、开发解决方案的权力交给下属。领导一般不介入他们的工作，除非他们需要帮助和支持。

这种视下属成熟度确定领导方式的理论，给我们提供了一种简单却科学的方法，与其他领导理论综合使用，会有更好的效果。

第三节 领导影响力

如前所述，领导是一种对人产生影响的过程。领导对人产生影响不仅取决于权力，也取决于他的领导风格、自身素质和领导艺术。

一、领导风格类型

（一）执行型领导

执行型领导也称为事务型领导，他们规定下属的角色，说明对下属的任务要求，制定任务结构，尽量考虑并满足下属的社会需要，通过满足需要来提高工作效率。执行型领导者非常擅长履行管理职能，使组织的工作高效且顺利地运转，他们勤奋、宽容、公正，遵从组织的价值观和各种行为规范。执行型领导对任何组织而言都是需要的，但是，在变化的环境中，这种领导的欠缺就会表现出来。

（二）魅力型与愿景型领导

这是一种靠领导者个人魅力和为下属提出富有极高诱惑力的愿景，影响和带领组织成员去实现组织目标的领导方式。领导者的魅力表现为一种信念、一种激情和一种感召力，它能引起下属的认同、信赖和钦佩，能够对下属产生强大的吸引力，使员工很自然地将其看成心目中的英雄、偶像，从而产生自觉追随的行为。魅力型领导能够激励组织成员充分发挥自身能力，克服困难，忘我工作，形成团队合力，提高组织绩效。

魅力型与愿景型领导者的影响力通常来自于：（1）品德高尚、坚定自信，具有全面的优秀品质；（2）提出组织成员共同认可的、希望看到的、崇高而且美好的愿景，使人们对这一愿景深信不疑，相信理想能够变为现实；（3）塑造企业价值观和营造企业文化氛围；（4）尊重和信任下属，平等对话，认真听取和采纳意见。

（三）变革型领导

这是一种鼓励下属对现状提出质疑，帮助下属用新方法分析老问题，不断为组织带来创新和变革的领导方式。具有这类风格的领导者不依赖有形的规章制度和传统的管理方式去处理组织中的问题，而是注重员工的需要和关注点，大胆创新并鼓励下属共同参与组织变革，致力于群体或组织利益。

变革型领导认为，领导力就是关乎于变革的，其风格主要体现在：（1）拥有积极的自我认识，勇于创新，追求卓越；（2）在鼓励新思想的同时有条不紊地向旧制度提出挑战；（3）对员工进行教育、指导，给予关怀、照顾，通过赞赏员工的成就来激发他们的热情与忠诚；（4）通过授权给下属，来帮助他们摒除各种影响变革推进的障碍；（5）将富有挑战性的工作交给每一个值得信赖的下属，增加他们的责任感和创新的勇气。当然，完成这些工作的前提是，变革型领导首先应具有领导魅力。

魅力型领导和变革型领导都是站在执行型领导的肩膀上形成的，由于这两种领导风格更容易对下属产生心理上和情感上的震撼与影响，因此，所导致的下属的努力程度和绩效水平也更高。

二、领导的服务意识

领导的过程是责任、权力、服务三位一体的工作过程。

首先，领导意味着责任与权力的统一。有权的不承担责任，负责任的没有权力作保证，两者脱离，必然造成弊病，或者由于权力过剩而产生官僚主义、以权谋私；或者由于权力不足而无法实施真正的领导，从而挫伤领导者的积极性。

其次，领导过程不仅意味着尽责用权，而且还意味着服务。领导者要明确自己的服务对象。服务不仅是对上级，更是对下级，要用好手中的权力，为企业员工切实解决实际困难，全心全意为员工服务，充分调动员工积极性，带领大家朝共同的目标而努力。领导就是服务的观念和行为，领导者有了服务意识，同时产生相应的行为，才能在员工中获得威信和支持。

传统的领导过程是以任务为中心，强调从最高领导者到最低管理者的正金字塔的逐级向下授权、逐级对上负责的指挥结构。而以人为中心的管理方式提出后，领导的过程则体现为强调服务的倒转的金字塔，如图6-4所示。

很显然，倒金字塔的领导结构与正金字塔的领导结构有着很大区别。在倒金字塔结构中，人们注意的焦点是顾客，因为顾客是企业的衣食父母。直接为顾客提供优质服务，壮大和稳定顾客队伍，不断吸引顾客的是一线员工和基层管理

正金字塔：以任务为中心的权责指挥系统

倒金字塔：以人为中心的责任服务系统

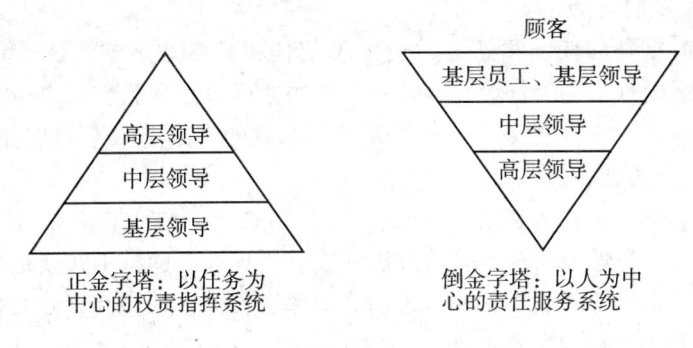

图 6-4

者。而为一线员工服务，消除他们的后顾之忧，使他们以满意的心态全身心投入到生产与对顾客服务工作当中的是中层管理者。为中层领导者提供服务的，无疑是高层领导者。这种"顾客至上，员工为本，逐级服务，层层负责"的倒金字塔的新职能结构与传统的正金字塔的权责结构相配合，就形成了责任、权力、服务三位一体的现代领导思路。

三、信任与授权

领导影响力还表现在对员工的信任与授权上。正像企业中不可能一个人将实现企业目标的全部工作承担起来的道理一样，随着企业的发展以及相关因素的日益复杂，由一个人来行使所有的决策权和指挥权也是不可能的。因此，领导者经常面临着授权的问题。

授权是指授予下属一定的职权，使之具有相当的自由行动的范围，以完成特定目标的活动。在授权中，授权者对被授权者有指挥监督的权力，被授权者对授权者有完成任务和报告的责任。

（一）授权的意义

授权的重要意义在于：

1. 授权可以使下属拥有实现目标所必需的权力，自主履行职责，简化工作程序，防止权责不明，有利于组织目标的实现。

2. 授权是领导者的分身术，可以使领导者从烦琐的事务性工作中解脱出来，集中精力和时间处理重大问题。

3. 授权可以激发下属的工作热情，增强其责任心，调动其积极性，使其认真负责地做好相关的各项工作。

4. 授权可以使下属得到培养和锻炼。下属在自主运用权力和履行职责中，其管理能力和素质会得到提高。

5. 授权可以密切上下级之间的关系，在信息沟通中，相互学习，取长补短，加强合作，团结共事。

（二）授权的前提

授权的前提是信任。领导者对员工不信任，凡事亲力亲为，久而久之会导致：上司独断专行；下级依赖、从众；上下级之间关系紧张，没有凝聚力，企业效率低下。因此，应改变观念，在充分信任下属的基础上赋予他们相应的权力，鼓励他们自主地完成工作。

1. 领导首先要树立员工是企业巨大财富的观念，努力建立信任的平台。要相信员工，用人格魅力以及正确的方法感染、引导和鼓励员工，使他们在自觉自愿的追随中，充分地释放与发挥自己的聪明才智。领导者要有识才之眼、用才之能，还要有爱才之心、容才之量。

2. 信任的基础来自于沟通。企业应坚持进行信息沟通、感情交流和文化融合。要鼓励经常交换意见和公开讨论问题，使人们的意见和目标逐渐趋于一致；要经常进行情感协调，拉近员工彼此间的心理距离，使人们彼此依赖，同舟共济；要加强企业文化的建设，使来自不同文化背景下的员工在文化融合中对企业使命、目标、价值观产生共识，形成一致的努力和共同的追求。

3. 艺术地表达领导者对下属的信赖。领导者应善于制造和利用一些机会，巧妙地、不露痕迹地表达自己对员工的信任，让员工产生自尊与自信，使员工更有信心和勇气承担更重要的工作，更愿意展示和贡献自己的才华。

（三）授权的原则

授权的形式有多种：口头授权与书面授权；个人授权与集体授权；随机授权与计划授权等，然而不管怎样的授权都应该坚持以下授权的原则。

1. 根据目标需要适度授权的原则。即以是否有利于组织目标的实现和工作任务的完成为标准，来考虑是否应该授权和授权的范围等，既要防止授权不足，也应避免授权过度。

2. 因事择人、视能授权的原则。即授权之前应对被授权者进行严格考察，务求将权责授给最合适的人选，避免因选人不准而给工作造成危害。

3. 责任绝对性原则。即领导者将权力授予下级，但仍须承担领导责任。由于组织自上而下的授权，职权可以向下移动，但领导者的责任是绝对的、不能转移的。

4. 权、责、利对等原则。即授予下属权力的同时应考虑其承担的责任和应该得到的报酬相互匹配，确保被授权者能够用好权、尽好责，以及在取得成功之后应该获得的利益。

5. 充分信任、有效监控的原则。授权基于相互信任，因此，授权之后，领导者应放手让被授权者大胆工作，但同时也应建立双方认可的任务标准和监控措施，必要时实施监控手段，如指导、惩戒甚至收回所授予的权力，以防止所授之权失控。

（四）授权的步骤

授权是一个过程，它包括以下步骤：

1. 分派职责。根据任务要求，选好被授权者，然后下达工作任务。要将任务内容、完成标准、规定期限、具体要求、最终成果等交代清楚。

2. 授予权力。根据职责内容及大小，授给下级相应的权力，并明确指出权力界限和权力使用的限制条件，使授权者和被授权者对此达成共识。

3. 告知他人。要将授权活动通知与之有关的组织内外人员，让他们知道被授权者和所授权力，一方面避免造成冲突；另一方面也能为被授权者更好地完成所交付的任务创造条件。

4. 建立反馈控制机制。这是防止授权失控的有效措施。通过信息监控能够及早发现问题加以纠正，从而保证任务目标的如期实现。

5. 考核评价。工作任务完成之后，要对授权效果和实际绩效进行实事求是的考核与评价。考核评价最终要与利益挂钩。

四、领导效能

要使领导产生更重要和更广泛的影响力，应该强调领导效能。领导效能是指领导活动在实现组织预期目标的过程中所发挥的作用和产生的实际效果。领导效能是领导活动的衡量标志，也是领导水平的总体反映。

（一）衡量领导效能的指标

领导效能是一个综合的概念，因而不可能用一个固定、统一的标准对其进行衡量，但通常可从以下五方面反映出来。

1. 企业凝聚力。领导者正确运用法定权力和个人权力，使企业员工乐于追随和服从，对企业有较高的满意度和忠诚感，相互之间的关系和谐融洽。

2. 员工评价。对企业目标理解，对各项政策满意，因而绝大多数员工能够高度评价所在企业和群体，并能与企业形成命运共同体。

3. 员工绩效。领导通过满足员工物质与精神的需要和制定各种公平合理的措施，搭建平台。在这个平台上，员工的工作热情得以发挥，个人潜能得以展示，员工和企业的绩效水平不断提高。

4. 沟通状况。企业有高效的信息沟通渠道，且能随时保持顺畅。领导能及时传达信息和获取信息，并据此对企业政策、自身领导方式以及相互关系做出必要和及时的调整。

5. 目标的实现。领导的作用是加速实现目标，推动企业发展。因此，是否实现目标和目标实现的程度，就成为衡量领导效能的重要尺度。目标不仅包括经济目标，也包括社会目标和发展目标。

（二）提高领导效能的途径

如我们在本书其他章节叙述的那样，领导者掌握授权艺术、沟通艺术、用人艺术、激励艺术等对增强领导效能都有重要帮助，除此之外，掌握一些其他途径对于提高领导效能也是具有重要意义的。

1. 变个人执行力为企业执行力。领导者个人执行力与企业执行力是两个完全不同的概念，前者是一种个人的能力；后者则是组织的能力。领导者个人能力固然重要，但它对于企业领导效能而言是不稳定的，它会因领导者的更换导致企业领导效能发生变化。而企业执行力作为一种制度性能力，它是相对稳定的。企业有了这种能力就不会出现因领导者交替而导致企业制度大调整、人员大换血、企业大起大落甚至因此而衰败下去的现象。因此，提高领导效能要变领导者的个人执行力为企业执行力。美国著名管理学家吉姆·柯林斯在其 1992 年出版、后来成为畅销书的《基业长青》中有这样一段话，"假如你遇到一个有特殊本领的人，这个人不论是在白天或黑夜的什么时候，只要看一下天上的星星或者太阳，就能准确地告诉你当时的时间，那在我们看来这个人一定很神。然而，如果这个人不告诉我们时间，而是制造一种时钟，让它永远向我们报时——即使他去世了也不怕，那么这个人不是更神吗？"显然，领导者应作"时钟制造者"，而不是集中精力去发展"报时者"所具有的那种个人品质。要像建筑师那样，全力以赴地构建卓越公司的组织特色，专心致志地建造当自己卸任之后组织依然能够长久兴旺发达的企业机制，奠定企业长盛不衰的基础，使企业能够持续发展。

所以，企业执行力要通过领导者用组织、制度、文化来实现。

2. 用"二八法则"分析和解决问题。"二八法则"又称"帕累托法则"，是意大利经济学家帕累托在 19 世纪末发现的经济规律。他发现，在经济活动中，少数群体显得更为重要，比如，20% 的人口掌握 80% 的财富；20% 的产品创造 80% 的利润等。因此，这个法则也称为"重要少数法则"。"二八法则"具有普遍意义，它在企业管理活动中同样适用。用"二八法则"分析，企业中 20% 的重点项目、重要工作会产生 80% 的效益。但是，如果未作准确分析，对于那些企业的劣势项目，则可能投入 80% 的资源，却只能带来 20% 的效果。因此，应对企业整体工作进行综合分析，按照工作的重要程度、带来业绩的大小和未来发展趋势的优劣进行排队，首先找出支撑企业运转的最基础的工作，投入必要的精力将其做好。然后将平时投入少但绩效显著，上升空间大的项目作为优势项目；将平时投入大、但业绩增长不明显的项目作为劣势项目；将绩效增长起伏最大的项目作为发展项目。这样我们就可以明确企业工作的重点和突破点，合理分配时间、精力和资源，抓住牛鼻子，全力进攻，以点带面，使企业其他工作顺势而上。

运用"二八法则"的难点在于，在企业可涉足和已经涉足的领域中找出自己最擅长和能够干得最好、取得业绩最大的项目；在桩桩件件看似重要的工作中找出最重要、最正确、最应该干的事情，即明确该做什么，不该做什么，对此做出取舍。为此，我们应该掌握以下标准：（1）注重未来而不是过去。即舍掉那些过去取得很好的业绩但未来前景不再看好的项目。(2) 注重机遇而不是难题。抓住了机遇，投入 20% 的精力会获得 80% 的回报，若纠缠在难题上，投入 80% 却只能获得 20% 的成果。(3) 注重创新而不是追求保险。创新在面临挑战的同时也会带来机会，而追求稳妥，不敢冒风险，只能是徘徊不前。

因此，"二八法则"是使管理工作变得简单的艺术，也是提高领导效能的重要方法。

3. 有效运用时间。时间是一个限制因素，也是一项特殊资源。它买不来；借不到；无法储存；完全没有替代品；虽然做任何事情都需要时间，但不管需求量多大，它的供给都无法增加；由于它日复一日，年复一年，因此许多人认为时间取之不尽，用之不竭。然而，时间稍纵即逝，昨天的时间过去了，永远不会再回来，所以，时间是稀缺的，也是我们用任何方法都无法额外获得的。因此，领导者要提高领导的有效性，就应该非常珍惜时间、能够合理分配时间和有效运用时间。(1) 诊断自己的时间，分辨出哪些是必做的事情，哪些是浪费时间而无助于企业绩效的事情；(2) 每天首先做最重要的工作，不要因为这一工作有难度而回避它，要把它安排在时间和精力都最充沛的时候做，并把它做好；(3) 不要让危机出现第二次，危机的处理通常要花费领导者很多的时间和精力，因此，要将一项可能重复出现的危机事件总结成一套系统的、有步骤的、人人均可处理的方式；(4) 授权给他人，让其分担工作，节约时间干更重要的工作；(5) 每天留一点机动时间处理可能出现的突发事件，避免因突发事件而干扰正常工作的进行；(6) 减少因人多、会议多、信息不准、沟通失灵等因素造成的时间浪费；(7) 领导者同时要杜绝因自身原因或组织缺陷造成的对于别人时间的浪费。

案例

员工为何庆祝她的下台

1999 年跃升为美国惠普公司执行长，曾经一手主导计算机产业史上最大宗购并案，连续六年被《财经》杂志选为美国最有权力女性，道·琼斯工业指数 30 只成分股中唯一女执行长菲奥莉娜（Carly Fiorina），于 2005 年 2 月 9 日被惠普董事会请下台。为什么？

综合美国《金融时报》、《华尔街日报》、《商业周刊》的报道，菲奥莉娜下台的始末大多环绕在她个人领导风格上的争议。她自上任以来，明星似的外表，出自名设计师的发型与服装，空中飞人般的全球穿梭拜会、演讲，一直是媒体的焦点以及众多企业家的典范。然而，不少批评也指出，她自视甚高，而且不肯虚心听从他人意见，让惠普员工怨声四起，招致"刚愎自用"的评语。

菲奥莉娜动辄砍人立威却不反省检点的作风，也深为惠普员工所诟病。她曾经一口气裁掉惠普6 000名员工，并在2002年公司获利不如预期时，于财报公布数天后，即将老臣主计长库金哈姆（Ray Cookingham）撵走，却不见她以公司掌舵者的身份"下诏罪己"，反而在当年度要求董事会为自己加薪。

根据报道，惠普员工在听到菲奥莉娜下台的消息后，开香槟庆祝，并且不断在公司内部留言板留言怒骂她，逼得公司不得不关闭留言板。另外，菲奥莉娜下台当天的股票市场，惠普公司股价居然以悖逆常情的大涨7%作为庆祝行情。

讨论题

1. 领导是什么？领导的影响力应如何确立？
2. 菲奥莉娜的领导风格怎样？她行使权力的基础是什么？
3. 为什么菲奥莉娜下台，员工开香槟庆祝？

（此案例摘自［中国台湾］陈念南著：《管理学教授错在哪里?》，上海大学出版社2006年版。案例标题及讨论题目由本书编者另行设计）

这张"金卡"还有效吗

在现代酒店中，"金卡"往往是会员的标志，或者是能够在一定期限内可以享受到某种优惠的凭证。但是，有一位专门研究旅游饭店业的专家却遇到了一个意想不到的难题。

下面是他本人的一段故事：

我有一张有效期1年的金卡，并且附有一张优惠券，在7月快到期的时候，我去上海波特曼丽嘉酒店进餐，不料却在结账时发生了问题。我递上金卡和300元优惠券时，收款员说过期了。我提出金卡上写明是7月，应该有效，但仔细一看，优惠券上签的是6月30日。账台跟我说，金卡打折有效，但优惠券过期了，不能抵用。我当即投诉。因为优惠券是附着金卡一起的，两者必定应该同时生效和失效。现在金卡有效而优惠券失效显然是荒谬的。若有责任，不在客人，而在酒店。时间已经很晚了，餐厅没法与金卡办公室和酒店其他负责人联系。结果，收款员当即果断决定，优惠券有效，仍可抵用300元消费款，只要我签个名即可。事情快速处理掉了，我满意而归。

讨论题

1. 请问收款员有权力这样做吗？
2. 如果收款员要真有权这样做，那是基于什么基础？

3. 这个基础在管理学上有没有依据？什么依据？

背景资料

这就是丽嘉酒店管理中最著名的授权（Emdower），在美国的丽嘉酒店，一线服务员有 2 000 美元总额的处置权，在这里，我不清楚有多少，但显然，餐厅主管员和收款员都是有权的。一般酒店基层员工在面对无法判断优惠券是否有效的情况下，必然站在酒店和自身的立场，谨慎从事，暂按全额正常收费，待第二天（或更久）搞清后再作决定。更多的酒店和餐馆则会强词夺理，把责任推给客人，指责客人没看清失效日期。

丽嘉的做法显然立场不同，它首先考虑客人的便利，把多收的 300 元钱先退还给我，并表示歉意，丝毫没提事情搞清后我是否可能还要补交餐费的问题。也就是说，基层员工没有请示汇报前就根据顾客满意和自己的判断"擅自"做主处理了。没有高度内部授权的管理机制，员工绝不可能冒着自己个人赔钱的风险来取悦顾客。

事后，我跟踪调查，问题出在金卡俱乐部。原有优惠券是办理金卡手续时当即给顾客的，而金卡是送到香港去制作的，这样就造成了 20 多天的滞后。酒店根据我的这一投诉，亡羊补牢，迅速有效地解决了金卡与优惠券时间差的问题。

评议

你能否就以上的背景资料再做一点管理学方面的评议？

第七章 激 励

【学习目的与要求】
1. 明确激励的概念与过程；了解激励的要素及其在激励中的作用；理解激励的作用。
2. 理解并掌握各种激励理论。
3. 理解并掌握各种激励方法。
4. 理解并掌握实施激励的原则。
5. 总体把握激励职能的内容并做出自我评价。

激励，简单地说，就是激发鼓励他人去干事情。组织是由人构成的，组织目标是靠人去实现的。然而形形色色的人是带着不同的工作目的，从不同的环境中和背景下走到一起的，他们的个人目标与组织目标不尽一致，他们的追求和努力程度与组织要求也存在差距，因此，管理者的首要任务就是要把这些个性鲜明的人统一协调在组织目标之下，将他们的思想和行为引导到实现组织目标中来，使实现组织目标变为他们每一个人的共同追求，充分调动组织成员的积极性，激发他们的工作热情和内在潜力，使之服务于组织目标的达成。

第一节 激励的基本概念

一、激励过程与要素分析

(一) 激励与激励过程模式

所谓激励，就是管理者遵循人的心理和行为规律，运用各种管理手段，借助信息沟通，刺激员工的需要，激发员工的动机，使其产生某种有利于组织目标实现的行为，以有效实现组织目标的过程。

心理学研究发现，人的行为是人与环境相互作用的结果。人在特定客观环境的影响和作用下会产生某种需要，这种需要未得到满足时，会产生一种紧张和不安的心理状态，当遇到能够满足需要的目标时，这种紧张不安就会转化为动机，在动机这种内部驱动力量的推动下人们开始产生行为，行为则指向能够满足需要的目标。一旦目标实现，需要获得满足，心理上的紧张和不安就会得以消除。于是人又会产生新的需要，激发新的动机，引起新的行为，去追求新目标的实现。如此循环往复。如图 7-1 所示。

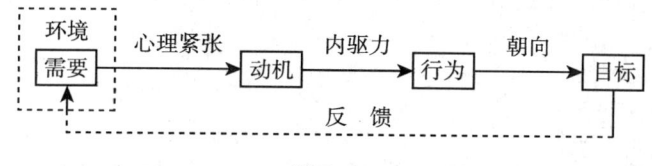

图 7-1

图 7-1 反映了个体行为产生的一般规律，也揭示了激励过程的一般模式。

（二）激励要素分析

从激励定义和激励模式中，我们可以看到激励包含五个基本要素。

1. 刺激因素，这是激励的条件。刺激因素来自于客观环境。人对于各种外部刺激都会产生相应的反应。这里的刺激主要指管理人员设计的管理环境、制定的各种管理制度和采用的管理手段，通过刺激让人们产生需要。

2. 需要，这是激励的基础。需要是人们对某种目标的渴求和欲望，它可以表现为想要获得某种事物或开始某一活动的意念，也可以表现为想要避开某一事物或停止某一活动的意念。需要是一种心理体验，这种体验越强烈，由它引发的行为越积极。因此，人的需要是积极性产生的本源，了解人的需要，才可以确立激励的出发点。但必须明确，只有未被满足的需要才具有激励的作用，需要一旦满足，这个需要就不再构成激励。

3. 动机，这是激励的核心。人的需要产生时，往往没有明确的目标，它只是一种体验。当这种体验与外界能够满足需要的具体对象建立联系时，需要就转变成为动机。动机是导致人们产生行为并使行为指向满足需要的目标的内部驱动力。通过动机激发，人们就可以产生预期的行为。

4. 行为，这是激励的目的。在动机的驱使下，人们会产生特定的行为以满足需要，实际上，人的行为是其需要与动机的外在表现。管理人员可以通过观察分析员工的言行，来了解和掌握员工的需要与动机，再根据需要与动机，来确立激发和引导人的行为的目标。

5. 目标，这是激励的结果。在管理激励中，目标不仅是员工个人行为的目的，也是组织预期的结果。目标的实现可以消除员工个人的紧张与不安，满足需要，更可以带来组织的发展与进步。然而只有科学、合理的目标才能带来这种效果。目标的科学性表现在，应将个人目标与组织目标有机结合，即：实现目标对员工个人和组织都有利，使员工能将组织目标转化成为个人目标，在努力追求个人目标实现的过程中推动组织目标的实现；目标的合理性则强调，目标的高低要适度。太低的目标不能激发员工潜力，太高的目标则让人望而生畏，只有目标适度才可以调动人的积极性。

总之，激励过程模式反映的是激励的原理，它对管理者对员工实施有效的激励有着重要的指导作用。它可以让管理者明确：激励的起点是了解员工的需要；激励的重点是员工动机的激发；引导行为是激励的关键；而要正确引导员工行为，工夫要下在树立目标上。

二、激励的作用

通过满足需要、激发动机、引导行为、实现目标这一激励过程，人们通常处在满意或高度满意的状态。此时，人们的工作热情、创新精神与能力将能够得到充分的发挥。因此，激励是一部挖掘机，能将蕴藏在组织深层的金矿——人的聪明才智开发出来，并转化成为企业巨大的财富。激励的作用具体表现在以下四个方面。

1. 有利于引发员工的工作欲望，调动员工积极性。有研究发现，高水平的员工激励是与组织良好的绩效和丰厚的利润相伴而生的。在缺乏激励的环境中，人员只发挥出他们自身能力的20%~30%，而在良好的激励环境中，同样的人员却能发挥出自身能力的80%~90%。这表明，激励可以调整和改变一个人的心理和行为状态，激发他的工作欲望和热情，使其智力和体力的能量得以充分地释放，从而导致产生积极的行为。

2. 有利于形成共同的立场，增强企业凝聚力。共同立场是指企业上下级之间和各部门之间以及人与人之间的一种心理默契，这是企业发展的前提。随着科技发展，传统的监督和刺激方法的效用下降了，人们在管理中追求和谐的氛围，实现自我控制来达到组织目标的要求增长了。而激励可以架起一座沟通的桥梁，使彼此间互通信息、相互了解，进一步在共同的价值观和共同的目标的基础上达到相互理解，相互支持，荣辱与共。通过相互尊重与信息分享，企业员工的主人翁意识和责任感以及对组织的信任度和忠诚度都会得到提高，因而企业的凝聚力和战斗力会大大增强。

3. 有利于员工自我完善，提高综合素质。当激励将员工的工作热情充分激发出来之后，员工会怀着愉悦的心情，自觉地将自己的智慧和能力投入到工作当中。在工作中他们发挥专长、增长才干，补充新知识的要求不断提高，学习、发展、进步的愿望更加强烈。因此，他们会积极寻找学习的途径，努力学习与自己专业相关的知识和方法，组织再采取切实有效的方法满足他们的需要，员工的业务素质和综合水平会得到提高，这对组织的进一步发展将是十分有利的。

4. 有利于激发员工的创新精神，增强企业竞争力。人们在不得已、不情愿的情况下通常很难产生工作热情，充其量是被迫进行体力劳动，很难有创新和工作效率。而激励通过满足人们的需要，为人们营造愉悦、和谐、健康、安全的工作环境，使人们乐于工作、享受工作，对工作结果充满着期待与渴望。为使工作结果更加圆满，也为了自身价值通过工作结果得以展现，人们不满足于维持现状，会自觉开启想像和创新的大门，不断使企业的产品、技术、管理等更新，领先于市场。企业竞争力就在不断创新中得以增强。

第二节 激励理论

早期人际关系理论之后,心理学家和管理学家对于人的动机激发、激励机制与激励方法等作了大量研究,形成了许多著名的理论。这些理论大致可分为三类:内容型激励理论、过程型激励理论和行为改造型激励理论。

一、激励理论的演变

伴随着人性观的转变,管理思想和管理方法都发生了变化,作为管理内容重要组成部分的激励理论自然也经历了一个演变过程,具体表现为传统的、人际关系的和人力资源三种激励模式。

传统的激励模式是与泰勒的科学管理思想联系在一起的模式。这种模式建立在"经济人"的人性观上。认为,人的本质是懒惰,没有责任感,工作的目的只是为了钱。因而强调用高酬严惩即"胡萝卜加大棒"的方法使人们服从和做出成绩。工资刺激被视为最有效的激励方法。

人际关系的激励模式是霍桑实验之后出现的一种通过满足人的社会交往的需要对其加以激励的模式。这种模式建立在"社会人"的人性假设上。认为,人是社会人,满足人的社会需要比经济上的报酬更具激励意义。因而强调重视员工之间的关系,满足员工的归属感,重视非正式群体的作用,提倡集体奖励制度等。

传统激励模式和人际关系激励模式提出以后受到了广泛质疑,许多心理学和行为科学专家通过对人的本质进行深入研究后认为,人是复杂的,人的需要、兴趣以及特长是不同的。大多数人并不认为工作痛苦是不得已而为之的事情,相反,如果与自己的兴趣、专长相符,且环境条件有利,人们工作起来会像做游戏一样开心、享受,从工作中获得满足,而且无须他人监督,靠自我指导、自我控制就可以完成工作。因而提出了人力资源激励模式。他们认为,给这些人提供有意义的、富有挑战性的工作,让他们在工作中承担更大的责任,以实现他们的自身价值,是有效的激励方法。

既然我们已在人是复杂人的观点上达成了共识,因而我们就不能否认三种激励模式都有它存在的道理。我们应根据人的不同需要,有针对性地运用不同的激励模式,以收到最大限度调动人的积极性的效果。

二、内容型激励理论

内容型激励理论着重研究"什么"能激发人的行为,致力于探求引发人的行为的本源。它首先从人的心理反应过程和人的行为产生的一般规律的研究入手，得出了需要和动机推动人们行为的结论，在此基础上进一步研究需要的内容和结构以及需要、动机和人们的行为的内在联系。内容型激励理论的代表理论有马斯洛的需要层次理论、赫兹伯格的双因素理论和麦克莱伦的三重需要理论。

（一）需要层次理论

这是美国心理学家马斯洛于1943年提出的理论。该理论包含有两部分内容。

1. 认为人类的需要是多种多样的，按照其发生的先后次序，可分为五个等级（见图7-2）。

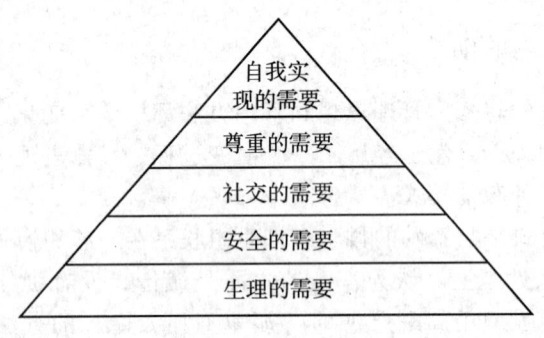

```
         自我实
         现的需要
        尊重的需要
       社交的需要
      安全的需要
     生理的需要
```

图7-2

（1）生理的需要。这是人类最原始、最基本的需要，包括空气、水、食物、性和其他生理机能的需要。马斯洛认为，这些需要如得不到满足，人类就无法生存，也就更谈不上其他需要。在其代表作《动机与个性》中，马斯洛这样写道："如果一个人所有的需要都不能得到满足，这个人就会被生理需要所支配，而其他需要都要退到隐蔽的地位……"从这个意义上来说，生理需要是推动人们行动的最强大的动力。

（2）安全的需要。当一个人的生理需要得到满足以后，他就渴望满足安全的需要。这种需要不仅包括对眼前的安全需要，而且包括对未来的安全需要。例如，要求摆脱失业的威胁；要求在年老或生病时能有所保障；希望解除严格监督的威胁等。

（3）社交的需要。也称感情和归属的需要。一方面，人人都有爱的需要，都希望朋友之间、同事之间的关系融洽和保持友谊，而不希望孤独和被冷落；另一方面，人人都有归属的需要，都希望归属于一个集团或群体，希望成为其中的一员并得到相互的关心和照顾。

（4）尊重的需要。包括受人尊重和自我尊重。受人尊重是指，希望有地位、有威望、得到别人尊重和较高的评价；自我尊重则是希望自己有实力，能胜任各种不同情境中的工作，并为取得成就而感到自豪。马斯洛认为，尊重需要得到满足，就能使人对自己充满信心，对社会充满热情，似乎连看月亮都觉得格外地圆。而一旦受到挫折，就会使人产生自卑感，甚至失去对生活的基本信心。

(5) 自我实现的需要。马斯洛认为，这是最高层次的需要，是指实现个人的理想和抱负、发挥个人能力于极限的需要。自我实现的需要通常是通过胜任感和成就感来表现的。

2. 五种需要是按次序逐级上升的。马斯洛认为，当下一级需要获得基本满足后，追求上一级的需要就成了驱动行为的动力。人在同一时间可能存在着不同的需要，但总有一个需要强度最大，占据着主导优势，这个需要决定着人的行动方向。马斯洛还认为，任何一种满足了的低层次需要，都不会因为高层次需要的发展而消失，只是不再成为主要的激发力量。

马斯洛的需要层次理论经历了半个世纪，仍然广为流传并深得管理者的推崇，其最大的特点在于它指出了人是有需要的动物这样一个事实，并将人的复杂的需要用五个层次进行概括，使该理论简单易懂。这一理论给管理人员的启示：首先，主管人员必须清楚下属的需要是多样的，应该综合分析，区别对待；其次，为有效激励下属，主管人员必须了解下属最需要得到满足的需要是什么，从而有的放矢地采取措施，最大限度地激发人们的积极性。

（二）双因素理论

双因素理论，又称"激励—保健因素"理论，它是由美国心理学家赫兹伯格于19世纪50年代提出的，这一理论是他对美国匹兹堡地区11个工商事业机构的200多位工程师和会计人员进行调查后得出的结论。

在这个调查中，赫兹伯格设计了许多问题，如"什么时候你对工作特别满意"、"什么时候你对工作特别不满意"、"满意和不满意的原因是什么"等。通过对调查所得资料的分析，他发现，使员工感到不满意的因素和使员工感到满意的因素是不相同的。前者往往与工作环境即外界因素有关，诸如组织政策、工作条件、人际关系、地位、安全和生活条件等；而后者则多属于工作本身的因素，诸如成就、认可、晋升、工作中的成长、责任感等。他发现，当工作环境因素不满足时，人们会非常不满，得到满足时，就会消除不满，但是还不能感到非常满意，也不能激发其积极性。只有当工作上的因素得到了满足时，员工才会感到满意，工作热情才会被激发出来。赫兹伯格把只能消除不满，不能达到员工满意的、工作环境一类的因素称之为"保健因素"，意思是这类因素只能防病但不能治病。而把能让员工达到满意的工作本身的因素称为"激励因素"，见图7-3。

赫兹伯格在双因素理论中还进一步认为，传统的满意不满意的观点是不正确的。满意的对立面不应该是不满意，而应该是没有满意；不满意的对立面不应该是满意而应该是没有不满。在满意和不满意中间增加了一个没有不满也没有满意的过渡阶段，这为双因素理论的应用打下了基础：从不满意要达到没有不满应运用保健因素；从没有不满也没有满意要达到满意则需使用激励因素。即：

保健因素（工作环境）	激励因素（工作本身）
金钱	工作本身
管理方式	认可
地位	进步
安全	成长的可能性
工作环境	责任
组织政策与管理	成就
人际关系	

图 7 - 3

不满意 —（保健因素）→ 没有不满也没有满意 —（激励因素）→ 满意

双因素理论提示管理人员：（1）如果只满足保健因素，企业只能处于一种平淡、稳定的环境中，很难产生突破。只有在激励因素上下工夫，员工才会有高涨的工作热情，企业才会在创新中求发展。（2）保健因素也不能忽视。如果管理人员能够注意满足员工的保健性需要，也可从一定程度上调动员工的积极性。（3）正确识别与运用激励因素。对保健与激励因素的认识受不同社会文化背景的影响是有区别的。比如，金钱在一般情况下被认为是保健因素，而对于我国多数企业员工却有着重要的激励意义。因此，必须在综合分析各种因素的基础上，根据不同情况正确识别、灵活运用。

（三）ERG 理论

ERG 理论是美国耶鲁大学教授阿尔德弗（C. P. Alderfer）于 1969 年提出的一种与马斯洛需要层次理论类似但又有所不同的理论。阿尔德弗认为，人们通常存在三种核心的需要，即生存（existence）的需要、关系（relatedness）的需要和成长（growth）的需要，因而该理论被称为"ERG"理论。理论内容如图 7 - 4 所示。

（1）生存的需要。主要包括衣、食、住以及所属工作组织为使其得到这些因素而提供的手段。这类需要关系到机体生存，是最基本的需要。这类需要相当于马斯洛理论中的生理和安全需要。

（2）关系的需要。主要指通过工作内外与其他人的接触和交往获得满足的人际关系、社会交往和尊重的需要。它相当于马斯洛理论中的社交需要和一部分尊重需要。

（3）成长的需要。这是个人自我发展和自我完善的需要。这种需要通过发展个人的潜力和才能得到满足。这一需要相当于马斯洛理论中的自我实现需要和尊重需要。

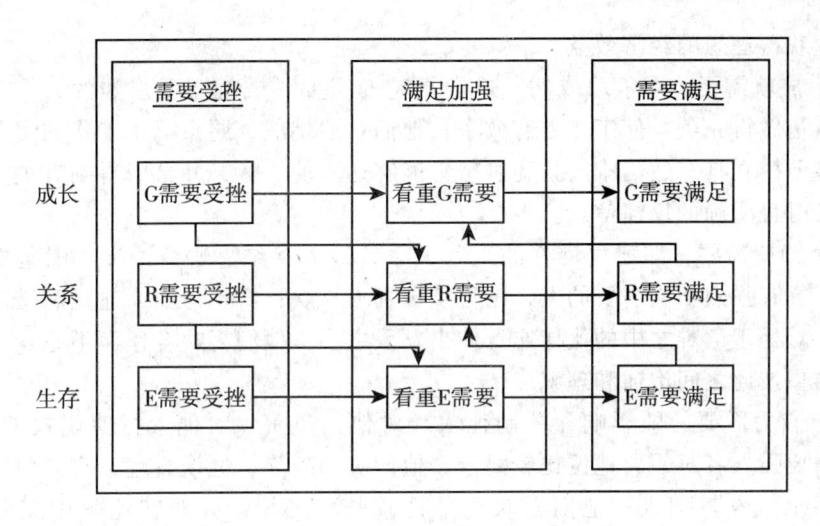

图 7-4

该理论虽然在需要的分类上并不比马斯洛的理论更完善，对需要的解释也并未超出马斯洛需要理论的范围。但这一理论提出了不同于马斯洛需要理论的一些新的观点，这些观点能给我们启示：

第一，人在同一时间各种需要可以同时具有激励作用。比如，一个人的生存和相互关系需要尚未得到完全满足，他仍然可以为成长发展的需要而工作。ERG理论认为，三种需要之间并没有明显的界限，它们不是层次等级关系，而是一个连续体。人的一个需要满足后，他可以去追求更高的层次，也可以保持在原有的需要层次上，并认为人类需要可以越级上升。

第二，ERG理论认为，个人需要的满足可以是满足/前进，也可以是受挫/后退。前者与马斯洛的观点一致，后者则是其"受挫—回归"的新观点。他认为，当满足较高层次需要的企图受挫时，会导致人们向较低层次需要的回归。例如，当一个人社交需要得不到满足时，作为替代，他对得到更多金钱或更好的工作条件的愿望便会有所增强。

第三，ERG理论还认为，人的某种需要在得到基本满足后，其强烈程度不一定会减弱，可能还会增强。例如，一个人挣钱和获得良好工作环境的需要得到满足，同时看到随之而来的相关利益，他的这一需要就会得到进一步的强化。

ERG理论给管理者最大的启示就是人是复杂人，其需要的存在与变化、产生与发展都受其自身特点的影响，不可能是一个模式。因此，管理者在根据需要进行对人员的激励时必须因人而异。

（四）麦克莱伦的三重需要理论

麦克莱伦认为，人在工作情境中有三种主要的动机和需要：成就需要、归属需要和权力需要。只有当这些需要获得满足，人的积极性才能得以调动，也才能使企业获得理想的经济效益。

1. 成就需要，即争取成功、追求卓越的需要。成就需要强烈的人，非常渴望把事情做得完美，使工作更有效率；他们欢迎挑战，愿意承担工作与责任；喜欢给自己树立具有适当难度且经过努力能够达到的目标，并希望得到有关工作绩效的及时且明确的反馈信息。

2. 归属需要，即建立良好的人际关系，被人接纳、避免冲突、渴望友谊的需要。具有强烈归属需要的人，满足于被别人喜欢；希望与他人建立和谐融洽的关系；对处于危难之中的伙伴愿意伸出友爱之手；他们喜欢合作而不是竞争的环境，希望彼此之间沟通和理解。

3. 权力需要，即影响和控制他人，对他人负责，对他人行使职权的需要。权力需要强烈者对领导地位比较渴望；他们头脑冷静、健谈直率，喜欢争辩，善于提要求，爱教训人；他们喜欢竞争性较强的环境，并对在竞争中获胜较有信心。

麦克莱伦二十几年对这一理论的研究，对于管理实践具有重要意义，他对不同水平的需要与工作绩效之间的关系做出了有说服力的推断：第一，高成就需要者喜欢独当一面，表现自己的欲望较强烈，因此，在能够独立负责、具有一定冒险性、信息反馈较快的工作环境中，他们可以被高度激励并且取得成就；第二，成就需要高但权力需要较低的人，一般在他们的职业生涯早期便能达到事业的高峰，但却处于较低的管理层次，原因在于成就需要可以通过工作本身来满足，而权力需要的满足却还需要创造其他条件；第三，企业家和企业主管人员的成就需要和权力需要往往都比较强烈，但归属需求较低，他们的晋升相对较快，但也并非绝对，因为，企业有时非常需要归属需要强烈的人来营造良好的人际关系和和谐的组织环境；第四，可以通过培养训练来激发成就需要，当工作需要高成就需要者时，企业可以采用一些办法来刺激和增强员工的成就需要，从而确保工作高质量地完成。

对权力的需要可以说人人都有。因为，为确保工作的完成，无论普通员工还是主管或者是经理，都需要一定的权力对自己职责的完成予以保证。因此，为了满足人们对权力的需要，也为了每一个人能将工作做得更好，他们的上级应该学会授权，要根据下属能力的大小和工作需要程度授予他们相应的权力，使他们在自己的权限之内有较大的空间对自己承担的工作做出决策。这样，他们一方面可以保持较高的工作质量；另一方面可以保持较高的积极性。

作为社会的人，不可能独立于他人而孤立地存在。在社会分工中，他为扮演好自己的角色，必然与周围的人发生联系，他希望人际关系和谐，大家能够互相理解、彼此尊重、相互帮助。因此，管理者应当在企业中搭建信息沟通的平台，使企业员工有充分的机会进行信息与感情的交流，使企业在安定团结的氛围里谋求发展与进步。

每个人都希望自己有成就，而不是平庸无为。因此，在一定的条件下，人的成就需要都是可以被激发出来的。具有高度成就需要的人对企业有着重要作用，这样的人越多，企业的发展和成长就越有保障，生产效率就越高。因此，企业管理者应明确这一点，为员工树立适度的目标和适宜的环境，使他们在不断挑战自我、追求卓越中为企业创造佳绩。

三、过程型激励理论

过程型激励理论侧重研究"怎么"对人进行激励，致力于探求有效的激励方法和手段。它通过研究人的行为的产生、发展与保持以及行为的结束，来解释员工如何选择其行为方式以满足他们的需要这一过程中的规律。过程型激励理论的代表理论有期望理论和公平理论。

（一）期望理论

这一理论是美国心理学家弗鲁姆于1964年在他的著作《工作与激励》中首先提出来的。该理论的基本观点是：人之所以能够从事某项工作并达成组织目标，是因为这些工作和组织目标会帮助他们达成自己的目标，满足自己某方面的需要。换言之，只有当人们预期到某一行为会带来有吸引力的结果时，他才会产生相应的行为。

在期望理论中，弗鲁姆首先提出了三个变量：目标效价、期望值和激发力。目标效价就是某一目标在人们心目中的价值，即人们对这一目标的偏爱程度和重视程度；期望值就是某一特别行动可能导致一个预期成果的概率，即目标实现的可能性有多大；激发力是指动机激发的强度，即激励作用的大小。弗鲁姆认为，人们对某项工作积极性的高低，取决于他对这一工作能满足其需要的程度及实现的可能性大小的评价。例如，一名员工认为某工作目标的实现可以给自己带来利益，而且只要努力，实现目标的概率很大时，他的积极性就会被激发出来。相反，对目标不感兴趣，认为意义不大，或虽然有意义但却没有实现目标的可能性，他的积极性就不会被调动起来。弗鲁姆将这三种变量用一个公式表示：

$$激发力 = 目标效价 \times 期望值$$

由公式可以看出，目标效价与期望值均与激发力成正比，目标效价与期望值越大，激发力就越大。但其中一个值如果为零，那么另一个再大，其乘积仍为零，即不存在激发力。

弗鲁姆在期望理论中还提出了三种关系，它们是：个人努力与个人绩效的关系、个人绩效与组织奖励的关系、组织奖励与个人目标的关系，如图7-5所示。

个人努力 → 个人绩效 → 组织奖励 → 个人目标
关系1　　　 关系2　　　 关系3

图 7-5

1. 个人努力与个人绩效的关系。每个人都期望自己的努力会获得预期的绩效。在个人努力与个人绩效的关系中,重要的因素是个人对目标的期望值,对目标的期望值越高,目标的激发力就越大。而期望值的高低取决于个体对目标实现的可能性的评价,这个评价的依据是主观条件和客观条件相互作用的结果。如果他认为目标的实现是力所能及的,那么他的积极性就会很高涨。相反,如果他认为目标太高可望而不可即,那么这个目标即使诱惑力再大也无法起到激励作用。

2. 个人绩效与组织奖励的关系。人们在通过自己努力取得绩效之后会产生一种发自内心的成就感,会因为看到自身价值而增强自信;同时,人们也希望能够得到组织的奖励,例如表彰、奖金、晋升等。因此,如果只要求员工作贡献,而没有行之有效的物质或精神奖励,人们被激发起来的内部力量是不会保持长久的。

3. 组织奖励与个人目标的关系。由于人的需要不同,因此,人们不仅期望组织的奖励,而且希望组织的奖励能够满足个人需要,如有的人生活拮据,希望发奖金;有的人需要业务技能提高,希望送出去培训等。所以要根据人们的需要采取多种奖励形式,没有针对性的奖励,激励效果也会大打折扣。

弗鲁姆的期望理论,对我们今天实行激励仍然具有重要意义。第一,管理者为员工设立的目标要适度,既不能高不可攀,也不能唾手可得;第二,主管人员在采取激励措施之前,一定要充分了解不同员工的不同需要,力争采取效价最大的激励措施,调动各类员工的积极性;第三,要保持政策的稳定,营造一种只要努力就能达到目标的氛围,政策的朝令夕改容易使人对组织失去信心;第四,管理者要学会调整期望值,当人们期望目标实现的时候,最不愿看到的结局是事与愿违,但这种情况又常常发生,一旦发生,人的情绪就会一落千丈,因此,管理者要注意调整员工的期望值,使其不会产生不切实际的期望。

(二)公平理论

公平理论是美国心理学家亚当斯于1967年首先提出来的。该理论研究的侧重点是工资报酬分配的合理性、公平性对员工积极性产生的影响。

公平理论认为,员工不是在真空中工作,他们总要进行自觉或不自觉的比较。用于比较的参照物通常是"他人"、"制度"和"自己"。同时指出,员工的工作动机,不仅受其所得的绝对报酬的影响,而且受相对报酬的影响。其中,绝对报酬是指自己的实际收入,而相对报酬就是个人的绝对收入与上面三个参照物进行比较的比值。"他人",既包括同一组织中的同事,也包括其他组织的朋友、邻居和同行;"制度",是指组织中的薪金政策与程序及其运作;"自己",是指自己的付出与收入之比。

人们判断自己所获报酬是否公平时,往往是通过两个方面进行比较的:一是横向比较;二是纵向比较。横向比较,就是将自己付出的劳动和所得的报酬与他人付出的劳动和得到的报酬进行比较,以判断自己的所得是否公平。如果比较的结果是基本相符，便认为是公平的、正常的，因而就心情舒畅；如果认为自己与他人的付出相同而报酬却低一些，便会感到不公平，于是就会满腹怨气；如果自己与他人付出相同但报酬却较高，便不会产生不满，还有可能会主动多做些工作。但时间长了，他有可能因重新过高地估计自己的付出而对高报酬心安理得，于是其努力程度就又回归到原先的水平。

除了将"自己"与"他人"进行横向比较外，人们还常常把自己现在付出的劳动和所得报酬与自己过去的劳动和所得报酬进行个人历史性的比较，这就是纵向比较。当人们发现现在的收支比例与过去的收支比例相等时，便感觉基本公平。而当人们发现现在的收支比例低于过去的收支比例时，就会觉得很不公平。纵向比较还可能出现另一个结果，即现在的收支比例与过去相比提高很大，在这种情况下，人们不会因此而产生不公平感，也不会因此而更多地去付出，因为人们可能会认为自己的能力和经验都比过去有所提高，即无形付出要高于过去，因而出现这种结果是正常的，不必为之感动而更加努力。

不论如何比较，一旦人们感觉不公平，情绪就会受到极大影响，积极性就会急剧下降。这时，他们就会采取一些措施去追求公平。通常的表现是：找管理者要求增加自己的收入或降低他人的收入；采取某种行动改变他人的付出或收入；自动减少自己今后的努力程度；缺勤甚至离职。如果第一种情况出现，说明组织对于员工而言还有一定的吸引力，一旦离职率上升，则表明组织的激励政策和薪金制度存在着缺陷。

公平理论在现实管理中具有重要意义。第一，要承认进行报酬的比较是一种正常现象，由此会引发人们心理和情绪的变化，从而导致积极性受到影响，因此，要高度重视相对报酬问题；第二，人们一般喜欢过高地估计自己的投入而过低估计自己的报酬，对别人却恰好相反，公平与否完全是当事人自己的主观感觉，因此，绝对公平是不存在的，要让员工认识到这一点，并通过变换比较方向来平和员工的心态；第三，应当注意员工的实际工作绩效与报酬之间的合理性，要建立健全客观、公正、透明的各项规章制度和分配制度，对员工的工作绩效进行客观、公正、准确的评价，尽可能实现相对报酬的公平性。

四、行为改造理论

行为改造理论主要研究如何引导、保持或者如何改造、修正人的行为，使人更乐于产生某种行为或放弃某种行为，而且这种行为选择更趋向于与组织目标一致。该理论认为，当行为结果有利于个人时，人的行为会重复出现；相反，行为就会减弱直至消退。因此，这一理论强调要对人员进行有针对性的激励。行为改造理论主要有强化理论和归因理论。

(一) 强化理论

强化理论是由美国心理学家斯金纳首先提出的。"强化"是一个心理学概念,是指通过不断改变环境的刺激因素来达到加强、减弱或消退某种行为的过程。强化可分为正强化和负强化。正强化就是奖励那些符合组织目标的行为,使这些行为能得以加强,重复出现。人们在采用这些行为而不断得到好处的同时,组织目标的实现也得以加速。正强化的方法有表扬、发奖金、奖品、认可、提升、晋级、给予进修机会等。正强化使人心情愉悦,能够刺激人的工作热情和积极性,因而又被称为积极强化。负强化就是惩罚那些干扰组织目标实现的行为,使这些行为受到抑制、削弱直至消失。人们会记住曾因出现过某种行为而受到的惩罚从而避免该行为再次出现,因而减少对组织目标实现的干扰。负强化的手段有批评、罚款、降级、处分、谴责等。负强化带给人们的是痛苦,是紧张,因而人们总会采取一定的办法规避它、远离它,所以负强化也叫消极强化。

强化理论的原理虽然很简单,但操作起来还是有一定难度的,因此,在运用中应注意以下问题。

1. 赏罚分明是一条重要的激励原则,它体现了组织的是非观念和价值取向。因此,该奖的一定奖,该罚的必须罚,让员工在奖与罚中明辨对错,从而知道什么该做、什么不该做。

2. 应根据下属的行为情况把握好实施强化的间隔。对每次发生的行为都进行正强化,这种方法固然有刺激、及时、见效快的特点,但久而久之,人会产生依赖,认为是理所应当的,因而失去激励作用。事实证明,根据激励对象的特点,不定期、不定量地实施强化,激励效果更明显。

3. 应以正强化为主、负强化为辅。正强化更符合人的心理接受能力。负强化虽然在杜绝不良行为方面有着立竿见影的效果,但是,因为人们受到惩罚后的紧张和不安的心情是难以一时消除的,有的人甚至因为受到了负强化的刺激而心情沮丧、压抑,自暴自弃,因而这种效果可能是短暂的,甚至可能出现对立和冲突。

4. 强化刺激不是灵丹妙药,还应配合说服、教育、疏导等来引导人的行为。无论是正强化还是负强化,都不是目的,目的是要让人们受到教育。强化刺激治标的效果好,而要治本则需做更加深入细致的工作,这也恰恰反映了强化理论的不足。

(二) 归因理论

任何事情的发生都有其发生的原因,这就是归因倾向。归因理论在管理领域主要研究两个方面的问题:一是对人们的某一行为究竟是归结为内部原因还是外部原因;二是研究人们对获得成功或遭受失败的归因倾向。这一理论是美国心理学家凯利等人提出来的。他们认为,人们将自己的成功和失败主要归结为四个方面的因素,即努力程度、能力、任务难度和机遇。归因理论分析得出,人们把成功和失败归因于何种因素,对以后的工作态度和工作绩效有很大影响。如果把成功归因于能力和努力,人们就会感到满意和自豪;归因于任务难度和机遇,人们会感到幸运和感激；如果将失败归因于能力低，就会导致失败后不再坚持，中途收兵；归因于任务太难，则导致畏难情绪，因而失去信心和积极性；如归因于偶然因素，有可能导致下次一定成功的信念。

归因理论给管理者的重要启示是，了解下属的归因倾向，客观分析员工成功或失败的原因，发挥有利因素，避免不利因素，调整员工情绪，调动和保持员工良好的工作积极性。

第三节　激励实务

对员工实施有效的激励，不仅要掌握科学的理论，更要正确运用合适的方法和遵循正确的原则。

一、激励方法

（一）需要激励

需要激励的理论基础是激励的内容型理论。由于需要是人们产生行为的原动力，因此，了解并满足员工需要就能有效地调动员工的积极性。比如，针对以物质需要为主要需要的员工，可提供较有竞争力的工资、奖金、较好的工作餐、奖品等；针对追求安全需要的员工，可提供健康保险、失业保险、退休金制度，强调工作安全等；对追求社交满足的员工，可经常组织活动，提供员工沟通交往的平台，营造和谐融洽的组织气氛；对以尊重为主要需要的员工，要多关注他们，多征求他们的意见，对他们取得的成绩要给予及时肯定，并予以一定形式的奖励；对追求自我实现的员工，则要让他们承担工作责任，安排具有挑战性的工作，让其有成就感和实现自身价值；对追求权力的人，要通过授权，使其有一定的自由工作的空间和能够做出决策。

因为人的需要是复杂、多样的，因此，需要激励要因人而异。

（二）目标激励

为员工设置合适的目标，并鼓励员工为实现这一目标而做出努力，这一过程就是目标激励。目标之所以能够对人产生诱惑力和吸引力，就在于目标能够满足人的某种需要。既然目标对人的行为有引发、导向和激励的作用，因此，正确地设置目标和设置正确的目标就成为目标激励的关键。根据期望理论，激发力量是目标效价与期望值的乘积，所以设置目标应从提高目标效价和期望值做起。（1）增大目标效价。目标效价高会使员工重视、感兴趣、关心和迫不及待地要实现。因此，要通过调查研究，准确掌握员工的所思、所想、所求，使设置的目标尽可能多地满足员工需要。还要将目标实现与各种奖励挂钩，提高目标在员工心目中的分量，并且要通过宣传介绍让员工对目标的意义和价值认识得更加清楚。（2）提高目标实现概率。目标实现过程过长，会让人感到遥遥无期，因而失去干劲，因此，要大目标与小目标相结合，使人在一个个阶段性成果的激励下勇于攀登最高峰。在设置小目标时还应注意挑战性与可行性相结合，难易程度高低要适中，既要激发人们的征服感、自豪感和成就感，也要切合实际，具有实施条件可以操作，让人们知道，只要努力付出，一定能够得到回报。

（三）信息激励

尊重员工的知情权，让员工分享足够的信息以了解组织的动态，通过及时的信息反馈对员工的行为进行指导与引导，这就是信息激励。要让企业员工真正成为企业主人，关心企业的发展，参与企业管理，就应保持企业的高度透明，让员工了解企业动态，并随时对企业有提意见和建议的权力。可以利用对话的方式、安民告示的方式、召开员工大会小会的方式以及定期打开办公室大门欢迎员工进门提意见的方式等听取员工意见，与员工保持最紧密的关系。当员工看到自己关心、热爱、倾注心血的企业不断兴旺发达，员工的积极性就会非常高涨。及时地把员工的工作状况、业务成绩、学习效果等信息反馈给员工本人，同时做出客观的评价与奖励，也是调动员工积极性的有效方法。员工可以通过及时了解组织对自己的态度，知道自己应该坚持什么、改正什么，工作方向会更加明确。信息激励还表现在根据形势的发展和工作的需要做好对员工的培训。随着长期在一个岗位上工作，员工的视野会变窄，能量会被消耗，知识会枯竭。因此，需要给员工充电，补充能量。通过思想文化教育和技术知识培训，使员工观念更新、知识更新、技术更新，提高员工的思想觉悟，增强其进取精神，使员工不仅能够更好地适应工作，还能在同行中领跑，员工的积极性也会得到充分激发。

（四）工作激励

工作激励就是通过分配恰当的工作来激发员工内在的工作热情。根据马斯洛的需要层次理论，人的最高层次的需要是自我实现的需要，是通过工作来实现自身价值。根据赫兹伯格的双因素理论，工作的因素是激励因素，它对人的激励作用比保健因素来得更加持久和有效。因此，通过工作来调动人的积极性是一种无需投入却效果明显的深度激励方法。运用工作激励的方法主要表现为：第一，用合适的人做合适的事，即挑选兴趣、专长与工作特点和要求相吻合的员工。当员工从事的是自己感兴趣、喜欢的工作时，他工作起来就会如鱼得水，就会感到非常满意。而工作得到了能驾驭它的人，这个工作也没有做不好的道理。因此，管理者要充分了解人和工作，使人与工作得到最佳组合。第二，赋予工作意义，即让员工感觉自己从事的工作是重要和伟大的，从而看到自己的价值和工作的意义。要尽可能让人们从事完整的工作，使人们获得成就感。如果专业分工要求员工只能从事工作中的一部分，那也要让员工对全部工作熟悉和了解，清楚自己所从事的工作在整个工作中的地位和重要性，这样员工就不会感觉自己渺小，更不会感觉自己的工作可有可无，从而投入全部精力将自己的工作做好。第三，给予员工一定的工作自主权，满足员工对权力和尊重的需要。人们都希望在目标结果确定的情况下，不受外界干扰，独立完成工作。管理者要尊重员工的这种意愿，大胆授权，减少干预，在明确提出任务目标和标准规范后，让员工自主工作、自我管理，这样也会焕发出员工极大的工作热情。第四，扩大和丰富工作内容，即从横向和纵向增加工作的种类，克服工作的枯燥乏味，增加员工的工作兴趣。如轮换工作岗位，吸收员工参与管理和决策，增加工作责任和工作挑战性，鼓励员工创新等，都是既有利于员工对工作产生浓厚兴趣，促进员工全面发展，又有利于企业目标实现的有效方法。

（五）感情激励

人对事物的认识和人的行为都是在内心情感的作用下完成的，当人们对某一事物或工作怀有正面情感，如喜爱、愉悦、满意、高兴、感兴趣时，人们认识这一事物、完成这一工作的速度和质量就高，反之，人们对事物的认识和理解以及完成工作的效率就会大大降低。而要获得员工对工作和企业这种正面情感，管理者就必须对员工倾注爱心，用自己的真诚去打动和征服员工的情感，要尊重员工，关心和爱护员工，充分了解员工的家庭、生活、学习、工作、个人成长等各方面情况，切实帮助他们解决实际问题，以平和的姿态、饱满的热情、深厚的情感赢得全体员工的信赖。为此，要求管理者要高度重视良好的干群关系的构建，要富有人情味和亲和力，要善于营造健康和谐的团体氛围，通过丰富多彩的文体活动、新奇刺激的竞赛活动、奇妙大胆的创意活动等吸引员工使之主动融入集体。还要善于制造交往机会，搭建感情与信息交流的平台，满足员工社交的需要。感情激励与其他有形的激励相比，不受时空条件的限制，其产生的作用和效果也更深刻、更持久。

（六）榜样激励

俗话说，榜样的力量是无穷的。榜样激励就是通过树立正面典型，给人以鼓舞、教育和鞭策，激起他人模仿和追赶的愿望，来调动员工积极性。榜样激励因为实实在在地为大家树立了学习目标，因而让人们感觉真切生动，而不是虚无缥缈，因此更具说服力和感召力。在运用榜样激励时，有两点要特别加以注意：第一，所树立的榜样必须是真实的、有代表性的、可学的、让人感动和服气的。第二，领导者自身的榜样作用。领导者的言行举止无时无刻不在潜移默化地为员工树立着榜样，对员工的行为产生着深刻的影响。有人说，领导者对工作的努力若只有75%，那么他的下属的努力要低于75%；如果领导者的努力达到了100%，那么下属的努力会达到110%。因此，领导者要廉洁奉公、率先垂范，正确运用群众赋予的权力，全心全意为员工、为企业服务。

（七）奖励激励

奖励激励就是正强化激励，目的是通过奖励的手段肯定被奖励的行为，使被奖励的行为持续和巩固下去。奖励激励的具体做法可分为物质奖励和精神奖励。物质奖励有表扬、奖金、奖品。精神奖励有认可、友谊、理解、尊重等。奖励激励似乎是一个很好操作的方法，但管理学家的长期研究证明，具体操作中有很多值得注意的问题，稍一疏忽，就会出现事与愿违的结果。第一，要把握好什么该奖、什么不该奖。管理学家米切尔为我们总结了九点：奖励彻底解决问题，而不是只图眼前利益的行为；奖励承担风险而不是回避风险的行为；奖励果敢行动而不是光说不练的行为；奖励多动脑筋而不是一味苦干；奖励使事情简单化而不是使事情不必要地复杂化；奖励有效率的人而不是喋喋不休者；奖励有质量的工作而不是摆花架子的工作；奖励与组织同甘共苦者而不是只会分享果实的人；奖励团结合作而不是拉帮结派。第二，奖励的方式要有新意。要通过变换新奇的奖励方式提高目标的激发力量，使大家对奖励有所企盼，给人以惊喜，从而将获得奖励变为个人目标来争取。第三，奖励间隔要适宜。既不要间隔过小，奖励太频繁，失去奖励的意义；也不要间隔过大，降低奖励的时效性。第四，要通过一定形式扩大奖励内涵，这里主要强调的是物质奖励。奖金、奖品仅仅只是奖励中的物质载体，只有赋予这种载体以特殊意义时才能使其增值。而这个特殊意义就是肯定。员工的行为得到了他人充分的肯定，他才会体验到用钱买不到的喜悦感和满足感。第五，奖励的内容要因人而异。由于人的追求不同，自身所处环境不同，因此，人们所需要的奖励的内容也不同，有人重物质，有人求名誉，所以管理者要把握"最需要的便是最好的"这一原则，了解员工需求，投其所好，因人施奖，使奖励因"对路"而产生更好的效果。

（八）惩罚激励

惩罚激励是负强化激励，目的是通过惩处的手段否定被惩罚的行为，使被惩罚的行为在组织内没有市场，因而不再出现，以保证员工行为的良性循环。

惩罚下属是一件比较棘手的工作，有时处理不当会导致下属不满，滋生怨恨甚至产生对抗，对管理者的工作产生不利影响。尽管如此，必要的批评和惩罚也是一定要有的，要通过恰如其分地批评和惩处，使员工产生一种愧疚心理，激发其改正错误行为的信心和决心，化消极因素为积极因素，同时也是向全体员工表明一种态度，宣传一种企业文化。为此，实施惩罚激励时应遵循以下原则：第一，标准明确、事先警告的原则。要明确制定各项规章制度，并通过反复宣传让下属清楚一旦触犯了这些规则的后果，这样，下属一旦违规，他就会认为惩罚是公正的，也是应该的。第二，即时性原则。过失之后应迅速做出惩罚的举措，以告诉违规者和其他人，组织对此种行为是绝不姑息迁就的，以使这种错误的行为不会再次出现。第三，实事求是的原则。惩罚应坚持以事实为依据，应建立在用组织的规章制度对员工的工作和行为做出正确评估的基础上，绝不能以个人好恶来评价一个员工的行为。第四，对事不对人的原则。惩罚应与过错相联系，而不是与违规者的人格相联系。要指出错误的危害和不良后果，而避免人身攻击和人格攻击。第五，一致性原则。规章制度面前人人平等。规章制度如同烫火炉，谁碰它就烫谁，不讲情面，一视同仁。管理者也应做到客观公正，应根据规章制度而不是个人私情来行使奖惩大权。第六，一事一评原则。不论是批评还是惩罚，都应针对当前的错误，切忌翻旧账、算总账。翻旧账的做法极易使人自暴自弃、破罐破摔，容易产生对立情绪。第七，得体适度原则。批评、惩罚的目的都是教育员工，因此，要特别讲求方式方法。比如，批评的时机和地点的选择要适宜；口吻、语气、力度、火候要因人而异等。

总之，奖励和惩罚是一种激励方式的两个方面，手段相反，目的却相同。因此，在使用以上两种激励方式时，绝不能将两种方式截然分开，而应该巧妙结合，科学运用。

（九）支持激励

支持激励表现为，尊重下级人格，尊重员工的首创精神；保护下级的积极性；信任员工，放手让员工解决问题；增加下级的安全感和成就感；当工作出现失误时，承担自己应该承担的责任，创造一定的条件，使下级胜任工作。每个人的内心深处都渴望得到别人的重视与信任，这个愿望如能得到满足，他们会增强自信心，产生荣誉感，增强责任感，会让他们拥有发挥不尽的力量，他们会将工作做得更好，以证明自己确实是值得信任和重视的。因此，管理者应该睁大眼睛去发现员工身上点点滴滴的成绩与进步，去肯定他们，夸奖他们；要鼓励和肯定员工提出合理化的意见和建议，当这些意见和建议得到采纳加以实施的时候，还要告诉员工这个意见对企业具有多么重要的意义和将带来多大的效果；要怀着感恩的情怀，感谢员工为企业所做出的一切努力，多用感谢、赞美之词，少用或不用责备、轻视、讽刺、挖苦、讥笑的语言。因为一个人工作做得多犯错误的机会就多，如果不允许员工犯错误，甚至惩罚犯错误的人，那就是鼓励大家不工作；要满足员工自主心理，适当授权，支持员工自我管理和自我控制；要为下属创造条件，鼓励和帮助下属实现自身目标。

以上介绍的只是常见的几种激励形式。在管理实践中，由于激励的主体与客体都是复杂人，且都处于复杂变化的环境中，因此，激励没有固定的模式，必须根据具体情况灵活运用。

二、激励原则

（一）因人而异的原则

对员工进行激励绝不能一刀切，这里面存在着许多深层次的原因。

1. 需求因人而异且不断变化，同种激励方式在不同人心中的价值不同，因而作用也不一样。同时，由于人的需求还会随着生活环境、工作氛围等要素的改变而不断变化，所以，试图用同一种方法去激励不同下属和对同一下属永远使用同一种激励方式，都是不会达到预期结果的。只有了解不同下属的不同追求，以及同一下属不同时期变化了的需求，有针对性地采取对症的激励方法，才能收到良好的激励效果。

2. 不同的人其需求转化为行为的方式和途径不同，即有着同样的担心和顾虑，害怕或者希望出现同样的结果，但由于自身的价值判断和曾经有过的直接的或者间接的经验，因而导致出现了不同的行为。比如，有着强烈安全感需求的甲，可能会力求避免接受那些责任重大的工作，因为他们担心承担不起重大的责任，害怕失败而被解雇。而另一个有着同样安全需求的乙，则可能执意去寻求那些负有重大责任的工作，因为他认为责任就是机会，因此害怕由于其自身努力不够、工作成绩不突出而被解雇。

3. 人们并不总是完全根据他们的需求去行为，人们的行为方式及结果有时也受制于情绪状态的影响。比如，同是一个人，其工作表现可能因为今天心情好、情绪佳而比最高预期还要出色很多；而在另一天，其需求并没有什么改变，只是由于精神状态不佳，同样的工作却做得平平庸庸。管理者对这种因情绪状态而带来的人们行为及其行为结果的变化应予以重视和研究，避免管理工作简单化。

4. 需求的满足与否对不同的人其反馈作用不同。受人们生活经历、环境因素、价值取向等的影响，在同样的追求面临同一种结果的情况下，不同的人会有不同的态度和不同的行为。比如，同样是追求自我实现的满足，又同样是梦难成真，有些人是放弃努力，自暴自弃；而有些人却能卧薪尝胆，加倍努力。

通过以上分析可以看出，管理者应充分认识人的多样性决定了激励方式也应该是多样的。只有针对不同人的不同特点采取适合的激励方式，才可能将其积极性和潜能有效地激发出来。

（二）重视激励结果，更要重视激励过程

有一个小故事：英国伦敦的一名警察以莫须有的理由处罚了一位妇女交通违章。这位妇女将警察告上法庭。开庭审判时，妇女刚开始发言，法官就制止了她，并宣布她胜诉。妇女很沮丧，说："我为公正而来，法官却不给我解释的机会。"这个故事说明，公平的结果固然重要，而导致结果出现的过程同样重要，有时甚至更重要。因此，管理者不要认为，"我给他们的是他们要的，他们就一定满意，就一定会出现我期望的结果。"激励原理表明，激励是一个由多种因素构成、各因素之间存在着复杂的制约关系的管理过程。在这一过程中，需要人们对管理措施理解、认可，然后到信任、合作。只有进入信任、合作的境界，才能引发员工为组织奉献、牺牲、创造的行为。这个过程应该是透明的，是被彰显的，否则，人们依然会产生未得到理解的委屈心理，积极性同样不能得到激发。为此，管理者应重视激励过程，具体来说，应做好三个方面的工作：（1）广泛听取员工意见，集中大家智慧，制定科学合理的管理制度，形成大家对组织目标的共识，为激励的实施打下良好的基础；（2）反复向员工宣传解释组织的决策和政策，让员工清楚组织决策和政策的制定过程以及员工在决策实施中的权利与义务，让员工了解组织的游戏规则，知道自己该怎样做以及不同行为会产生怎样

的后果；（3）尊重员工的创造精神，充分肯定员工的工作热情和工作成绩，运用及时的信息沟通和反馈，使管理措施更加趋于完善、合理，同时得到更多员工的进一步支持和理解，使激励的过程更加公正。

（三）系统原则

激励的系统原则主要是指使组织的激励结构体系全方位地发挥作用，形成一张在时间上相互衔接、在空间上相辅相成的"激励网"，让企业员工在这张网里时时处处受到潜移默化的激励，以保持高涨的工作热情和积极性。由于激励的过程中各因素相互制约、相互干扰、错综复杂，有的起积极作用，有的却产生着消极影响，因此，单一的激励措施很难发挥作用。比如，薪酬激励在多数人仍以工资奖金作为主要经济来源的时候，激励效果十分明显。但是，一方面，单纯的薪酬激励会使激励的边际效应逐年递减；另一方面，资金有限，薪酬不可能无限增长，单纯的薪酬激励还会助长"一切向钱看"。因此，片面进行薪酬激励会产生很多弊端。而精神激励，如表扬、发奖状、被树为典型，确实能让人们感到心理上的安慰，但是，如果不辅以必要的物质奖励，人们也会感觉这样的激励虚无缥缈，可有可无，久而久之也不会产生任何激励效果。因此，物质激励与精神激励应结合使用。再比如，单纯使用表扬，会使员工沾沾自喜、骄傲、不求进取；单纯使用批评，会使员工失去信心，消沉，自暴自弃。所以应表扬与批评结合。如果领导只注意对犯错误的员工进行单纯的思想教育，而忽视周边良好人际氛围的营造，同伴的几句冷嘲热讽就可能导致领导的工作付之东流。因此，要运用系统观点，统筹激励过程中的各要素，兼顾企业、员工、客户、股东等各方利益，协调组织与社会、企业与员工、经济与社会、微观与宏观等各种关系，综合运用各种激励方法真正调动起员工的积极性。

（四）把握好时机和力度

从时机上来说，适时的激励可以收到事半功倍的效果。一般来说，员工做了好事，应及时予以表彰；下属做了错事，应及时制止。对于反复出现的积极行为，不能反复表扬，应选择恰当的机会，使员工对组织的激励有所企盼，并在此期间将工作做得更好。而对员工的批评，为防止矛盾激化，可以待将事实调查清楚、员工的情绪冷静下来之后，再予以实施。从力度上来说，无论是表扬、批评还是奖励、惩罚都应适度。力度不够，如批评，轻描淡写；表扬，漫不经心，都起不到约束和倡导的作用。力度过大，如奖励数额过高、惩罚措施过重，则有可能导致员工积极性脆弱和员工自信心以及工作兴趣的下降。由于人存在着差异性，所以激励时机、力度也应因人而异。

总之，激励是一门科学，同时又是一门艺术，企业领导者要想获得企业中最宝贵的财富——员工的积极性和创造性，就应像关心生产和关心市场一样关心对员工的激励，要掌握激励科学，理解激励原理，运用正确的激励方法和技巧，使企业员工的潜能得以最大限度地发掘。

案例

他们的积极性该如何调动

1998年9月的一天，智明公司会议室的空气显得比较沉闷。郑总经理、人力资源部蔡经理和新进公司的15名技术人员正在进行严肃的对话。

郑总经理："听说你们要集体辞职，能把你们的想法告诉我吗？"

一片沉默。

郑总经理："这段时间以来，公司业务发展很快，平时我尽忙于处理事务性工作，一直没有抽出时间来关心你们，很抱歉。今年能从我所向往的名牌大学招收到你们，你们愿意来我们公司，我非常高兴，也非常重视你们，不希望你们离开。"

还是一片沉默。

郑总经理："今天我真心诚意来听取你们的想法和意见，有什么话大家尽管说，我尊重大家的各种想法。"

会议室稍有动静。

甲开口："今年4月贵公司到我们学校招聘，出于毕业后有所作为的想法，我们慕名来到这里。但是，公司的管理令我们感到很失望。从进公司的第一天起，我们只是接受任务，一天到晚埋头干活，干得不明不白的，无从了解我们工作是为了什么。"

乙接下来说："招聘的时候，林经理（林经理是某项目的负责人，被临时抽调去招聘新员工）答应的月工资是1 600元。7月23日，我们来报到了，报到后方知试用期工资每月仅850元。月底拿到的第一次工资是按天计算的，8天总计是213元，这无疑给我们泼了一盆凉水。第二个月的工资，扣掉办理有关的人事手续费100元，午餐、晚餐伙食费300元，再扣掉住宿费用100元，到手的仅有300元。工资的高低并不是最重要的，但这种计算报酬的方法是对我们的轻视，也是对我们母校的公开蔑视。我们会告诉母校以后不再推荐同学来这里工作。"

丙也开口了："你们这么斤斤计较，按天给我们付酬，我们也只好按小时来计算工作。以往我们为了完成项目，考虑到工作的连续性，经常自愿加班到夜晚12点。我们愿意这么做，也从工作中找到不少的乐趣。但我们学乖了，不必那么卖力，到了下班时间，该下班就下班。我们清楚手上的项目要在9月10日前完成，现在明确告诉你，就是到了11月10日也交不了差的。"

甲又说："不过，我们已经商量好了，现在暂且不辞职，等学到本领后，再离开这里。"

听到这里，郑总经理说："谢谢你们都讲了真心话。公司成立两年来，我和几个副总经理白手起家，奋斗打拼，才有目前的结局。由于订单都做不完，我们一直没有时间认真考虑管理上的问题。前些日子，我碰巧听了一个有关人力资源的讲座，深受启发。回来后，我马上成立了人力资源部，还聘请了省委机关部门的处长来负责企业管理部，你们看（他指着人力资源部经理），我还请来了一位受过正规 MBA 教育的研究生来帮助我制定各项规章制度，希望能做到公司所有成员和公司一起发展。现在，管理水平的提高是公司迫在眉睫的事情。请你们相信我，给我一段时间，我会做得让你们满意的。你们先回去安心工作。"

技术人员离开后，郑总经理回头对蔡经理说："你一定要帮帮我，把他们的积极性马上调动起来。"

蔡经理回到办公室后，开始分析公司的基本情况，并着手进行一份问卷调查的计划。

企业基本情况：智明公司是专门从事计算机软件开发的民营高科技企业。两年前，郑总经理和另外四名技术人员共同筹资成立了该公司。目前，公司在全国拥有10个分公司，员工417人（见表1）。几乎所有的人员都是技术出身。所有员工均是通过各种渠道招聘来的，部门经理大多数在26～30岁之间。

表1　　　　　　　　　人员结构

年龄结构	25岁以下		26～35岁		36～45岁		46岁以上	
	299人	71.7%	104人	24.9%	12人	2.9%	2人	0.5%
文化结构	硕士以上		本科毕业		大专毕业		中专毕业		高中毕业	
	19人	4.5%	238人	57.1%	84人	20.1%	63人	15.1%	13人	3.1%

在报酬管理方面，公司实行保密工资制，由总经理和员工直接商定员工的工资。工资确定后，员工之间不得相互打听，不得泄露各自的工资收入额。人员的工资水平大致如下：（1）试用期间（3～6个月），本科生850元/月，大专生750～850元/月；（2）试用期合格后，一般技术人员可达2 000元/月；（3）中层管理人员，每月3 000元左右；（4）技术骨干及高级管理人员情况则无可估计。

公司根据年轻员工多来自外地的特点，就近租用公寓，每套两房一厅住4人，每人每月交100元的住宿费。再有，公司提供午餐和晚餐，价值450元，收取每人300元的伙食费。企业还为员工按国家规定办理了养老保险和社会保险，并在企业内部建立了医疗互助基金会。除此之外，尚未有更多的考虑。

公司对人员的考核形式较为简单，到了年终，一张大白纸分两栏，其中一栏由员工自己填写个人鉴定，另一栏则由小组负责人填写小组评价。由此得来的结果是所有人员的考核结果都基本一样。

问卷调查的结果：为了全面了解员工的需求情况，蔡经理进行了一次"企业现有激励方法调查"。问卷按三种类型的需要进行统计：第一类型是物质需要，包括工资、奖金、福利待遇、工作条件及工作稳定性等；第二类型是社会需要，包括归属感、友谊、人际关系、被人尊重与承认、领导的认可及领导水平等；第三类是发展需要，包括潜力的发挥、成就感、自我发展、工作本身的意义等。调查问卷共发出 400 份，回收有效问卷 363 份。调查结果如表 2 和表 3 所示。

表 2　　　　　　　　　年龄结构与需要层次的关系

年龄 \ 需要层次	人数	物质需要 人数	比例(%)	社会需要 人数	比例(%)	发展需要 人数	比例(%)
25 岁以下	263	109	41.5	27	10.3	127	48.2
26～35 岁	89	27	30.3	16	18	46	51.7
36～45 岁	9	5	55.6	3	33.3	1	11.1
46 岁以上	2	2	100	0	0	0	0
合　计	363	143	39.4	46	12.7	174	47.9

表 3　　　　　　　　　文化程度与需要层次的关系

学历 \ 需要层次	人数	物质需要 人数	比例(%)	社会需要 人数	比例(%)	发展需要 人数	比例(%)
本科以上	224	71	31.7	15	6.7	138	61.6
大专毕业	71	28	39.4	12	16.9	31	43.7
中专毕业	56	34	60.7	17	30.4	5	8.9
高中以下	12	10	83	2	16.7	0	0
合　计	363	143	39.4	46	12.7	174	47.9

讨论题

1. 员工的招聘与员工积极性有关系吗？有什么关系？
2. 保密工资的使用有什么得失？是否应该改变？如何改变？
3. 表 2 与表 3 的数据反映了什么问题？
4. 智明公司可以采用哪些手段留住员工并调动他们的积极性？

（此案例原名《高智力人群的管理》，摘自厉以宁、曹凤岐主编：《中国企业管理教学案例》，北京大学出版社 2005 年版。案例作者：何燕珍，指导老师：廖泉文。"企业基本情况"部分由本书编者稍做压缩，问题由本书编者略做调整）

到底应该奖励谁

G 酒店销售部有四名专职的销售人员。2006 年，甲、乙两位都超额完成了自己全年销售的预定计划，而且业绩相差无几，但两人的工作风格和方式却明显不同。甲注意讲究销售技巧，办事效率高，因此，不但从不加班加点，而且平时显得非常悠闲，甚至无所事事。而乙由于销售能力并不十分出色，办事又难以做到及时、高效，因此，平时总是显得非常忙碌，甚至经常利用休息时间开展工作。在这种情况下，受到酒店更多奖励和表彰的往往是乙，而不是甲，因为这时管理人员往往看到的是乙对工作的投入程度，而对于甲，还可能做出"工作不够认真"的批评。所以有负责人提出，酒店奖励的对象应该是那些在工作效率上表现突出的员工。那么 G 酒店 2006 年奖励的对象就理当是甲了。

（根据《奖励应该奖优罚劣》改编设计。原载中国旅游报社：《酒店服务管理案例精选》，中国旅游出版社 2006 年版）

讨论题

1. 你认为 G 酒店销售部 2006 年应该奖励的是谁？
2. 请你根据本章有关激励的理论，说明他或他们应该获奖的原因。
3. 请依据获奖者的表现，再运用行为改造理论为这次奖励设计出具体的奖项和奖励的办法。
4. 假设当酒店将奖励对象确定为甲时，应对乙做哪些工作？

第八章 控 制

【学习目的与要求】
1. 理解控制及其作用。
2. 理解控制的基本原理。
3. 理解并掌握控制的不同类型。
4. 理解控制过程并明确该过程的各项工作及其要求和措施。
5. 理解和掌握各种有效控制的方法。
6. 理解和掌握有效控制的原则与要求。
7. 总体把握控制职能的内容并做出自我评价。

同计划、组织一样,控制也是现代管理中不可缺少的重要职能。它是管理过程的最后环节,通过对照计划标准,检查实际执行情况,不断发现和纠正偏差、调整方向以保证组织目标的最终实现。因此,离开控制,就谈不上管理。

第一节 控制职能综述

在现代管理中,控制职能是不能独立存在的。控制必须有其对象和依据。控制的对象是那些需要受控制指令影响的所有内容,包括人、财、物、时间、信息及其相互作用的组织过程。控制对象处在静止状态下,一般不需要控制,因为它不存在偏离目标的可能。而一旦它运动起来,哪怕是准备运动还尚未运动时,对它的控制就开始了。因此,控制对象必须是一个动态开放的系统。控制的依据是计划标准。控制的目的就是使控制对象按照预先设计好的轨道运行,并符合既定的要求和达到预期的水平。控制与计划就像一把剪刀的两片刃,离开了任何一片,管理都无法进行。有管理学者很精练地将计划、组织、控制三者间的关系概括为:"管理的控制工作是务使组织活动符合于计划。"

一、控制及其作用

如前所述,组织是一个管理系统。任何一个管理系统都有其运行的目标和方向。然而受来自各方面因素的干扰,系统运行方向随时有可能偏离预期目标,因此,必须对组织的运行状况随时进行检测,然后通过必要的调节、干预使动态的管理系统保持在预期状态，指向既定目标。所以，现代管理的控制职能就是，管理主体按照预定目标和计划标准，通过信息的反馈，衡量和检查客体的运行情况，纠正计划执行中的偏差，以确保计划目标实现的过程。

管理被视为多种管理职能的综合，而控制在其中具有十分突出的不可替代性。它既是一次管理活动过程的终点，通过监督、检查和纠正偏离计划的行为，确保组织目标得以实现；又是新一轮管理活动的起点，通过总结经验教训，修正未来发展方向，为制定新的计划目标打下良好的基础。

控制在管理活动中的重要作用表现在以下六方面。

1. 保证计划目标的实现。制定得再完美的计划都有可能在执行中出现偏离，这是由于计划的制定和计划的执行中间存在着时间差，而且任何一个目标都不可能在瞬间实现。在时间差以及实现目标的进程中，任何一种没想到的突发情况都有可能出现。因此，要消除干扰因素造成的实际与计划的偏差，确保计划目标实现，就必须通过信息的搜集和处理，分析偏差的原因，有针对性地采取措施，有效地纠正偏差，使计划得到不折不扣地贯彻执行。

2. 弥补计划的局限性。尽管在制定计划时，为确保计划对未来工作指导的科学性和精确性，要做大量的设想和预测，并提供相应的应对方案，也很难达到使计划完全符合事物发展要求的程度。因此，要"使计划赶上变化"，就应该在及时了解环境变化的原因、对组织影响的程度、未来发展趋势的基础上根据变化了的环境对计划目标进行修订，使修订后的计划更符合客观实际，也更具有指导意义。

3. 增强组织活动的协调性。在组织运行中，会出现很多不协调的现象阻碍组织目标的实现。比如，由于计划者与执行者所处的立场不同、担负的责任、考虑问题的角度以及所获信息渠道、信息量的不同等原因，会出现对组织目标态度上和行为上的差异。除了人际间的不协调之外，还存在管理对象之间的不协调、组织机构的不协调、组织内部条件与外部环境的不协调甚至管理职能之间的不协调等。此时就必须借助规章制度、信息沟通等协调控制手段，化解掉这些不和谐的因素，促成管理系统中的各个要素达到有机的结合，使其在加速组织目标实现上充分发挥自身作用。

4. 建立必需的组织秩序。实现组织目标虽然需要员工的积极性和创造性，但并不意味着组织成员可以随心所欲、各行其是。组织要制定各种规章制度和行为准则对员工的行为进行约束，即要按照这些标准进行随时的监督、检查，发现违规现象进行坚决纠正，还要形成对员工的考核评价制度，根据结果对员工进行奖惩。这些控制措施的实施，其目的就是要建立组织的正常秩序，使组织的运行处于良性的受控状态，为组织目标的实现创造必要的条件。

5. 随时纠正错误，提高企业素质。在组织的成长发展中会出现这样或那样的错误，控制就是要将这些错误及时纠正，不再重犯，少走弯路。一次小的错误可能对组织目标的实现产生不了根本性的影响，但是，如不及时纠正，累积成为大问题，就有可能对组织构成极大的危害，因此，管理者要充分发挥控制职能的作用，随时对受控对象进行监督、检查，发现问题及时解决，提高员工的防范意识。同时，还要进行经常性的自我检查，积累经验，吸取教训，提高自身管理水平，使企业整体水平得以提高。

6. 推动组织创新。首先应该明确，控制不是要对员工进行管、卡、压，而是通过制定标准，发现偏差和纠正偏差使组织行为活动保持稳定，从而营造一种有序和谐的环境，使员工能够集中精力和智慧进行企业生产与创造。同时，要清楚，内外环境的变化会给组织提出新的要求和挑战，面对新问题的出现，人们必须调整看问题的思路和角度，创造性地进行管理，这样有利于激发人们的创新意识和创新能力，使企业生产和管理在与环境保持动态的适应中不断推陈出新，再攀高峰。

二、控制的基本原理

控制，直观地说是一种作用，是施控主体对受控客体的一种能动作用，这种作用能够让受控客体根据施控主体的预定目标而运动，并最终达成这一目标。控制又是一种因果关系，施控者的作用是因，受施控者的作用而导致的变化是果。但这种因果关系与一般的因果关系不同，其区别就在于控制首先要有预期的果，即目标，然后从各种可能中选出某种估计能得到预期结果的因加以作用，以收到预期的果，即实现目标。

不论将控制看成一种能动作用，还是将其看成一种因果关系，控制职能主要运用的是信息反馈这一基本原理。所谓反馈，就是将系统的输出回输到原系统中去。这一原本物理学中的概念，自从移植到管理领域中以来，为管理的发展起了重要作用。

（一）开环控制系统

没有信息反馈概念的时候，管理系统是一个开环控制系统。所谓开环控制系统，就是一个没有反馈回路的系统。其结构如图 8-1 所示。

```
                  输入
                控制信号
    ┌────────┐           ┌────────┐
    │ 施控装置 │ ────────→ │ 受控装置 │ ────→ 输出
    └────────┘           └────────┘
```

图 8-1

由于这一所谓的控制系统缺少反馈装置，不能进行信息反馈，因此，施控者只能单方向地向受控者传授指令、施加影响，却无法了解受控者接受指令后的动态与反应。受控者的行为是否与施控者的愿望相一致，受控者的行为是否处于受控状态，施控者都无从知晓。

（二）闭环控制系统

闭环控制系统是一种带有反馈回路的系统。其结构如图8-2所示。这种系统是应用了物理学中信息反馈概念的结果，因此，这种系统又被称为反馈控制系统。它将系统输出的一部分信息经过反馈装置的回收，输送到比较器中，在比较器中再将回收的信息同原定目标值进行比较，然后确定偏差，并将这一信息传达给施控者，如此循环往复。在闭环控制系统中，由于有了信息反馈装置，施控者可以了解和掌握受控者的动态，确定是否存在偏差，并根据偏差的具体情况进一步下达指令，使控制对象始终处于受控状态。

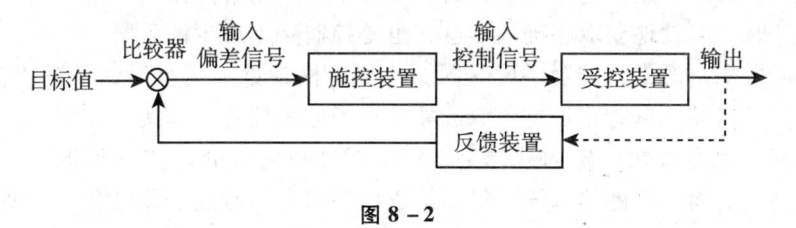

图8-2

（三）现代管理控制系统

现代管理控制系统，是指由控制主体、控制客体、控制信息和媒介组成的具有特定目标并围绕目标发挥各自功能的有机整体。

控制主体，也叫施控系统，由决策机构、偏差测量机构以及执行机构组成，其功能是制定系统运行标准，发布系统运行指令，监测系统运行状况，纠正系统运行偏差，以确保组织协调稳定地发展。控制主体由各部门、各层级管理人员组成，根据权力与分工的不同，他们承担的任务也不同。一般来说，层高权重的管理人员主要从事例外性的、非程序性的和重大程序性的控制活动，而中层、基层管理人员主要从事例行性的、程序性的控制活动。

控制客体，也称控制对象或受控系统，包括组织的全部活动要素、活动内容和活动过程。尽管控制客体有主次之分，但控制的有效性应表现为控制对象全部在受控状态。为此我们可以将控制客体进行分类，比如按资源属性分为人、财、物、时间、信息；按管理层次分为高层、部门、班组、操作者等；按组织活动的运行阶段分为开始阶段、运行阶段、完成阶段等，从而化繁为简，使控制主体可以根据不同控制对象的特点、组织目标分解，从上到下进行层级控制。这样不仅使每一个局部都得到有效的控制，同时更有利于管理高层对组织全局进行控制，达到局部与全局的协调和整体目标的实现。

控制信息，是指施控者对控制对象所发出的全部控制指令和受控者发出的对控制信息做出反应的反馈信号。按照控制论的观点，控制的实施离不开信息，它是连接组织各个局部、各个要素的神经系统。因此，控制系统实际又是信息系统，离开信息，就谈不上控制。如图8-3所示。

施控者对受控者所下达的指令正确与否关系到目标能否实现，而要保证指令

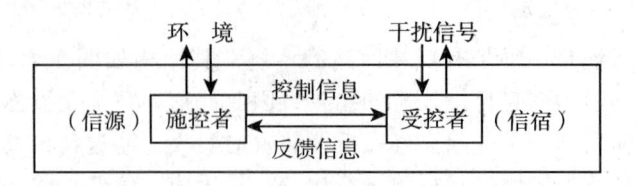

```
          环　境        干扰信号
            ↓↑          ↓↑
    ┌─────────────────────────────────┐
    │         控制信息                │
    │（信源）施控者 ⇄ 受控者（信宿） │
    │         反馈信息                │
    └─────────────────────────────────┘
```

图 8-3

的正确就必须保证施控者所获得的信息要完整、及时、准确，这里当然包括受控者的反馈信息。因此，建立信息存储和处理中心，随时保持组织内外沟通渠道的通畅，及时、有效地获取正确的信息，也是控制必不可少的手段。

控制媒介，通常与控制手段等同。比如，检查员工是否迟到早退的打卡机；用来检查进出员工以防止贵重资源流失的电子监测仪等。其实，控制信息的发出和反馈都必须附着在一定的载体上，这个载体就是媒介，如口头指令、文字信息、表格、实物、人的体态语言等。由于控制对象日益趋于复杂化，因此，为收到更好的控制效果，我们应该综合运用各种控制媒介。

第二节　控制的类型

依据不同的标准，可将控制分为不同的类型。根据控制理念，可将控制分为集权控制和分权控制；根据企业生产过程，可将控制分为预先控制、现场控制和反馈控制。

一、集权控制和分权控制

这是建立在不同的组织文化和控制理念基础上的两种控制。在多数组织中都是两种控制并存，但由于管理者的观念不同，因而使用时的侧重点不同。随着以人为本的理念的深入，组织鼓励员工参与管理并对员工实施授权政策，因而分权控制正在逐渐成为主导性的控制。

（一）集权控制

集权控制是指通过大量使用规章制度、政策法规、职务权利、书面文件、薪酬体系和其他正式的控制机制来监督和管理员工的行为。它的特点是：依靠集中行使的权力，用严格的规章制度对员工进行监督和约束；不相信文化道德也可以成为控制手段；将质量控制的责任放在管理者身上，而不是由全体员工承担；员工很少参与控制过程；强调外在奖励；先进的技术常被用于控制员工行为、控制工作流程和节奏。集权控制虽然能够提高组织的效率和效益，但由于对员工管得过死，因而造成员工的厌烦和不满，久而久之，会导致相反的效果。

（二）分权控制

分权控制是一种依靠文化、价值观、传统、共同信仰和信任来使员工的行为与组织的目标保持一致。实施分权控制的管理者通常认为员工是可以信赖的,即使不用大量的条文规范和严密的监管措施,员工也是可以有效地完成组织的工作任务的。因此,他们更多地是用共同的目标和价值观来管理员工的行为。分权控制的特点是:十分重视员工的挑选,以确保员工的价值观和组织一致,使其行为符合组织目标;认为自律、自控是保证员工按照标准完成工作的控制方式,因而强调通过授权、培训等来促进员工自控行为的发展;员工广泛参与管理的各种活动;当取得绩效时员工能够得到外在的和内在的双重激励;先进技术常被用于对员工的授权、激励以及为员工参与决策、协同合作和解决问题提供有效信息上。分权控制鼓励员工自己制定规则和程序以实现自律、自控,因而其效果要远比硬性规定被迫受控的效果好得多。

尽管我们看到集权控制有很多缺点,分权控制有很多优势,但是,按照权变的观念分析,控制对象中的人存在很大的差异性,因此,完全摒弃集权控制是不可取的。权力、制度、法规、文件在控制中依然会发挥其重要作用。

二、预先控制、现场控制和反馈控制

这是根据发生在企业生产过程中投入、转换、产出三个不同阶段,对象不同、目的不同而对控制所作的分类。但值得强调的是,企业生产活动虽然从形式上可以分阶段,但生产活动本身却是连续不断、不可分割的。因而体现在生产过程不同阶段的控制也不可能截然分开,它们是相互依存、相互影响、相互作用的。

(一) 预先控制

预先控制是指计划实施之前对投入资源的控制,其作用是防止组织中所使用的各种资源在质和量上产生偏差。比如,通过预先控制,使人力资源达到一定的素质标准,在体力和智力上能保证计划任务的完成;使财力资源充足以保证计划实施的需要;使物力资源符合一定的水平,并能在恰当的时间予以供给。

随着时代的发展,预先控制的范围越来越广泛,我们可以将系统运行前为实现目标所进行的准备工作都纳入到预先控制的范畴。这样,除上述内容之外,对未来趋势的预测、组织结构的设计、职责权限的划分、政策的制定、任务的分配及各种规章制度的建立都属预先控制的内容。

预先控制虽然发生在投入阶段,但它不仅影响投入过程,还影响到系统的转换及产出过程。比如,旅游饭店开业前挑选人员不严格或上岗前未经培训,开业后,这些人员就会由于不能胜任工作而导致服务质量低劣,从而带给饭店不良的效益。再如,职权划分不明确,就会造成组织部门间的矛盾,因而使企业不能协调发展。所以,预先控制做好了,能将偏差降到最低限度,减少不必要的损失。

(二) 现场控制

现场控制也称同步控制、即时控制,是指按照计划标准对正在进行的系统转换过程实施的控制。现场控制的方法主要是管理者亲临现场对正在进行的活动给予指导和监督，随时发现问题随时予以纠正，因而现场控制的特点是及时。

由于现场控制是一种面对面的即时控制，一旦出现问题常常需要管理者单独且迅速地解决，因而要求现场控制的管理人员要经验丰富、分析判断能力强、综合素质高。比如，饭店餐饮部经理遵循"先面、后线、先动、后静"的规律去餐厅检查工作，就容易发现问题。此外，现场控制是否有效，还取决于管理者下达的指示、命令是否合理，用词是否恰当、准确、易懂，以及与整体目标是否一致等。

现场控制要求解决问题快，因而容易出现越级控制。为避免此情况发生，应注意按照正式的指挥系统由各个部门、各级管理人员层层进行控制。

（三）反馈控制

反馈控制就是通过信息测定实际与标准的误差，对实际进展采取措施并加以调整的活动。反馈控制的特点是根据过去的局部和整体情况来调整未来的行为。反馈控制关注的中心问题是结果，这个结果不仅指企业生产系统最终产出的结果，也包括生产经营进行到某一阶段的结果。由于阶段结果的质量直接影响着最终结果，因此，为保证所取得的最终结果与预期结果一致，每一阶段的结果都应受到有效的控制。所以反馈控制绝不仅仅意味着事后控制，随着管理活动的开始，反馈控制就在不断搜集与反馈信息，随时分析评价计划执行情况，随时发现偏差并予以纠正。当然，任务完成后的分析报告是最全面的反馈，但它只对管理的下一循环起作用。

第三节 控制的过程

根据控制的基本概念进行分析，控制的过程可以分为四个步骤，如图 8-4 所示。（1）根据计划目标制定控制标准；（2）根据计划的执行情况实施状态测定；（3）对两者进行比较分析来发现和确定偏差；（4）根据偏差原因，采取有效措施对偏差予以纠正。很显然，这一过程的目的就是要保证计划目标的最终实现。

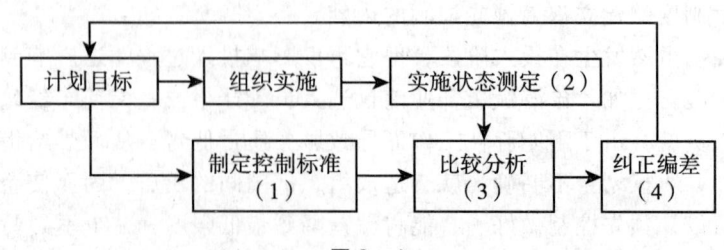

图 8-4

一、制定控制标准

（一）制定标准的意义

标准是针对具有重复出现特性的事务而言的。由于生产的社会化分工越来越细，使得人们的工作由复杂变得简单了，几乎每人每天都在做着重复性的工作。制定标准就是在找出反复出现的事物的规律和总结那些必须重复做的工作的最佳程序和方案的基础上，制定人们可以共同遵守的准绳。有了这个准绳，就可以最大限度地减少不必要的重复劳动，减少由于人对事物认识和理解的不一致而造成的混乱，扩大最佳方案的重复利用范围。每个岗位、每个部门、每个人员都按照统一的标准工作，管理人员按照统一的标准对工作进行衡量检查，因此，对重复性越强的工作制定标准，其最佳方案的重复利用范围就越大，实施标准的价值就越高。

（二）标准的特点

理想有效的标准应具有以下一些特点。

1. 全面性。组织中的每一部门、每一岗位、每一人员甚至每一动作，都要有相应的标准，形成标准化体系，使组织处于"法治"之中，凡事有"法"可依。

2. 一致性。标准的制定是为目标服务的，因此，每一标准都应与目标一致。这样标准之间相辅相成，不同部门间管理者的协调也有了基础。

3. 公正性。标准的制定应建立在调查研究的基础上，要通过诸如时间动作研究等一系列深入细致的工作使标准尽可能地客观公正。

4. 可行性。可行性应体现在：（1）标准的目标水平不要太高也不能过低，太高会挫伤积极性，太低则会失去挑战性；（2）标准要明确化、具体化、定量化，便于执行和考核。

5. 经济性。制定标准的目的在于谋求合理的生产经营活动，提高效率，降低成本，以最少的耗费获得最大的经济效果。因此，建立标准、执行标准和标准的考核都应体现经济性。

6. 稳定性。建立标准及形成标准化体系是一个动态过程，但标准一经建立就要保持相对稳定。标准频繁变化会削弱标准的严肃性，淡化人们对标准的记忆，不利于管理人员对工作的考核，使标准失去作用。而为保持标准的稳定性，标准应具有一定的弹性。

（三）标准的类型

1. 功能标准和结构标准。功能标准指对工作结果做出的规定，结构标准则指对工作过程和方法做出的规定。功能标准体现了对结果的管理，而结构标准体现了对过程的控制。建立标准时，应先制定功能标准，即确定事物或工作应达到的整体状态水平，然后再根据这些要求制定具体的结构标准，以使功能标准得以体现。

2. 有形标准和无形标准。有形标准，是指可以用实物指标或价值指标量化的标准，又称定量标准。如不同行业、部门甚至国际公认的一些物理的、化学的、技术的、资源的等方面的标准，如组织根据自身情况制定的工作定额、市场占有率、成本、利润等一些体现目标效果的标准。而那些无法用实物指标或价值指标衡量的标准就是无形标准，也称定性标准。如道德标准、顾客满意度、员工忠诚度、对人的素质和能力的衡量标准等。

（四）标准化管理

建立标准、形成标准体系，最终形成标准化管理，这是现代管理的基础工作。基础打好了，企业的一切工作纳入正轨，企业就成为一个"自动控制系统"。自动控制系统意味着，在标准的合理范畴之内企业能够自行运转，管理人员不在时员工也能够按照标准将本职工作做好。

然而标准体系的形成不是一蹴而就的，它是一个动态过程。随着环境的变化，新事物的出现，人们对事物认识的不断深化，标准也需要不断补充、调整来加以完善。标准化的形成与完善过程是一个不断应用"例外事件"原则去处理问题的过程。一个企业的管理者通常要把注意力放在标准以外的"例外事件"上。当例外事件出现时，除及时处理外，还要分析该事件是否会重复发生。如果会，就要在解决处理该问题时找出规律性、程序性的内容，总结出处理此类问题的注意要点，形成标准，纳入到标准体系中。这种问题以后再发生，就不再是例外事件，而成为例行公事，交由下级人员去处理了。

实施标准化管理还要通过宣传教育让标准深入人心，要让员工知道标准的重要性，还要让员工明确自己的职责是什么、该干什么、该怎么干、达到什么水平，以及如何检查、考核、奖惩等，让员工把依标准办事变成自觉行动，用标准把企业协调起来，成为真正的"自动控制系统"。

二、实施状态测定

组织实施的过程是将计划目标从设想变为现实的过程，为保证实现的结果与既定计划目标相符合，必须在实施过程中对组织的工作进展进行全方位的监测，并随时将监测到的情况与标准进行比较，以便及时发现偏差，将问题解决在萌芽状态。

（一）实施状态测定的要求

实施状态测定的目的就是要掌握组织计划执行和工作进展的实际情况，而要达到这个目的的唯一途径就是通过信息的搜集分析和加工处理。

1. 重视信息的收集。离开信息，管理者就如同瞎子和聋子，因此，要及时准确地获取足够的相关信息。组织中的每一个部门既是一个管理机构也应是一个信息中心，它要形成信息网与相关的单位保持畅通的沟通联络；要通过建立必要的检查制度、汇报制度，通过定期、不定期的检查和汇报，并辅以必要的调查研究、统计分析来获取计划目标完成情况的全面准确的信息，为下一步比较分析打下扎实的基础。

2. 掌握真实的信息。没有信息，情况会很糟；有信息却是假的，情况会更糟。因为在前一种情况下，管理者只能懵着决策，但还存在一定蒙对的概率。而依据假的、错的信息进行控制的决策，错误的概率则是100%。因此，管理人员不仅要注意及时、全面地收集信息，更要认真地对信息作去伪存真的分析。要将时间和精力花在深入细致的调查研究上，而不要被漂亮的图表、精美的报告所迷惑。要出于公心，客观公正，运用科学方法去发现真正的偏差之所在，以防止计划执行过程出现局部甚至全局的失控。

3. 防止患信息消化不良症。虽然我们强调信息收集，但也不能片面认为信息越多就越好。因为当大量的信息、数据呈现在管理者面前时，很可能会患上信息消化不良症，干扰我们的工作：第一，对信息分析处理的工作量加大，时间紧、任务重，一时疏忽造成失误；第二，认为信息都很重要，而舍不得作筛选、取舍；第三，信息太多无法分辨出轻重真伪。此时信息不再成为决策或判断的工具，反倒成为阻碍人们思维的障碍，使人们犹豫不决，优柔寡断。此外，实施状态测定也要遵循经济性原则，搜集信息越多其花费也越大，花了钱却获得负面效果，得不偿失。

（二）实施状态测定的方法

实施状态测定的方法通常有个人观察、口头汇报、书面报告、统计报告。

个人观察是管理者获得最直接和最深入的第一手资料的有效手段。由于个人观察是深入到员工当中，与员工直接接触，因而获得的信息是非常广泛的。比如，从员工的面部表情可以了解到员工的工作情绪和满意状况，从员工的言谈话语可以知道他们的所想所求。虽然这种方法优势明显，但也存在缺点，如费时，由于不可能长久坚持因而可能会有漏洞等。

信息也可以通过口头汇报的形式获得。比如各种会议、一对一的面谈或者电话交谈。用这种方法获得信息快捷、有反馈、深刻。与个人观察法相同，也能从人的体态语言或语音语调的变化中感知到深层的内容。

书面报告因为要有一个调查了解情况和撰写成文的过程，因此，书面报告传达的信息相对滞后。但它比较正式、严谨，比口头汇报的形式更精确和更有条理。书面报告还可以分类存档，便于查找。

随着计算机和网络的普及，管理者们获取信息越来越依靠统计报告了。统计报告不仅能反映数字，还包括许多图形、表格，能够形象、直观地显示它们之间的关系。

以上方法在实施状态测定中各有利弊，因此，应综合使用。另外，为收到状态监测的良好效果，我们要经常问自己五个问题：（1）信息是适时的吗？

(2) 测量单位是合适的吗？　(3) 收到的信息是可靠的吗？可靠性有多大？(4) 信息是有效的吗？(5) 信息是否送给了需要该信息的部门？

三、比较分析

在充分收集和分析各种信息之后，将实际的工作业绩与控制标准进行对比，就可以发现绩效和标准之间的差距。发现偏差是纠正偏差的前提。

（一）确定偏差

我们知道，系统的运转是按照计划标准执行，再通过对反馈信息的收集进行测定，不断发现偏差和纠正偏差的过程。如果出现偏差却未能测定到，或已测定出偏差而未能采取坚决措施予以纠正，系统都可能出现失控现象，背离原定目标。只有测定出偏差并对偏差予以及时纠正才能使系统运行回归正轨，使系统重新处于受控状态。比较分析有可能出现三种结果：第一，绩效与标准之间不存在差距。这表明不折不扣地按照计划要求完成了任务。这种状况是很少见的。第二，出现正偏差。正偏差是指实际业绩超过了目标要求的偏差。第三，出现负偏差。负偏差就是实际业绩未达到目标要求的差距。无论是正偏差还是负偏差，都存在着与标准之间差距大小的问题。如果是控制过程允许范围内的偏差，我们可以忽略不计，但如果是超出范围的偏差，我们则应视情况给予不同程度的重视。所以指出偏差的大小和方向是管理者在比较分析阶段的重要任务。

（二）分析偏差

比较分析的目的不仅在于弄清是否存在偏差以及偏差的性质和程度，更在于找出造成偏差的主要原因。找出原因通常采用因素分析法。即找出在控制过程中影响到计划执行进程的全部因素或主要因素，分别分析它们对计划执行过程的影响力度和方向，然后找出造成偏差的主要原因。

容易引起人们高度重视的往往是差异较大的负偏差。造成这种偏差的主要原因有：标准制定过于草率，未经深入细致的调查，因而使标准与实际脱节；从事该项工作的员工或因业务技能、或因思想情绪、或因工作态度等原因造成工作效率或质量不能达标；下达的指令不正确或沟通不畅；与该项工作有关的其他因素发生变化。

对于正偏差也不能盲目沾沾自喜，也同样需要进行深入的分析：可能是标准制定得过低；可能是受某一时间段特殊事件的影响，不具有普遍意义；也可能是受大环境利好因素的影响出现的一种表象，而实际上却掩盖了企业管理滑坡的隐患。

四、纠正偏差

根据前面三步的工作，确定了偏差并找到了造成偏差的主要原因，就要设计和制定纠正偏差的方案，采取措施，彻底解决问题，变失控为受控，以保证预期目标的实现。

（一）纠偏措施

纠偏措施通常有三种：

1. 调整工作方法。如果原定计划合理，内外环境也没有发生大的变化，出现偏差的原因很可能就是工作方法不合理。当然造成工作方法不合理的原因也要细分，比如，与组织对立，故意采用错误方式；技术能力不高，没有掌握正确的方法等。管理者在采取纠偏行动之前，要对是马上解决问题还是彻底解决问题做出决定。如果是求快，希望立竿见影，那就采取措施立即将有问题的工作扭转到正轨上来；如果希望彻底解决问题，那就要作深入调查，不仅治标还要治本；如果情况紧急，影响较大的偏差出现，就应该首先尽快解决问题，之后再作深入细致的工作力求彻底解决，绝不能以没有时间为借口使问题不能从根本上解决而反复出现。

2. 调整计划标准。工作中的偏差也有可能来自不切实际的计划标准，例如，目标定得过高或过低，或内外环境发生变化导致计划与实际脱节。在这种情况下，就应对标准进行调整，使标准与实际相符。但对计划的调整不能随意。不能以计划迁就控制，不能任意地根据控制需要来改动计划。必须有充分的事实证明计划高了、低了，或计划的前提已经变了，才能对计划标准进行修改。

3. 调整组织与领导方式。组织与领导应是控制的保障，但如果组织与领导不力就成为了控制的障碍，自然就会影响控制效果，形成偏差。比如权责关系不明确、岗位职责不清晰、信息渠道不通畅、奖惩措施不合理等都很容易造成偏差。所以一旦出现偏差，也要从以上方面找原因，必要时还要更换该项工作的负责人。

（二）纠偏要求

为确保纠偏工作的顺利进行，以获得预期的纠偏效果，在纠偏时应注意以下问题：

1. 采取纠偏措施前，要与有关人员进行广泛沟通，让他们了解纠偏的意义，对所采取的纠偏措施予以理解和支持，以减少纠偏阻力。

2. 纠偏有时意味着对原有的某些劳动的否定，意味着受控者可能将付出更多劳动，因此会产生抵触。所以需要授予纠偏人员相应的权力，以增加纠偏力度。

3. 在建立控制标准时就要配之以相应的奖惩制度，要奖得合理，惩得明白，使奖惩制度本身即成为纠偏措施。

4. 纠偏措施一经执行，就要及时对纠偏效果加以反馈，使相关人员看到纠偏成效，以使下一阶段工作顺利地进行。

第四节　有效控制的方法

一、目标管理

目标管理（management by objectives，MBO）是美国著名管理学者彼得·德鲁克于1954年提出的。他认为，企业的使命和任务必须转化为目标。如果一个领域没有目标，这个领域的工作必然被忽视。因此，首先要确定目标，然后对其进行有效分解，并转变成各个部门以及各个人的分目标，管理者再根据分目标的完成情况进行考核、评价和奖惩。所以，可以把目标管理定义为一种程序或过程。它是组织中的上下级一起协商，根据使命确定一定时期内组织的总目标，通过目标分解确定每一级的职责和分目标，再以这些目标作为考核依据进行评估、奖惩的过程。

（一）目标管理的特点

1. 建立科学的目标体系。目标管理是一种靠目标进行的管理，目标是目标管理的基础。目标首先要体现企业使命，还要能够层层分解落实到每一个部门、每一个人。在目标分解中明确责、权、利，使每个人的工作都直接或间接地与组织目标挂起钩来，用目标把企业中的各个部分连成一体。企业目标的实现是每一个人努力工作的结果。

2. 实行自我控制。目标管理非常重视人的因素，是一种民主式、参与式的管理。在目标制定的过程中，下级可以充分发表自己的意见，最后自下而上协商讨论确定。由于目标体现了下级的意愿，下级又是目标的身体力行者，因此，可以说目标的设计者就是目标的执行者，两者的协调一致为目标的实现打下了重要基础。在目标的执行中，下级可以自主决定使用的方法，上级一般不去干预，必要时才给予指导和帮助。由于上下级之间相互尊重、理解、支持，下级获得了展示自我的平台，因此，可以充分将自己的才能与潜质发挥出来。

3. 重视成果评价。在目标管理中，制定目标是起点，实现目标是终结，为保证目标的实现，要不断进行检查与考核，对目标管理的成果进行评价。同时还要将评定结果与每个人的切身利益结合起来，以评定结果作为奖酬的依据。

（二）目标管理的步骤

目标管理包括三个基本步骤：制定目标体系、达标过程中的控制、总结和评估。

1. 制定目标体系。这是目标管理的重要环节。具体要做好如下四项工作：（1）由领导者提供通过环境分析和调查研究获得的关于目标制定的依据和要求，下属人员对此进行充分讨论，并提出建议，反复磋商后就目标确定达成一致意见；（2）确定目标之后，要根据新目标的分解要求分析组织结构和职责分工的合理性，如有不协调需要进行重新调整；（3）在下级充分了解组织的目标和所处环境的条件下，在民主气氛中为下级确立明确、具体、既有挑战性又具可行性的目标；（4）明确目标后向下级授权，明确权、责、利三者之间的关系，由下级写成书面协议，编制目标展开图和目标管理卡。

2. 达标过程中的控制。由于目标管理的特点是层层相接、环环相扣，因此，一旦一个环节出现问题就可能影响全局。所以尽管目标管理强调自觉管理、自我控制，但依然要注意：（1）利用双方信息沟通与反馈的机会了解情况、掌握进度；（2）随时听取下级汇报，有困难及时帮助解决；（3）出现突发情况影响目标实现时，通过必要手段对原目标进行修改。

3. 总结和评估。到达预定期限后，下级首先要提交书面报告，进行自我评估；然后上下级一起对目标完成情况作评价，对照奖惩条例确定奖惩等级；商讨下一阶段目标，准备开始新一轮的循环。如果没有完成预定目标，则要一起分析原因找出补救措施，同时总结教训，改进下一循环的工作。

（三）目标管理的不足

虽然目标管理有很多诸如调动下属积极性、创造和谐的组织环境、及时发现组织结构和责权不协调问题，以便及时改进的优点，但是，目标管理依然存在明显不足。美国管理专家莱文森将其概括为三点：

（1）未被包括到目标里的工作容易被忽视。

（2）有时人们只注意完成个人目标而忽视各种工作间的有机联系。

（3）目标管理仍有忽视"人性"的问题。

针对这三点缺陷，莱文森提出了三点解决办法：

（1）每个目标都应与由集体制定的部门和企业目标结合。对个人的贡献宜采用集体评价方法，奖励的多少也应根据整个集体完成目标的程度而定。

（2）除集体和个人目标外还应制定由个人和其直接上级共同完成的目标，这样有利于上下级之间的合作和下级对上级的监督。

（3）人与人、部门与部门之间建立"真诚的伙伴关系"，不应"把人当物"看待。

目标管理同其他管理方法一样，有其长处也有其短处。我们应该在实施中扬长避短，同时要与其他管理方法结合使用，要建立健全各种规章制度，要做好员工深入细致的思想工作，要改进领导作风和工作方法，使目标管理在管理实践中发挥出它的作用来。

二、全面质量管理

所谓全面质量管理（total quality management，TQM），就是运用系统的观点和方法，把企业各部门、各环节的质量管理活动纳入统一的质量管理系统，形成一个完整的质量管理体系。这一概念由美国学者戴明、朱兰和费根堡姆于20世纪60年代提出。它体现了分权控制的理念。在事先控制中强调培训员工的防范意识，同时授予他们以责权去发现问题和解决问题；现场控制中强调企业文化和员工忠诚度，鼓励员工参与其中；反馈控制则根据员工参与和产品零缺陷率的目标进行调整。

（一）全面质量管理的内容

全面质量管理的内容体现在"全"字上。

1. 管理的对象是全面的，这是就横向而言。不仅要管产品质量，还要管产品质量赖以形成的各方面的工作质量。这是一种预防性的全方位的管理。

2. 管理的环节是全面的，这是就纵向而言。它要对设计者的构思、市场调查、设计、试制、生产、检验销售、售后服务等各环节都进行管理，是一种全过程的管理。

3. 参加管理的人员是全面的，这是就管理主体而言。它通过适当的组织形式，把企业各方面人员都吸收到产品质量的保证体系中来，人人关心产品质量，人人为产品质量把关，它是一种全员式的管理。

4. 所使用的科学方法是全面的。为保证产品质量符合要求，要综合运用各种科学的管理方法，包括行政管理手段、业务管理方法、数理统计方法和先进技术手段。这是一种科学化的管理。

（二）全面质量管理的特征

全面质量管理的特征集中体现在以下两个方面。

1. 为用户服务的指导思想。为用户服务、满足用户需要是全面质量管理的目的。它要求把用户看成是产品质量优劣的最终评判者，把用户满意当作产品质量的最高标准，为此要认真了解用户需要，积极而且经济有效地满足用户需要。

2. 建立质量保证体系。产品质量是工作过程的产物。为保证能长期稳定地生产用户满意的优质产品，就必须建立一个从市场研究、产品开发、设计生产到销售服务全过程的有效的质量管理体系和保证体系。同时还要建立一个信息反馈系统，对管理及保证系统的工作随时进行审查、监督，以确保它在为用户提供满意的产品的过程中发挥积极有效的作用。

（三）全面质量管理方法

1. QC小组。通常由6~12人自愿组成。他们平时收集数据信息，定期开会，发现问题并商讨解决办法。QC小组的方法基于从事具体工作的员工熟悉工作情况，能够提出切实可行的建议这一理由，因此，应授权给他们。

2. PDCA管理循环。由于是质量管理之父戴明提出，因此也被称为戴明循环。循环包括四个阶段、八个步骤：计划（plan）—执行（do）—检查（check）—处理（action），其中计划包括四个步骤：找出存在问题；找出问题原因；找出其中最关键的原因；制定计划和措施。处理包括两个步骤：提出巩固措施，即好的纳入标准化，失败的要有防止再次发生的具体意见，遗留问题转入下一循环。该管理方法的特点是：PDCA 顺序进行，形成一个大圈；每个部门、小组都有自己的小循环，纳入到大循环中；大循环套小循环，互相促进，整体提高，阶梯式上升，循环前进。

3. 标杆管理。20 世纪 80 年代，施乐公司首创标杆管理方法，并取得成效。该公司的首席执行官戴维·卡恩斯将该方法定义为："以最强大的竞争者或公认的行业领导者为基准，持续不断地度量自身的产品、服务和工作。"标杆管理分两步：研究其他组织的最佳做法，然后用于自身的业务改进。

4. 国际质量认证体系。在全球高度重视产品质量的今天，为适应国际往来和技术合作的需要，确保买卖双方的利益，减少质量风险，国际标准化组织（ISO）于 1987 年发布《质量管理和质量保证》系列标准。ISO9000 就是这一系列标准的简称。目前这一系列标准已经成为在全球范围内评估和对比企业的公认标准。如果从标杆管理角度来看，ISO9000 就是企业最基本的标杆。

5. 六西格玛。六西格玛首先由摩托罗拉公司提出，后在通用电气公司获得成功的实践。六西格玛从统计意义上计算就是百万分之三点四，赋予管理上的意义就是一百万次机会中仅有 3.4 个缺陷。这个标准意味着质量缺陷的数据已经从过去的百分之一降到现在的百万分之一。通用电气公司总裁韦尔奇将六西格玛过程概括为"四个简单而严格的步骤：首先，考察每一个过程和每一笔贸易；接着逐一分析；其次，小心改进它们；最后，一旦它们得以改进就严格地控制以达到一致性。"

全面质量管理对任何组织都不失为一项有效的管理方法，它比单纯提出"顾客是上帝"、"用户至上"等口号要实在和有效得多。现在，质量就是生命，质量就是效益，这已为企业管理者普遍理解，结合本企业的特点，运用全面质量管理方法，坚持用户第一的指导思想，一定能使产品质量更上一层楼，从而赢得更多的消费者。

三、预算控制

预算是管理者所使用的一种最基本的控制方法。它是一种以数字形式表现的计划。预算有两种作用，当它将计划目标和方案用数字表示时，它是一种计划工具；当它用来标定使用资源的界限，作为计划执行情况的衡量标准的时候，它又成为一种控制的手段。

（一）企业预算的内容

1. 收入与支出预算。收入预算主要是指销售预算，即企业在未来时期内为实现目标利润必须达到的销售水平。除此之外，还包括专利转让收入、外加工收入等。支出预算是指为取得未来活动的成果企业所付出的费用。主要包括：材料预算、人工预算、附加费用预算等。

2. 时间、空间、材料及产品预算。这种预算对控制资源的分配与使用具有重要作用，如原材料消耗预算、产品成本预算等。一般是用这些要素的实际数量单位来表示，例如直接工时数、原材料的数量、产品产量等。

3. 现金预算。这是对企业现金收入与支出的预估。现金预算可以衡量实际现金使用情况，控制现金的收支，以做到合理理财。

4. 资金预算，也称资产负债预算。这种预算的作用有：（1）通过分析流动资产与流动负债的比率，可以发现企业的财务安全性和偿债能力的大小；（2）通过将本期预算与上期实际发生的资产负债情况对比，可以发现企业财务状况发生的变化，从而进行事前控制。

5. 投资预算。这是一种相对较长时间的预算。主要包括：用于改造或扩充生产设施的支出；用于研制、开发新产品或改进产品工艺的支出；用于寻找顾客，开拓和扩大市场的支出；用于培训员工、提升员工业务技术能力的支出等。

（二）预算控制的步骤

（1）了解上一年度预算执行情况和未来一定时期组织的发展战略与目标，这是预算的依据；

（2）主管部门向各部门的负责人提供相关资料和告知编制预算的要求；

（3）各部门依据上级组织的要求、大小环境的变化以及自身实际情况，编制本部门预算；

（4）各部门将预算上交，由主管部门调整、汇总，经过统筹协调，编制出总预算；

（5）将总预算提交给组织决策层，一经审核批准就要下发执行。在执行中要对照预算指标随时进行监控，发现问题及时纠正。

预算作为一种控制手段有着明显的优势：它用一个标准表现预算内容，使得组织不同部门的工作具有了可比性，谁做得好，谁做得差，可以一目了然；它将标准数字化，使得标准清晰、直观，因而发现问题更快捷，控制更简便；预算指标明确也便于管理者授权给下级，由下级对权责范围内的事情进行处理。预算也存在一定的问题，例如，有些管理人员担心超出预算受罚，因而事事处处谨慎行事，忘记了预算的目的是实现目标，本末倒置；又如，作预算时千方百计做大，到年底时突击花钱。

根据上述局限性我们在运用预算控制时要注意，预算应有一定的灵活性，避免过细、过死。大项收支要严，小项收支可松一些；预算目标不能代替企业目标，要按预算规定办事，更要关心企业目标的实现；预算标准要适当，防止过高或过低，否则，就失去了预算控制的意义。

四、时间项目网络分析

时间项目网络分析起源于 20 世纪 50 年代。它的出现为规模巨大、关系复杂的工程提供了计划与控制的有效工具和方法，对有效利用资源、节省费用和时间、提高工作效率和经济效益具有重要作用。

时间项目网络分析的原理是，把一项工作或项目分成各种作业，然后根据作业顺序进行排列，通过网络的形成对整个工作或项目进行统筹规划和控制，以用最少的人、财、物和最短的时间完成工作。

时间项目网络分析的表现形式是网络图，又称箭头图，是按一项工作中各工序的先后顺序和流程方向自左向右用箭线绘制成的网络状图，它所运用的是关键路线图法、计划评审法的图解方法。关键路线图法和计划评审法的基本原理是一致的，都是以网络图为基础，并通过网络时间的计算和优化来达到有效进行计划管理的目的。两者的主要区别在于工序的活动时间上，关键路线图法的时间是确定的，由经验数据所决定，是肯定型网络，重点是控制成本；计划评审法的时间基于概率估计，是不确定的非肯定型网络，重点是控制时间。所以网络技术是关键路线图法和计划评审法的统称。

网络图由活动（作业、工序）、节点（事项）、线路（路线）三要素组成。活动是指需要消耗人力、物力和时间的实践过程，用箭线表示；节点表示某项活动的开始或结束，用圆圈表示；线路是指从网络始点开始顺着箭线所指方向连续不断地到达网络终点的一条条通路，其中，周期最长的线路被称之为关键线路，用粗线或双箭线表示。

时间项目网络技术的基本工作步骤包括：确定目标，划分作业项目；分析各作业点间的相互关系，列出全部作业的工序明细表，绘制网络草图；计划各项作业所需时间；计算时差，确定关键线路和工期；采取措施调整时间和平衡资源。如图8-5所示。

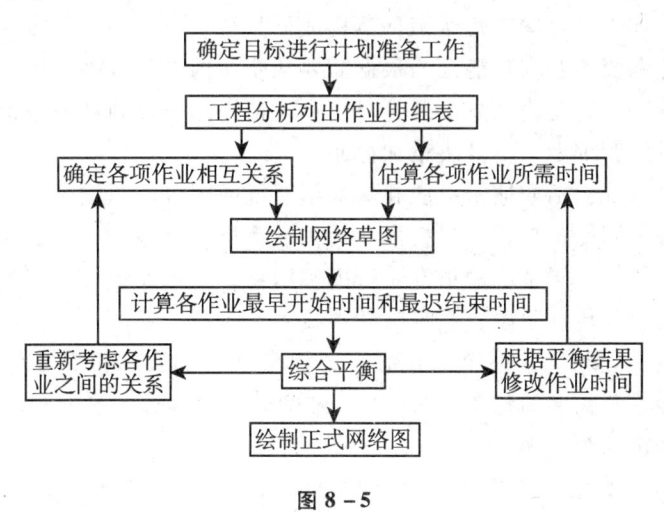

图8-5

网络分析之所以被广泛应用，是因为它具有下列优点：
（1）能清晰地表明整个工程的各个项目的时间顺序和相互关系，并指出完成任务的关键环节和关键路线。管理者在制定计划时,既可统筹安排,全面考虑,又不失去重点,并在实施过程中进行重点管理。

(2) 可对工程的时间进度与资源利用实施优化,向关键路线要时间,向非关键路线要资源,既节约资源又缩短工期。

(3) 可事先评价实现目标的可能性,指出实施中可能发生的困难点及其对整个项目的影响,准备好应急措施,减少完不成任务的风险。

(4) 便于组织与控制。特别是对于复杂的大项目,可以分解成许多子系统,对各子系统实施控制,形成局部优化,再经协调实现整体目标。

(5) 简单易懂。由于涉及的数字不很复杂,因此,易于为人们理解和掌握,对复杂的、多节点的工作,可利用计算机。

(6) 应用范围十分广泛,适用于各行各业。

五、管理信息系统

管理信息系统(management information systems,MIS)产生于20世纪50年代。随着社会经济和科技的高速发展,管理人员在管理活动中所接收的信息量剧增,已经逐渐变与具体事务打交道为与事务的信息打交道,因而产生了建立管理信息系统,将分散的信息集中起来科学地进行处理,以便高质、快速地向管理者提供信息,以供决策的需要。管理信息系统是满足这种需要的产物。

管理信息系统包含有三层意思:信息、管理信息、管理信息系统。信息,通俗地讲,就是能带来新内容、新知识的消息。管理信息,就是反映管理活动的特征及其发展变化情况的情报、指令、意见、消息和数据。管理信息系统,则是由信息的收集、加工、存储、传送诸环节构成的系统。

管理信息系统的基本功能是,根据需要从企业内外环境进行数据采集、存储和检索,经处理后转化为信息。通过对信息的传输加以计划和输送信息,将有价值的信息提供给管理者,供其决策和控制。

管理信息系统包括职能子系统和保证子系统两部分。职能子系统是指管理系统所担负的各种职能,如生产、技术、销售、市场、财务、人力资源等;保证子系统是指为职能信息子系统的正常运行提供的物质技术保证条件,例如,信息源设置、信息收集和传递手段、系统软件和技术设备等。

信息处理是管理信息系统的核心,对信息处理的要求贯穿于包括信息的收集、加工、传输和存储的各个环节。信息处理的要求表现在信息供应的及时、准确、适用、经济四个方面。

1. 及时。信息的价值贵在及时,时滞的信息将导致控制失效和系统运行的中断。因此,信息收集要超前,加工要及时,传递要迅速,使决策者和施控者能在需要时快速获得信息。

2. 准确。信息的质量取决于它的准确,依据虚假、失真的信息进行决策和控制将使企业走入歧途。因此，要重视原始信息的收集，以科学、严谨的态度进行信息的加工，避免不必要的"修饰"，缩短信道，减少干扰，确保信息的真实可靠。

3. 适用。各级决策者和不同的管理部门在进行决策和控制时需要的信息从范围、内容到详细程度都是有差异的。比如，高层决策更多需要来自外部的信息，基层则主要依据内部信息；高层需要的信息抽象、综合，基层需要的信息详细、具体；高层看重的是发展趋势的信息，基层关注的是过去和当前的实际进展情况。因此，要根据具体情况提供使用的信息。

4. 经济。信息的收集、加工、处理和使用都要支付费用，因此，要遵循经济性的原则，精心设计管理信息系统，避免浪费，减轻企业的"信息负担"。

第五节　控制的要求和原则

为提高控制的有效性，确保组织目标的实现，在采用各种方法对组织的各种系统和要素进行控制时应该遵循以下原则和要求。

一、有效控制的原则

（一）适度的原则

适度控制主要是指控制的程度要恰到好处。组织不能没有控制，没有控制的组织将是混乱无序、没有效率的。但是，由于人们通常对受控反感，因此，控制过度会让人感觉压抑，积极性、创造性会受到伤害，因而要强调适度控制。控制中的"度"没有统一标准，要遵循权变观念，视控制对象的具体情况而定。比如，对企业新产品的研制开发部门，其控制程度要低于一线的车间作业部门；对受过专门训练、能力强的员工的控制程度，要低于缺乏训练、业务不熟的员工；对员工能力较强但管理过于死板、活力不足的单位控制力度要降低；对自尊心强、上进心强、性格较内向的员工控制力度要低。

（二）及时性原则

对一个动态系统实施控制，必须强调及时，因为系统在运转，系统中的各要素随着系统也在运转，如果发现偏差不能得以及时纠正，问题就会在系统的运动中蔓延扩大，因而给组织造成危害。另外，从经济角度来看，偏差发现得越早，在处理上所花的费用越低。及时不只表现在发现偏差和纠正偏差上，还表现在信息的提供与输送上。如果偏差已经出现，却没有得到及时的关注，直到差距很大甚至对组织造成危害才引起人们重视，表明这个管理信息系统已经失灵。因此，控制应该是在偏差出现之前，能够根据信息的收集与处理发现偏差的苗头，并推出具有预见性的纠偏措施，将纠偏工作落实到防范上，防患于未然。当然，为了保证控制的及时，要做好预先控制和现场控制，将可能发生的情况做出尽可能全面、准确的估计并提出相应的应对措施，随时到现场检查工作，一旦发现偏差即可及时处理。

（三）客观性原则

有效的控制必须是客观的。控制的客观性原则首先要求控制必须符合企业的客观实际。这包括控制过程中所采用的检查、测量的技术手段必须能正确地反映企业经营的变化，推出的标准与措施应适应企业控制对象的性质与特点。为此，要准确了解企业的计划目标、运行情况以及内外环境的变化，并做出客观评价。控制的客观性原则还要求，用于控制的标准应该是可以测定和可以考核的。制定了可以测量和考核的标准，可以减少有些管理者凭主观猜测和戴着有色眼镜去评价一个部门或一个人的工作绩效。在这种客观、透明的标准面前，管理者和员工可以用同一个尺度进行业绩的评价，可以增加公平感，有利于调动员工积极性。

（四）灵活性原则

现实和未来的不可预知性是一种客观存在，因此，尽管我们努力预测，尽可能使计划与未来的实际相符，但依然会有差距。如果我们只有一套控制方案，或控制方案制定得过死，一旦有突发事件，控制就会失效，企业就有可能瘫痪。因此，必须在制定计划和控制标准时保持一定的弹性，使之在遇到环境变化时仍能有效地发挥作用。按照控制的灵活性原则，首先，组织应制定多种方案以应对未来不同情况的发生；其次，为实现组织目标，不能固守一种传统的控制方法，应根据实际情况的变化，灵活地采用一些能够随机应变的控制的方式。

（五）层次性原则

控制的层次性原则与组织的统一指挥原则是一致的。遵循层次性的控制原则，有利于高层管理者摆脱琐碎事务的干扰，集中精力处理例外事件和战略性工作；可以使组织保持有序和受控状态；可以调动下级的积极性。按照分层控制原则，组织的控制应该呈现这样三个特点：第一，控制标准应分层制定，体现上粗下细。每个层级要按照上一级的子目标和具体工作要求为本层级的工作制定切合实际的标准，层级越低，标准越应该详细具体。第二，信息要分层传递，体现适应性和针对性。对所传递信息要作必要的加工整理，同时，信息传递要保持双向，既要注意信息的输出，也要注意信息的反馈。第三，要层层授权。对任何一个管理对象的控制都需要权力作保证，应根据每一层级人员所承担的不同责任给他们以相应的权力。

（六）经济性原则

控制工作从环境分析、制定标准，到衡量绩效、发现偏差，再到纠正偏差、解决问题，每一个环节都需要投入一定的人力、物力和财力。投入是必需的，没有投入不可能带来回报。但投入是否合适，钱花得是否值得，就要通过控制能否带来收益、能够带来多大的收益进行分析。因此，经济性原则的实质就是以尽可能少的控制投入带来尽可能大的控制效益。为了提高控制的经济效益，第一，要根据企业规模的大小和企业所处的不同阶段考虑企业控制的效益水平；第二，要把握好控制的程度，控制程度的过低或过高都会带来成本的增加，只有适度控制才会带来效益；第三，要选择控制的关键点进行重点控制，不分主次、面面俱到的控制只能带来费用的增加，而不会获得提高收益的效果；第四，要努力降低控制的各种耗费，运用适当的控制方法和手段提高控制效果，以最少的成本发现偏差并纠正偏差。

二、有效控制的要求

要想获得理想的控制效果，除要遵循上述原则外，还要满足以下要求。

（一）与计划相适应

控制标准是计划目标的具体体现，控制的目的是确保组织目标的实现，因此，控制一定要与计划保持一致，相互适应。控制标准、检查措施、纠偏手段要严格围绕计划要求制定，使之发挥为实现目标保驾护航的作用。管理者要严格按照计划标准办事，避免漫无目的地开展工作，更不能让控制背离计划的初衷，比如，有些人不是为教育员工使其能够接受教训避免今后重犯错误而实施罚款，而是把它变成了创造效益的手段，定罚款指标、多罚、重罚；还有些人将惩罚员工的次数和罚款的数量作为自己的业绩，因此为"控制"而控制。这些与目标背道而驰的所谓控制，其结果只能是打击员工的积极性，阻碍组织目标的实现。

（二）以理解为前提

控制系统的建立和信息的提供、传输与处理都是为了协助管理者更好地实施管理，因此，可以说，控制系统和信息是管理者进行控制的帮手。但是，能够成为帮手的控制系统和信息是有条件的，那就是它们必须能够得到管理者的理解，因为对于不理解的东西人们很难相信它，更难说去用它。比如，管理者制定了一些自认为很先进的管理技术，但在下级那里却遭到抵制，原因就是员工没有看到这一技术的价值和优势，只看到要学习掌握它给自己带来的麻烦。再比如，善用数学模型和统计图表的某些高层管理者将以这种形式为载体的信息传达给下级主管时，下级主管可能就会因为不理解而弃之不用，尽管这个信息可能很有用。所以，不论是控制方式还是信息的使用都应该建立在理解的基础上。

（三）全面控制与重点控制相结合

全面控制是指应建立完整的控制系统，对计划所涉及的所有领域和活动都应实施控制，不能有漏洞。一旦哪个环节计划到了而控制没跟上去，就可能因有计划没检查而出现有章不循、有法不依的失控情况。全面还体现在控制的全局观念上，应当围绕组织的整体利益、整体目标开展控制工作，要教育员工，组织的大目标的实现依赖于每一个部门、每一个人的努力，组织目标与个人利益密切相关，因而进行自我控制，自觉与组织的要求保持协调。

重点控制就是说，组织不可能对所有的工作和事项进行控制，要找出对组织目标构成影响的关键因素进行控制，要对随时可能出现的例外事件进行控制。当然，有些例外事件不会造成太大的影响，因此，应把握对关键问题中的例外事件的控制。

全面控制与重点控制相结合就是要在把握全局的基础上进行有重点的控制，这样既可以降低控制成本，集中管理者的精力，又可以使企业整体处于受控状态，平衡协调地发展。

案例

我们会有这么多问题吗

W城市N三星级饭店总经理为了提高饭店的服务质量，改变国营饭店在管理中存在的弊端，转变观念，树立正确的服务意识，决定从国内请一位服务质量检查和管理方面的专家对饭店的服务质量进行一次暗访，专家以"神秘客人"的面目出现。专家来到饭店，以客人身份入住、消费，一天后，专家向总经理提交了一份报告，记录了该饭店在服务质量中存在的140多个问题，现将主要部门的问题列出。

一、客房（1205房）
1. 电视开关控制不灵，31个频道有6个频道有麻点；
2. 热水瓶盖腐烂；
3. 脸盆热水管出凉水；
4. 床单有3个小洞，浴巾大小、厚度不一；
5. 浴缸把手松动；
6. 圆珠笔出油不畅；
7. 柜子里的棉被折叠不规范；
8. 抽风机有噪音，空调过滤网错位；
9. 缺晚安卡、航空信封、价格表。

二、前厅
1. 前台没有客人使用的保险柜；
2. 前台接待生问候语机械，推销意识差；
3. 一行李员佩带BP机；
4. 饭店正在进行"微笑大使"活动，问一员工其不知道搞多久、评选多少人、有何奖励；
5. 晚上11时30分打电话至前台要求叫早，服务员答"请拨分机9，找总机"。

三、餐厅

1. 点菜后服务员没有复述菜名；
2. 自助餐食品前没有置放食品牌；
3. 餐厅有蚊蝇；
4. 厨房与餐厅之间没有设置隔音、隔热、隔气味、进出分开的弹簧门，厨房的味道满餐厅都是；
5. 餐厅地毯太脏；
6. 用英语向3名服务员交流，都没有反应。

当总经理把专家发现的140多个问题公布于众的时候，所有管理者都非常吃惊，"我们有这么多问题吗？"面对事实大家都陷入了沉思。

讨论题

1. 专家发现问题的依据是什么？请将这些问题归类后找出问题的症结。
2. 假如你是被饭店请来的管理专家，你会从哪里入手去解决这些问题？

（此案例原名为《"神秘客人"出现后》。摘自李任芷主编：《旅馆饭店经营管理服务案例》，中华工商联合出版社2000年版）

首问负责制

我们非常重视首问负责制。我们在服务质量检查的时候，经常就是以客人的身份暗访。我把电话打到电工那里，说我这里需要洗衣服，那个电工如果说我这里是电工，你洗衣服打洗衣厂，那么，马上就给他扣分。我打电话到行李部那里去，我说我这里有个小孩儿，有没有谁帮我代管他，他如果让我打电话到商务中心或者服务中心去，这些都是不可以的。

客人到了这个酒店，他不太清楚酒店的分工，向你求助的时候，你只要是这个酒店的一员，你就要负责任地替他办好，哪怕你办不好，你也要说请稍等，我帮您联系。比如说，电话拨到了一个餐厅，他不是订餐，他说要订房，那么餐厅的服务员要说："好的，您稍等，我帮您联系。"餐厅服务员要拨预订部的电话，说有一个客人订房，我把他的电话接过来。然后餐厅服务员要告诉那位客人我已经把预订部电话接通了，您可以跟他说。当然，电话是要有这个功能的。你不可以说，"等着啊，接过去了"，这边预订部说："喂！你是刚才那人吗？"这是绝对不可以的。

要让客人感觉到最方便，这是待客准则的问题，是服务质量，是质量管理的一个环节。

讨论题

1. 什么是控制？首问负责制与控制有怎样的关系？
2. 控制的目标是什么？首问负责制是否打乱了控制的标准化体系？
3. 应采取怎样的做法不断完善控制体系？

（案例内容选自海岩著：《海"眼"看酒店》，新华出版社 2006 年版。案例标题及讨论题由本书编者另行设计）

第九章 创 新

【学习目的与要求】
1. 理解创新的基础是学习。
2. 了解组织学习和学习型组织的概念与特点。
3. 理解组织学习的意义在于提高免疫力和提高应变力。
4. 掌握学习型组织建设的要点。
5. 明确组织学习的障碍与对策。
6. 了解创新的特点,理解创新的意义。
7. 理解影响创新的因素,掌握创新的过程。
8. 熟悉创新的内容。
9. 理解创新的激发,掌握创新的组织。
10. 总体把握创新职能的内容并做出自我评价。

组织是一个需要在复杂多变的动态环境中求生存和发展的社会经济系统,它不仅要依靠组织、激励、领导、控制等职能来实现组织的计划目标,更需要不断创新,使系统的目标、结构、活动方式和内容与环境的变化保持动态适应。然而创新不是碰运气,它需要学习。因此,学习与创新成为适应新时代特点的现代企业管理的新职能。

第一节 创新的基础

管理学家克劳士比在其著作《领导法则》中指出:"创新源自于根据需要而坚定地学习。"只有学习才能发现问题,才能找到解决问题的途径,也才能获得进步与发展,解决问题的过程是创新的过程,而创新的基础是学习。

一、组织学习与学习型组织

(一) 基本概念

随着 20 世纪 90 年代知识经济的到来,学习型组织理论应运而生,这一理论反映了时代要求,把握了时代脉搏的精神,提出了人们在经济时代必须坚守的信念。学习是人的生存方式及成长状态。为了自我的生存和发展,人要不断地了解和认识世界,要不断地自我修正和积累经验,寻找适应和应对外部环境的方法。人在学习中进步,人类在学习中发展。

在信息社会和知识经济时代,学习已不再是个人行为,而被要求成为组织的活动。因为组织同人一样,在其生存与成长的过程中,同样面临着未知的环境,为了达到它特定的生存和发展目标,必须在了解和把握环境变化的特点与规律的基础上对自身行为做出调整,否则将很难立足。当今企业环境的最大特点是竞争,企业的管理者们要带领企业在日新月异的挑战中生存。在这种环境下,组织学习研究的鼻祖和权威阿吉里斯和彼得·圣吉通过深入的理论探讨和大量的实证研究认为:"最成功的企业将会是一种'学习型'组织,因为未来唯一持久的优势就是有能力比你的竞争对手学习得更快。"组织学习是基于对既有状况的不满足,要比现在做得更好,要有比竞争者在某些方面做得更出色的理由,因此是一种持续不断地提高组织基本智力的途径。组织学习的内容丰富,不仅包括业务技能的学习与创新,更包括养成企业对经营理念、思维方式的反省和调整的能力。

学习型组织则是倡导学习、鼓励学习,靠学习创新,靠学习盈利,将学习作为企业文化的组织。关于学习型组织,管理专家们提出了各自的定义。彼得·圣吉的定义是:学习型组织是指该组织的成员持续地发挥其能力,创造其所渴望的结果,培养新的思想形式,塑造集体的气氛。罗宾斯的定义是:学习型组织就是在发展中形成了持续的适应能力和变革能力的组织。普里姆·库马先生的定义是:能够不断加强个体和团体的能力来创造他们最渴望的绩效的组织。

通过以上分析,我们可以将组织学习和学习型组织分别定义为:所谓组织学习是指组织通过不断创造、积累和利用知识资源,努力改变或重新设计自身以适应不断变化的内外环境,从而保持可持续竞争优势的过程。学习型组织是指能够有意识地、系统地和持续不断地通过不断创造、积累和利用知识资源,努力改变或重新设计自身以适应不断变化的内外环境,从而保持可持续竞争优势的组织。

(二)组织学习的特点

1. 个体学习是组织学习的基础。组织本身是不会学习的,是组织实体的构成者——个体产生了诸如无意学习、因果推断学习、动机导向学习以及人们相互影响而产生的模仿学习等学习行为,从而形成组织的学习氛围和推动组织进步,可以认为,个体学习是组织学习的基础,"没有个人学习,组织学习就无从开始"。然而,组织学习不是个人学习的简单相加。组织学习是在个体学习的基础上,由成员通过特定的组织结构和工作业务中的交往形成交互影响,以一个共享的知识基础为平台,由此导致组织行为的变化进而产生组织的创新。

2. 学习与工作融合。在知识经济飞速发展的今天,工作与学习开始走向融合。工作学习化,把工作的过程看做是学习的过程,通过在工作过程中的反思进行学习,已成为企业经营、管理、生产中的一大特点。不论是技术开发还是具体事件的处理,都是在学习。学习不仅表现为参加各类培训班、听各种讲座、出席各类研讨会，开会、议事、写报告、处理现场问题等也同样是学习，这种多层面、全方位的学习不仅使人们获得理论知识、管理知识、业务技术知识，还可以使人们获得企业成长的经验、教训，拓宽人们的眼界和思路，增长见识，使企业未来的工作做得更好。

3. 领导支持学习，员工自觉学习。激烈的市场竞争环境要求组织不断地学习。此时的学习已不再是教室内单一的形式和上岗前孤立的活动，而应渗透在工作的全过程，成为与工作相伴相随的重要内容。领导在组织中是学习的支持者，他把营造学习环境、提供学习机会、促进对话与探讨、建立知识共享系统作为自己的重要任务。员工在工作中也不再是被动地接受上级安排，然后按照既定的标准去机械地操作，而是主动地对工作对象、工作环境、工具、工作流程等与工作相关的因素进行系统思考、决策、创新、沟通协调等。因为要在学习中再学习，所以使得每一循环的工作结果都在原有基础上提高。

4. 学习是组织文化的一部分。个人的学习可以形成个人收获，随着个人的流动而带走，而组织的学习成果却一定要被保留在组织中，成为组织的标准、规范、政策或技术，它不受人员流出的影响，相反，却以此影响不断加入到组织中的新成员。新成员进入组织后不仅要学习组织的各种规章制度，其新思想、新要求的带入也使组织要通过学习对已有的政策规范中与环境不相适应的部分做出调整，使其更加完善。这种持续学习一旦成为组织的一种习惯、一种特性，并影响着组织内的每一个部门、每一个人，使其产生强烈的学习愿望和变成他们自觉的学习行为时，组织学习就成为了组织文化的一部分。

5. 系统思维。组织是一个系统，其生产、经营、管理无一不是多角度、多层面、多环节、牵一发动全身的立体结构，而且彼此间也存在着错综复杂的关系，因此，组织学习自然要求其成员要看事物的全貌，认识事物的本质特征、了解事物的变化规律和发展趋势，关注潜在的原因而不是一些表象，关注运作的流程而不是一些孤立的片断，关注事物之间的相互关系而不是事物本身。这种系统思考的学习，可以"帮助我们在复杂的情况下，于各种可行的方法中，寻找有效的高杠杆解"。

6. 学习的目的是实现企业目标。强调组织的学习是希望组织能够拥有比其他组织更多的新知识，但这不是学习的目的，学习的目的是为了使组织的成员能够持续地发挥其自身的能力，学用结合，学以致用，将学到的新知识转化成为生产力和竞争力，创造其所渴望的结果，形成持续的适应能力和变革能力，产生企业的最佳效益。

二、组织学习的意义

组织学习的意义主要表现在两个方面。

(一) 增强免疫力

通过专家对学习型组织的描述和对学习型组织的特征的分析,我们可以认为:

(1) 学习型组织有着浓厚学习氛围,其成员爱学习、会学习并把学习看做是职业生涯中的重要事情;

(2) 学习型组织能够激发人的潜能,提升人的境界,成员之间相互尊重,坦诚相待;

(3) 学习型组织能使个人的理想与组织的目标合一,组织的发展与个人的进步一致;

(4) 学习型组织能顺应时代与环境变化,实现持续发展,永葆青春;

(5) 学习型组织具有独特的个性和风采,深受人们喜爱,因而能广泛吸纳人才。

总之,学习型组织是一个积极、健康、充满青春活力的组织,组织成员不论老幼都童心未泯,对学习有着浓厚的兴趣,这种组织对一般组织容易患有的官僚主义、安于现状、不求进取、抵制变革等疾病具有较强的免疫力。

创建学习型组织,就必须培养员工的学习兴趣。建立在兴趣之上的学习比强迫去学主动自觉,而且保持长久。因为感兴趣,所以在学习的过程中还会主动思考与创造,在创造中不畏艰险。如果一个组织的人都积极向上、爱学习,那么这个组织就会少去很多闲言碎语和无聊琐事。因为学习欲望淡漠、学习能力低下的人常常会因闲来无事而搬弄是非。

创建学习型组织,要有明确的目标,要用目标去吸引人们自觉学习,让目标成为学习的驱动力。如果没有目标或者目标不明确,这个组织的精神就开始涣散,组织的结构就开始既僵死又松散,组织就会疾病缠身。

在学习型组织中,由于成员与组织荣辱与共,形成了命运共同体,因此,人们对组织的前景非常关心,会主动参与决策和管理,积极向决策者提出意见和建议,这样有利于改变以前拍脑袋决策和高层动脑、基层动手的状况,提高决策水平。

总之,组织学习可以强身健体,提高免疫力,抵御各种妨害组织自身健康的病毒的侵入。

(二) 提高应变力

随着国内外政治、经济形势的不断变化,以及科学技术的飞速发展,组织总处于复杂多变的环境中,只有与变化提出的新要求相互适应,组织才能不断走向成功,因此,要求组织具有较强的应变能力,而提高应变能力的关键是学习。

组织的应变能力通常表现在两个方面:一是感知变化的能力;二是适应变化的能力。能够在环境发生变化时迅速察觉,这要求管理者对组织相关的环境因素保持高度敏感,同时能借助现代化的工具和手段准确搜集与己相关的信息,经过加工处理后转化为企业资源。感知变化的过程就是向外界学习的过程。在此基础上，制订组织适合的方案与措施，并尽快行动起来，应对这一变化，在变化中抓住企业的发展机会。在寻找和制订方案时，管理者不仅要集思广益，还要发动员工献计献策，集中大家的智慧，从而找出最好的办法。这一过程是向下属学习的过程，同时也是企业员工相互学习的过程。

在通过提高学习能力从而提高应变能力中，管理者必须高度关注两个问题。

第一，应将正确认识人、使用人作为管理者头等重要的责任。要善于发现员工的潜能与价值，引导他们正确认识自我，使他们知道自己能做什么、将来能成就什么并看到在工作中不断做出的成绩，从而肯定自我，不断成熟。员工有了明确的发展方向，才会有强劲的学习动力，也才会在组织的应变与创新中发挥其价值。

目前随着我国教育的普及，员工接受教育的程度越来越高，有相当一部分人具有了较高的学历层次。然而由于组织的领导者忽视自身责任，不善于营造学习环境，不注重员工之间的交流而形成信息与知识的共享，导致员工所拥有的知识与智慧很难有机会在相互碰撞中摩擦出创新的火花继而转变成为创新能力，因而使得一些企业个人的智商水平很高，而组织的智商却很低。

第二，应将营造组织的学习环境看成是组织的重要任务。有管理专家对企业成功的要素作过对比，如表9-1所示。

表9-1　　　　　　　　　　　企业成功要素

1920~1990年	1990年到未来
有效率的生产	授权——给人以充分发挥的空间
有效率的营销	自我管理
快速采用新技术	精通系统思考
精通财务	沟通
XY理论	自愿

通过对比我们发现，新时期企业成功的要素奠定了组织学习的基础，能够为组织营造良好的学习环境和自我发挥的空间，领导者将权力下放，员工在组织宽松的氛围中实行自我管理，不仅管理层，而且员工也能从整体和全局角度分析并处理问题，减少了很多不必要的扯皮与麻烦，上下级共同将注意力集中于企业目标，针对企业发展战略、产品质量、服务创新等进行广泛的沟通。员工不是被迫而是自觉自愿地参与到组织的各项工作中来。这样的组织，既有创新力，又有凝聚力，自然会形成优于其他企业的应变力和竞争力。

美国管理大师德鲁克说："未来的企业，经验将被学习的能力所取代。"对于未来，谁都没有经验，只有学习能力强的人才能取胜，学习更快的人才能更有竞争力。所以，团队的学习能力、组织的学习能力将决定企业未来的成就。

三、学习型组织的建立

（一）打造学习型团队

在组织职能中我们已经讨论了团队建设的有关问题，我们知道，不论是什么类型的团队，为了确保其发挥作用，都强调以下内容：（1）职业道德感。小组成员的职业道德感越强，他们干好工作的动力越大。（2）信任感。要使一个团队有效地开展工作，团队成员之间必须相互信任。（3）凝聚力。一个有凝聚力的团队，是一个所有成员都愿意归属的团队。他们对团队忠诚，愿意为其奉献。（4）相互学习。要使团队能够实现预期目标，成员之间必须相互学习和交流，开诚布公地交换意见，在工作中相互促进，共同发展。（5）高效率。团队集中了所有成员的优势，通过共享知识资源、技术、领导能力，并通过相互的作用和补充，形成了一个巨大的合力，它会比任何一个有才华的个体成员都有力量。

由此我们发现，团队的形成过程以及工作过程就是学习的过程，团队成员在这个过程中更新旧观念、掌握新技术、获得新的工作方法，使各方面的能力得以提高。因此，打造学习型团队应成为领导层的主要任务之一。可以根据六条相互补充的行为准则来进行学习型团队的设计：（1）创造不断学习的机会。在挑选人员时，既应注意根据目标任务的需要，又要考虑彼此间的优势互补。（2）促进探讨和对话。在问题的解决中让每个人都充分发表意见，鼓励共同学习和团队学习。（3）建立学习及学习共享系统。营造学习氛围，为每一个人提供学习培训的机会，使知识共享，信息共享。（4）促使成员迈向共同愿景。愿景可以揭示目的、激发热诚、指引方向、汇集力量。（5）要通过环境分析确定是否建立团队，建立团队的目标和团队的类型。（6）使团队与环境有机结合。学习型团队的打造与建设，必须与组织环境相吻合。

（二）领导角色的转换

学习型组织的建立与完善关键在于领导，在于领导角色的转换。传统观念认为，领导者是组织的决策者、指挥者、管理者。而彼得·圣吉却指出，学习型组织的建立需要对领导有新的看法。他们必须学习一些新技能，掌握一些新的管理工具，以建立一个能够让组织成员扩张其能力并构想其愿景的组织，也就是能够让组织成员也不断地学习。为了完成好这个责任，领导者必须首先要转变观念，要进行角色转换，从过去单一的指挥决策者、管理者转变成为组织的设计师及员工的教练、老师和服务员。

在学习型组织中，为使其所有成员都能有效处理他们面对的问题，并不断精进他们的学习修炼，领导者要设计组织结构，还要设计学习过程，搭建学习平台，营造学习氛围。设计过程是整合的过程，领导者必须围绕组织目标用系统的思考方式进行组织各个部分的合理搭配，使组织发挥整体功能，在学习中不断发展。

领导者要非常明确组织的发展方向，要根据需要进行人员的挑选和培养，要力争被挑选的人喜欢这项工作、能胜任这项工作，还要力争这项工作确实得到了适合的人选。为了让人们在合适的岗位上做出成绩，满足自我实现的需求，也为了多快好省地实现组织目标，领导者还要对员工做好培训，发挥其优点，弥补其不足。这些都是作为老师和教练应承担的职责。

员工为顾客服务，管理者要为员工服务，员工没有了后顾之忧，才能全身心地投入到对顾客的服务中，企业才能赢得市场和效益。管理者要当好这个服务员，首先要有服务他人的意愿，其次要有放下架子贴近员工的行动，他应当明确，他手中的权力是老百姓给的，他必须全心全意为老百姓服务，否则服务员的角色他是无法做到位的。

领导者角色的转换是建立学习型组织的关键，因此，五项修炼首先要从领导者做起，修炼自己的超越能力，改善自己的心智模式，修炼建立共同愿景的能力、学习能力和系统思考的能力。只有这样学习型组织才可以建立起来。

（三）建立一种学习文化

学习文化是企业文化的一部分，而企业文化是企业发展的推动力、规范力和创新力，它表现在两个方面：对外部来讲，企业文化能够产生组织完整、一致的形象，有利于公众的识别和认可；对内部来讲，企业文化能够减少损耗，产生内部凝聚、一致对外的效果。企业文化的具体作用我们可以通过公式"企业效能＝外部行销／内部行销"来理解。外部行销是指企业花多少力气用于开发客户、满足客户的需求；内部行销是企业推动一个行动，要花多少力气在内部沟通、协调、号召和激励上。如果一个企业每天要花 8 个小时搞内部行销，那它就没有时间搞外部行销，管理效能即为 0；如果有 6 个小时搞外部行销 2 个小时放在内部行销，管理效能就是 3。总之，分母越大，说明内耗越大，内部管理花费的力气越大。而企业文化的作用就是让内部矛盾降到最低。建设企业文化，让企业文化内化成为员工的价值观和自觉的行动，就可以大大降低内部管理成本，提高管理效能。建立学习文化，全员参与，主动自觉地学习，可以加速实现企业文化的内化作用，这也是建立学习型组织和学习型文化的重要意义之所在。

建立学习文化，应开发和信任集体智慧，要把员工看成是管理者学习的对象，不放过任何一块可能孕育着知识的园地。向员工学习，就要虚心听取员工意见，特别是要有认真学习的态度，要建立从员工中获取知识、经验、信息、意见、建议、创意的广泛的通道，要采用灵活多样的调查方法，从员工中汲取最充分的营养，包括他们对企业的热爱、忠诚，用员工对企业的奉献精神来鞭策管理者自己。

建立学习文化，要培养管理人员和员工的学习兴趣，对感兴趣的事情才有动力学下去,而培养兴趣的关键是让大家看到和收到学习带来的好处。在学习型组织中,学习带给人们的最大好处是,透过组织的力量来扩展自己,实现自我超越。当每个人的智慧集结就变成了集体的智慧,其结果是"三个臭皮匠顶个诸葛亮",如果是三个诸葛亮在一起,那就会释放更大的能量。在这种状态下,企业的愿景就可以实现,企业就能成为感动自己、感动消费者、感动社会的超一流企业。

(四) 无边界的学习

建立学习型组织就要把企业发展看成是一个学习与修炼的过程。学习不仅指读书,向书本学习,而且还突出向环境学习,向对象与对手学习,向山水学习,向同伴学习,向经验与教训学习……学习也不光是个体的学习,而且是团队的学习、组织的学习、互动的学习,通过学习建立一个能应对变化并具有竞争力和持续发展力的组织。

在现代社会,我们在用科学技术制造产品和服务,进行研究和开发,而科学技术的基础是知识。这里所说的知识,指的是"我们能够做什么",而不仅仅是"我们知道什么"。新的知识不只来自于书本,更来自于新的产品、新的市场、新的顾客和拥有新创意的新员工。知识是我们赖以创造价值的东西,而企业的价值来自一线,来自设计、制造、配送产品的人,来自于与顾客直接接触的人。所以几乎所有的知识都产生于基层,而且往往融在人们的行动中,成为隐性知识。隐性知识非常不容易传播,只有人们在共同工作的过程中不断效仿和逐渐渗透才能得以传播。如果这种知识不能得以传播让大家受益,那将是知识资源的最大浪费。所以,应该不断创造和普及传播隐性知识的工具、方法和理论,使知识得到最大限度的普及和利用,来帮助企业取得更辉煌的业绩。

在知识经济时代,学习没有边界,只要留心,随时可以发现学习的榜样。国内外的同行是我们的学习对象:向领先者学习,可以发现自己的差距;向后起之秀学习,可以建立自己的信心;向落后者学习,可以总结教训,避免重蹈覆辙。身边的同事是我们的学习对象:纵向沟通,可以补充自己业务技术方面的知识,提高工作水平;横向沟通,可以增长见识,拓宽视野,使信息和需求互补。消费者更是我们的学习对象,他们的需求特别是潜在需求给我们指明了前进的方向。在学习型组织这所没有边界的学校,学习方法也是不拘一格:建立自己的学校、举办听证会、座谈与交流、现场教育、户外拓展训练——使学习转变为生命的体验、行动学习——实际去解决问题,拿出方案让上一级主管决定是否可行……根据企业实际,有针对性地踏踏实实、认认真真地学习,而不是做表面文章的学习,一定能给企业带来巨大收获。

四、组织学习的障碍与对策

开展组织学习,建立学习型组织,必须首先了解在学习过程中可能遇到的障碍，然后想办法清除这些障碍。要通过对组织进行全面的修炼，提高组织学习的有效性，达到把组织建设成为真正的学习型组织的目的。

彼得·圣吉将常见的组织学习的障碍总结为以下七点。

（一）学习的障碍

1. 局限思考。随着社会分工的精细化，长期以来人们被灌输要做好本职工作，作一颗永不生锈的螺丝钉，导致人们长期只从事一项工作，只关注自己的工作，将自己的事情做好，而对相关领域的其他工作不了解，视野窄、思路窄，缺乏对全局、整体进行系统思考和分析的创新能力。一旦出现问题，人们很难从相互间的配合、互动、协调中发现问题。

2. 归罪于他人。归罪于他人是局限思考的副产品。由于人们不了解外界，总相信自己的工作是做得好的，因此，一旦有问题产生自然就认为是别人的问题。将问题归罪于他人，实际上是将系统切割，把自己摆在系统之外，这样做的结果是，你指责他，他指责你，却永远无法找到导致问题出现的互动关系中的问题和解决问题的渠道。

3. 想当然和一相情愿。定计划、作决策时不是用脑，而是只凭热情和决心，不能从整体出发对结果进行缜密分析，因而得出的结论往往隐藏着很大的对组织的威胁。决心和热情是好的，但必须用整体思考的方法和工具去深思熟虑，细密量化，要负责任地对我们认为立意极佳的构想或方案进行预测和可行性分析，以对该方案可能产生的任何后果包括不容易察觉的后果有一个准确的了解，并做出必要的准备。

4. 专注于个别事件。把精力放在企业发生的个别问题上，或者将注意力放在媒体对个别事件的报道上，被个别事件牵着鼻子走，就事论事。这样不仅使工作处于被动，还容易分散人们的注意力，不能洞穿事件背后的真正原因，不能了解该事件与其他因素的关系和对相关工作的影响。专注于个别事件，最多能够对它未来的发生做出反应和防范，却无助于组织中创造性的学习和创新。

5. 习而无察。公司失败同公司发展一样，都不是突如其来的，而是有一个过程。但是，有些组织因为创新性的学习能力不足，因而对于缓慢而来的致命威胁无法察觉，当它终于意识到想摆脱时，为时已晚。因此，组织要提高学习能力，要学会看出缓慢渐进的过程，要学会关注细微却并不寻常的变化，还要学习思考和判断。

6. 从经验中学习的错觉。最强有力的学习出自直接的经验，经验告诉我们对错，告诉我们今后该如何做。但是，经验的学习有时受时空限制，比如，行动的后果要隔一段时间才能显现，经验发生在不直接相关的部门，这时就不可能直接从经验中学习。此外，在解读以往经验时，数据不充分、资料不翔实或思考不理性都会造成学习上的偏差，因此，不能过分依赖经验。

7. 管理团体的迷思。管理团体通常是由不同部门的一群有智慧、经验和专业能力的人组成。这一团体从理论上而言应该能将组织跨功能的复杂问题理出头绪，但是，阿吉里斯指出："大部分的管理团体都会在压力之下出现故障，团体对于例行的问题可能有良好的功能，但是当遭遇到使人感到威胁与困窘的复杂问题时，团体精神似乎就丧失了。"管理团体的成员为了维持一个组织团结和谐的外貌，可能会设法压制不同意见，害怕在团体中互相追根究底的质疑求真所带来的威胁，最后使团体中充满了善于避免真正学习的人。在七个学习障碍中，这应该是最大的障碍。

（二）组织的全面修炼

组织的全面修炼，是建立学习型组织的基础。学习型理论的提出者彼得·圣吉指出，在学习型组织中，有五项新的技能正在逐渐汇集起来。这五项技能被他称为"五项修炼"。这五项修炼是：

1. 追求自我超越。追求自我超越是学习型组织的精神基础，强调组织每一个成员要不断认识自我、认识环境的变化，并在此基础上调整目标，不断创造，不断进步。

2. 改善心智模式。每一个人随着多年的经验积累，对周围的世界该如何看待、如何行为，已经形成了自己的认识方式，这种认识方式固结在心中成为我们思考问题的框框，限制了我们的思维，阻碍了我们的超越。改善心智模式就是要走出框框，激活思维。

3. 建立共同愿景。当我们的思维都被激活，都在超越自我的追求中，就需要建立一个共同的愿景，用这一共同的目标整合大家的思想与行为，否则，大家可能会"志不同道不合"，从而导致组织的分裂。因此，共同愿景就是一个组织所形成的共同目标、共同价值观和使命感。进行这项修炼的目的就是强调把企业建设成为一个生命共同体，使全体成员为之共同奋斗。

4. 开展团队学习。因为人与人之间存在着差异，每一个人都有自己的所长和所短，开展团队学习就可以取长补短，相互促进和提高。组织在不断的切磋、讨论、学习中形成一种默契和配合，形成一种共同的精神和力量，靠这种精神和力量，组织就会战无不胜。

5. 系统思考。学会系统思考，这是五项修炼中的核心。社会组织通常都是根据管理系统化的原理，按管理工作的内在联系，将总目标分解成为子目标由部门完成，子目标再分解由科室完成，然后再分解落实到岗位、个人。然而，目标细分到了一定程度，每个岗位上的人可能几乎不知道自己的工作与总目标有何关系、工作的意义何在，因而只见树木不见森林。由于目标不明确，失去工作动力，员工的工作热情大大减弱。而系统思考是一项面对森林"看见整体"的修炼，掌握这一能力，我们可以将注意要点从单一的事件转变为相互关联的事件整体，从瞬间即逝的一幕转变成为发展变化的全过程，因而可以协调各个部分的力量去追求整体目标的实现。

以上五项修炼是一个系统，学习型组织必须建立在组织成员这五项修炼的基础上。

五项修炼很不容易，既要修内也要修外，要从观念上、品性上、追求上、做人上全面地修炼自己。当我们能够超越自我，跳出旧有的框框去认识事物、看待世界，我们就能够克服种种障碍，在共同的追求中相互学习、协调配合，我们的组织就会凝聚成一束强劲的激光，形成超越对手的竞争力量。

第二节 创新与创新的过程

一、创新及其特点

1912年，美国经济学家熊彼特首先建立创新理论，他在其代表作《经济发展理论》中指出，创新是建立一种新的生产函数，是一种从来没有过的关于生产要素和生产条件的新组合，包括引进新产品、新技术，开辟新市场，控制原材料的新供应来源，实现企业的新组织。在此之后，不少管理学家对创新进行研究，提出了新的创新定义。麻省理工学院教授埃德·罗伯茨的定义是：创新就是"发明+利用"。理查德·吕克的创新定义是："创新是对独特的、有价值的产品、流程、服务的认识的体现、整合和综合。"彼得·德鲁克在其《创新与企业家精神》这部著作中指出："与其说'创新'是科技术语，不如说是经济或社会的术语"，"创新就是改变资源的产出，是改变资源给予消费者的价值和满足。"他认为创新包括三个内容：一是提供更好的、更经济的产品和服务；二是使原有的产品找到新的用途、新的客户群和新的消费区域；三是创造全新的产品和服务。

综合以上定义我们认为，创新作为管理的一个新的职能，是指以市场为导向，以获取经济效益和社会效益为目标，以非常规和传统的思路及方式率先且有成效地对生产要素进行新的组合，使资源的产出给予消费者更高的价值和满足的过程。

创新的特点表现为：

1. 创新不一定是全新的发明。创新不仅仅局限在科技这一范畴，更多的是指其经济上、社会上的含义。创新的范围很广，大到可以产生一个新的企业，小到可以是对某一项工作常规的变动，对一个产品、一种服务、一项政策或制度、一个流程或者其中一个环节的改进。不论是大是小，每一个创新都影响着人们的消费行为、生活方式和思想观念，都是为了满足人们的需要，给人们的工作生活提供方便。创新已不再是科学家和企业家的专利，而是企业每个人都可以参与其中的事业。创新可以学习，学习创新首先要从识别变化并从中找到商机开始，"学"是学习别人和自己的经验，"习"是操作，是要不断地实践。

2. 创新并非高不可攀。创新无非是看两头：一头是看需求；另一头是看资源。需求是创新的标准，资源是创新的条件。条件具备了，比如知识、能力、资金、材料，同时人才、合作伙伴、管理流程、激励政策和评估手段等也适合，那么大胆地尝试如何把外界需求和你能找到的资源不按常规重新组合搭配在一起，你就是在创新的道路上迈出了步伐。创新是在探寻，因此，不要怕犯错误，做错了就改，坚持下去一定能成功。创新成功与否需要通过市场的检验，比如，在对顾客服务的创新上，创新是否成功不仅是按照创意提出者本人的意愿衡量，更应该从顾客的角度考虑，是否符合顾客的消费心理，能否为他带来方便。当顾客满意的效果与创新者的初衷一致，这项创新就是成功的。

3. 创新的本质是"新"。"新"是相对于"旧"而言的。创新不论是大是小，不论是观念、产品、技术、工艺、流程，都需要打破常规，突破人们已经习惯的传统模式。而传统习惯、惯性思维和原有模式恰恰是创新的障碍，因此，创新必须首先克服安于现状的惰性和惧怕风险的保守心理。创新成功表现为通过了市场的验证，在一定范围内具有领先性，并取得了一定成效。这里所说的"领先"是相对的，在今天看是领先的，明天可能就不再领先，其领先地位的长久取决于其科技含量的高低。科技含量高的，其价值和领先地位可以保持得相对长久一些，竞争力也较强；科技含量低的，则很快会被效仿、追随，因而其价值和竞争力也相对较低。另外，创新是可以有等级的，评价其等级的依据就是创新的成效，成效大的是大创新，成效小的就是小创新。

4. 创新存在风险。创新是立足现在、面向未来的工作。由于人们对未来的已知、未知的条件不可能充分掌握，难免会有疏漏，因而创新不会百分之百成功。创新成功，带给企业的是效益和竞争力，这是大家期待的；但是，如果创新失败，投入到创新过程中的资源则无法收回，甚至还可能对企业正常的生产造成影响。所以创新是一种收益与风险并存的活动。创新的风险表现在两方面：第一，技术风险，即技术成功与否存在不确定性；第二，市场风险，即是否受市场欢迎也存在不确定性。

5. 创新需要协同进行。企业任何一项创新都会对其他工作产生影响，没有支持、辅助系统的孤立的创新，其价值无从体现，也很难得到市场的验证。如产品或工艺的创新就需要开拓新的市场，建立新的销售网络和销售体系。否则，新产品很难进入市场得到消费者的认可。因此，企业创新必须配套，相关环节或工作要与创新项目保持同步。为确保企业创新项目卓有成效，企业应注意探索适应本企业特定内外环境的管理手段与方法，使创新确实能为企业带来效益和发展。

6. 创新需要适宜的条件。彼得·德鲁克认为，创新需要具备三个条件：第一，创新是一项工作，它需要大量的聪明才智，同其他工作一样，讲究才干、天赋和气质，需要勤奋、恒心和责任。第二，创新者必须立足自己的长项，才可获得成功。第三，创新是经济与社会双重作用的结果，创新必须与市场紧密联系，而且由市场推动。德鲁克的这三个条件是基于大量的实践经验的总结，反映了创新的基本规律,因此,企业管理者要强调创新,应先从创造创新条件做起。

二、企业创新的意义

创新是社会发展之源,也是企业生存之本。在知识急速更新、经济迅猛发展的今天,创新的意义更加突出。

(一) 创新是提高顾客忠诚度的手段

社会和经济的格局在改变着人们的认识,也在改变着人们的地位。顾客——在卖方市场条件下处于被动地位的接受者,现在已经转变成为主动者,他们掌握着选择和购买产品的权力,由于产品的日益丰富和他们选择产品的空间越来越大,他们也变得越来越挑剔,胃口越来越奇特。而企业只有不断进行顾客需求调查,为顾客进行需求把脉,知道顾客的所思所想并投其所好,才能赢得市场。可以说,现在企业所做的一切是顾客在驱动,是顾客在管理着你的企业。顾客不会自己创造什么,但是,他们知道自己想要什么,他们会在市场中学习,根据生产者给他的期望而期望;会将一个产品与另外一个产品进行比较,来确定什么样的产品才能更令他们满意。

这个时代的顾客都是不忠诚的,因为他们的需求总在变化,他们的满足远远不够,他们总要去寻找、去比较,即使对这一家企业满足,他们也还会希望找到更好的。因此,他们不会对一家企业从一而终。虽然培养忠诚顾客很难,但是,只要企业能诚心诚意地为顾客着想,不断地从顾客需求出发进行创新,保持产品对顾客的方便、高效、有价值且价格合理,企业依然能凝聚一批对企业有好感、相对忠诚的顾客。

(二) 创新是获得企业核心竞争力的首要渠道

国内外成功企业的经验证明,每一个成功企业的发展史,都是一部创新史。在竞争日趋激烈的市场环境中,企业要想生存和发展就必须拥有适合自己的、独特的和优于竞争对手的条件或能力,这些条件的运用和能力的发挥使得企业不断有新的产品和服务推向市场,不断使产品和服务的知识含量与科技含量提高,从而形成企业的竞争优势。然而这些条件或能力不是一成不变的,企业在发展中是不断效仿和相互学习的,当企业的个性能力被其他企业学会并掌握成为共性能力时,企业的竞争优势就不复存在。因此,需要企业不断创新。只有企业坚持创新的策略,加大对创新的投入,在企业营造学习和创新氛围,使企业员工将学习和创新作为自己的天职,自觉寻找与发现创新的空间和机会,相互学习交流和促进,才能源源不断地有新技术、新产品、新手段的出现,才能巩固和保持住企业在市场竞争中的优势地位。

(三) 创新是实现企业可持续发展的永恒动力

被称为全球第一CEO的美国通用电气公司董事长杰克·韦尔奇在总结他的成功经验时说:"如果你由于你的辉煌的过去而不思进取的话,你的生命注定要像恐龙一样。因此,在尽量继承过去的精华的同时,你必须不断进步。固守于20年前好东西而不改变,那样意味着失败。这种情况已在许多公司身上得到印证,而我们则发生了很大变化。这也是为何在一个世纪后,我们成为最初的道·琼斯工业指数成员中唯一一家尚在的公司的原因。"韦尔奇所言告诉我们一个深刻的道理,企业要想保持长久不衰只有不断地创新。因为企业不是在一个恒定不变的情况下发展,而是处在一个复杂多变的环境中,在这种情况下要保持可持续发展就必须不断调整自身行为,使企业的经营理念、管理方法、技术、产品、材料、营销手段等总能与环境的变化合拍,不但能保持与环境变化的相互适应,还能在别人尚未意识到的情况下率先创新并领导潮流,只有这样才能实现企业的可持续发展。美国通用电气公司和其他成功的企业的成长经历已经充分证明了这一点。

(四)创新是提高企业经济效益的有效途径

作为一个经济组织,追求效益最大化自然是企业的目标,而为了实现这一目标,企业必须不断创新。我们知道,创新的产品和技术与已经成熟并普及的产品和技术不同,管理和技术上的创新能够使企业形成暂时的质量和成本的优势;产品和市场上的创新能够形成暂时的卖方市场,企业赢得这些暂时的有利时机就等于抓住了市场竞争的主动权,依靠它就能为企业创造丰厚的价值。从另一个角度来看,市场是检验一个企业创新是否成功的标志,只有这个创新给企业带来了明显的收益,才能被认为这个创新是成功的,因而企业创新的目的就是要提高企业的经济效益。创新所带来的效益有时是眼前的、现实的甚至是立竿见影的,比如,创新的技术和产品的应用可以凭借其价格、质量或方便顾客的优势迅速见效;有时是潜在的、长远的,短期内看不到成果的,比如,新技术、新产品的研制开发以及创新资金的投入和创新人才的培养等都不可能在短期内显现出其成效,但是,其巨大的潜在价值是不容忽视的。因此,不论怎样的创新,其出发点和落脚点都是提高企业经济效益。

三、影响创新的因素

创新源于企业成员的创新意识和创新能力。一个人在什么情况下能够产生创意,好点子的形成受哪些因素的影响,当创意的火花出现又应该如何进行组织避免其熄灭,使其变成现实,这些是研究创新时首先应该探讨的内容,搞清楚这些问题我们才会有针对性地为企业员工的创新营造环境,并从各方面给予支持和提供必要的保证。

创新通常被认为与一个人的创新精神,与他的知识、经验的积累及技能的掌握程度,与他创造性的思维模式、方法和他能否勤奋工作有密切关系。但是,当一个人的这些条件都具备了也不一定就能产生创意,还应该有适宜的环境和激发他产生创意的动力。

(一) 创新精神

创新精神是指在明确了创新的重要性的基础上具有敢于打破常规、求新寻异、敢为天下先的勇气和魄力。创新精神是创意的原动力,在这种动力的作用下,人们才会克服自身惰性,不怕冒险和失败,调动自身所有的知识储备,释放其能量形成创意。创新精神主要表现在三个方面:第一,强烈的创新欲望;第二,敢于创新的勇气;第三,科学的创新观念。三者相辅相成。具有创新精神的人,既不会因害怕失败而裹足不前,也不会不动脑筋或不着边际地傻干、蛮干。

(二) 知识、经验与技能

知识、经验与技能是创新的基础。创新不是虚无缥缈、不着边际的胡思乱想,人类发展到今天,创新也不可能是从零开始。创新是在知识积累到一定程度的时候对传统产生的突破。创意的形成和把创意转变成为现实,都必须有深厚的知识、丰富的经验和过硬的技能作支撑,厚积才能薄发。有时候,一个人拥有的知识有限,那么就可以听取他人的意见和想法,借助他人的知识,互相碰撞和启发,在沟通中产生知识的融合与交叉,从而产生创新。

(三) 创造性的思维模式与方法

创造性的思维模式与方法是创新的最重要的来源。创造性思维的特点是,不循规蹈矩,不照搬照抄,而是在了解实际情况的基础上敢于提出突破性的意见,善于使用创造性的方法,使企业工作在原有基础上产生飞跃。创新就是突破极限,挑战极限,因为这种事情没有先例,因此,无法用逻辑证明。为了能够形成创造性的思维模式和方法,有时需要像外行那样思考问题,尽管外行永远不能像企业那样真正了解产品的技术核心,但是,他们却能够简单而明确地告诉你他们的需求。围绕如何满足这一需求,你的突破性的创意就可能形成。

(四) 勤奋工作

卓有成效的创新还依赖于勤奋地工作。适应时代特征和企业实际的新技术、新产品、新体制、新结构都不可能像天上掉馅饼一样自然形成,必须经过认真的调研、缜密的分析、辛勤的思考、勇敢的实践等一系列艰苦细致的工作过程才能获得。创新工作是科学,来不得半点的虚伪与侥幸,要经得起实践的磨炼与验证,任何投机取巧都不可能带来创新的成功,只能导致企业的失败。

以上四个方面是创新的内因。内因虽然是创新的关键,但离开激励与环境这两个外部因素,它们也是不能奏效的。

(五) 激励

在企业创新中,领导的理念和态度有着举足轻重的作用,没有领导的支持与推动,企业就不可能有真正的创新。在企业创新中,领导者应该是创新理念的倡导者;创新计划的制定者;创新行动的先行者和支持者。激励是企业领导重视创新、鼓励员工创新而使用的方法和手段。具体包括:肯定员工的工作,尊重员工的劳动,以及当创新成功时企业给予员工的各种形式的奖励。激励还包括培养员工的创新能力,鼓励员工不怕挫折与失败,积极为员工创造各种满足创新需要的条件,让员工有一种以能够为企业创新而骄傲与自豪的感情,塑造鼓励员工创新的文化并形成相应的机制,使员工不会因创新失败而受到嘲讽与压力。

(六)营造环境

营造环境有两层含义:一个是氛围环境;另一个是物理环境。氛围环境是指在学习与创新型的组织里需要一种宽松的气氛,领导者的作风要民主,遇事要多与大家商量,气氛应融洽,人际关系应很和谐,要实行自我控制、自主决策;物理环境则是指对顾客接触不到的工作场所的设计、布局、装潢也应有利于启发员工的思维和想象。太过压抑的物理环境和沉闷呆板的工作氛围都将抑制人们创意的产生。

四、创新活动的过程

企业创新作为一个过程,存在着寻找确认机会、提出具体构想、果断采取行动和创新结果回馈四个阶段。当然,这个过程开始的前提是没有障碍物,如果有障碍横亘在创新者面前,那么创新就很难开始,即使有了创新愿望,这个愿望也一定会落空。因此,创新活动应始于扫清障碍。

(一)扫清障碍

表9-2可以告诉我们应该排除的创新的障碍和应该准备的创新的基础。

表9-2　　　　　　　　　　创新的障碍与基础对比表

创新的障碍	创新的基础
1. 资源短视(目光短浅)	资源丰富
2. 遵循规则(但过于教条和严格)	能够跳出现有规则进行思考
3. 认为游戏只是无意义的轻浮之举	喜欢游戏
4. 只关注正确的答案	关注机会的寻找
5. 挑剔,惯下断语	善于接受
6. 惧怕失败	能够接受失败并从中吸取教训
7. 对冒险感到不安	巧妙地应对风险
8. 难以听取其他看法和观点	积极倾听并接受不同意见
9. 对创意缺乏开放的胸襟	善于接受创意
10. 政治问题和势力范围之争	合作,关注共同利益
11. 避免模棱两可	能接受模糊性
12. 偏执,不耐烦	善于忍耐
13. 缺乏灵活性	灵活
14. 轻易放弃	坚持不懈
15. 过分忧虑别人的想法	关注创意内部问题
16. 认为自己没有创造力	意识到自身的创造潜力

（二）寻找确认机会

创新不是"天才的灵光一现"，而是艰苦卓绝的工作。寻找和确定创新的机会就是这一艰苦过程的开始。彼得·德鲁克在《哈佛商业评论》中告诉读者，在约二十年前，绝大多数的创新理念都来自对机会的清醒地、有目的地寻求，要么是为了解决问题，要么是为了取悦客户。他在《创新与企业家精神》中说：企业家应该有目的地寻找创新的来源，寻找预示成功创新机遇的变化和征兆。他在《21世纪的管理挑战》中向我们介绍了"机会的窗口"：（1）组织突然取得的成功和突然遭受的失败，以及组织的竞争对手突然取得的成功和突然遭受的失败；（2）出现不一致的现象，特别是流程上的不一致，如生产或销售流程，或客户行为上的不一致；（3）流程的需要；（4）行业和市场结构的变化；（5）人口的变化；（6）意义和观念的变化；（7）新知识。这些窗口给我们提供了寻找和确认机会的方向。但是，这些变化很少是突然出现的，都是在不知不觉中悄然发生的。因此，要通过敏锐和持续的观察，确切地了解和掌握它们，才能在这些需要、变化和不协调中找到创新的突破口。

（三）提出具体构想

一旦机会被确认下来，就要抓住机会，酝酿和构思具体的设想。酝酿的过程可以采用头脑风暴法、德尔菲法和"635"法。前两种方法已在计划职能中作过介绍。"635"法也称"默写法"，其操作方法非常简单。"635"即由六个人参加，五分钟内每人提出三个想法。首先，主持人宣布议题，讲清楚发明创造或者是策划的要求；然后发给每人几张卡片，并将卡片编号，填写时要求每两个设想之间留有一定间隙，供他人填写新主意时使用；在第一个五分钟内，每人针对议题在卡片上填写三个设想，然后将卡片传给邻座；第二个五分钟，每人从别人的三个设想中得到启发，又在卡片上填写三个设想，再依次传下去……这样，半小时内，可传递六人，共计产生108个设想。这种方法由于时间短，可能考虑得不很全面，但也正是由于时间短，可避免很多其他因素的干扰。为确保提出的设想有价值且能引起高层的重视，应思考并回答这样几个问题：这个创意有用吗？企业在技术方面有能力实现它吗？这个创意能为顾客提供价值吗？这个创意符合企业发展战略吗？从成本角度考虑，它行得通吗？如果答案是肯定的话，此创意就可以付诸实施了。

（四）果断采取行动

创新成功的秘诀就在于果断采取行动，即"以快制胜"。创新的构想不可能一经提出就十分完善，但只要经过预测，认定有市场前景，能满足顾客的某一类需要或能比已有的产品更好地满足顾客的需要，这个创新就应立即付诸行动。现实中不乏"一步领先，步步领先；一步落后，步步落后"的实例。创新构想的提出，意味着你在竞争中已获得赢得竞争先机的筹码，应把握机遇，乘势而上，要知道"机不可失，时不再来"。如果担心因不够成熟而失败，顾虑因不够完美而受嘲讽，因而一味地拖延等待，那么很可能就会坐失良机，将创新构想赢得的先机白白送给竞争对手。创新的不完善，可以在实践中得到检验并使之逐渐完善和成熟起来。在创新构想付诸实施的过程中，创新人员应站在消费者的立场上，发挥团队作用，边干边集思广益。这样一方面可以加快消除创新缺憾的速度；另一方面还可以在创新成果与消费者见面并通过使用后迅速得到反馈意见，使创新成果进一步完善。

（五）创新结果回馈

创新通过市场检验获得成功，企业效益提高，创新人员得到奖励，结果皆大欢喜。这种创新结果的回馈，自然是鼓励创新人员继续积极投入新的创新。但创新是有风险的，其中最大的风险是有可能失败。创新，其所创之新是过去没有的，是创新人员的首次尝试，因此，失败是正常的。面对创新失败，人们可能会沮丧，会动摇，此时来自企业领导者的反馈信息最重要。如果他们的态度是否定的、泄气的，员工的创新热情会一落千丈，可能从此远离创新；相反，如果他们的态度是肯定的、鼓励的，员工则会从失败中总结经验教训，树立信心，将创新进行到底。创新的过程是不断尝试、不断失败、不断提高的过程，创新需要恒心，需要耐力，无论是创新者还是企业的领导者，对此都要有充分的思想准备。

第三节 创新的内容

企业创新的内容可以涉及影响企业发展的各个方面，包括：产品创新、技术创新、管理创新、市场创新、观念创新、组织创新、环境创新等。不仅如此，创新内容彼此间还存在着密切的联系且相互影响，一项创新会引起相关因素的变革，相关因素的创新又导致对某一内容的改革。企业就是在不断地推陈出新、不断地适应协调中谋求发展。

一、观念创新

企业的衰退往往直接表现为利润下降，但深层原因却在于企业中、高层管理人员以及全体员工的观念弱化、滞后、不一致以及与社会和市场的变化不相适应。

观念创新的客观基础是企业客观世界的发展与变化。人们对客观世界的了解和认识是需要一个过程的，当人们对外界的认识混乱、模糊时，人们的行为也是盲目的。但是，观念作为人类的一种能动的思考方式可以使人们从混乱与模糊中归纳和升华出规律性、趋势性，从而使人的行为减少盲目性，增加自觉性。同时，由于人们观念的形成来源于对客观世界的认识，因此，随着客观世界的发展与变化，人们需要对观念不断地进行更新。所以，观念创新的过程不仅是一个具有自省性的自我超越的过程，也是一个否定旧我、重新定位、重塑新我的过程。

观念创新是企业创新的方向盘，规定着企业创新的方向。当人们首先从观念上破旧立新了，就会带来相应的组织、制度、技术、产品等方面的创新。比如，过去认为顾客至上，不管什么样顾客的利益员工都应无条件维护。现在我们认为只有满意的员工才有满意的顾客，将员工利益与顾客利益相协调，当顾客无理取闹、员工受到委屈时，我们会站在员工的立场上维护员工的利益，使员工更加安心地工作。再比如，过去人们在对顾客服务时一直认为零缺陷就是高质量，这里的零缺陷是指完全符合标准要求。但是，当人们树立了满足顾客需求才是高质量的观念时，人们重新审视标准，发现人不是机器，不可套用标准，因而将标准化服务提升到了个性化服务。

二、产品创新

企业创新，首先应表现为企业能不断地推出被市场接受的产品。这是因为组织存在的意义就在于，通过提供产品的使用价值满足顾客的某一类或某几类需求。企业通过生产产品和向社会提供产品来证明其存在价值，并通过销售产品来补偿生产消耗、获得盈利、维持自身发展。没有产品，没有产品的创新，组织可能就不存在了。因此，产品创新是企业创新的主要任务，也是创新的主要目标之一。

产品创新是企业创新系统中的一个子系统，这个子系统内又包含着复杂的要素。从单个项目来看，它表现为：产品的质或量上某一方面的改进、提高甚至是突破；从整体考察，产品创新贯穿于产品的构思、设计、研制、生产、营销的全过程。

为了明确产品创新的内涵，我们应该清楚地看到，人们对产品概念的认识已经发生了改变。过去人们只从产品的物质属性上来定义产品，而现在却从产品的核心、形式、延伸三个层次来理解产品，这就大大拓展了产品创新的范围。产品的核心层是这个产品给消费者带来的使用价值，也是消费者购买这个产品的目的，主要指产品的功能和效用。在这个层面的产品创新可以表现为：产品的性能更好；使用更方便、安全、快捷；总费用更低和更符合环保的要求等。产品的形式层是产品核心层的载体，是能够使消费者获得某项使用价值的具体的产品形式。表现在形式层面的产品创新包括：产品结构、产品款式、使用材料、产品包装以及品牌设计等。产品的延伸层是产品核心层的附加，是消费者获得产品使用价值的途径、保障等附加利益的总和。该层面的创新可以表现在购买方式、售后服务等方面。

产品创新是适应当前和未来市场激烈竞争的重要手段，也是企业发展的重要保证，在产品创新和技术创新中必须要有危机意识，未雨绸缪，不要等产品已经进入衰退期才考虑产品的创新，那样为时已晚，而应该随时观察市场动态，了解消费者的需求，特别是潜在需求，积极进取，主动创新，使企业在竞争中始终处于主动地位。

三、技术创新

技术创新是隐藏在产品创新背后的深层次的创新。产品竞争的优势主要取决于其科技含量，因此，技术创新是产品创新的重要基础。技术创新有两层含义：第一层含义是"变革"，这种变革可能是根本性的，即创造出一种从未有过的新技术；也可能是局部性的，即对以往技术的一种改进或变化。第二层含义是"首次"，这个首次是对创新主体而言的，即将自己创造或他人创造的技术或对现有技术的改进第一次引入企业的产品、工艺和营销系统中。技术创新的成果表现在两方面：一方面，技术依附于物质产品而存在，即产品含有较高的科技含量；另一方面，技术为产品的形成而服务，即在产品的制作加工中使用了高科技的方法或手段。不论是哪种表现形式，其产品的竞争力都会因技术的创新而得到提高。

技术创新包括：工艺流程的创新，这是对传统生产思路和方式进行的革新；操作方法的创新，这是对原来采用的方法和手段的改变；工艺装备的创新，这是对传统的设备设施以及工具的改革；材料的创新，这是以数量丰富、价格低廉的原材料取代稀缺、昂贵的资源。总之，技术创新或者可以使产品的质量更高、价格更低；或者通过增加功能、改变性状，满足消费者的多层面需求，从而达到提高企业生产效率和降低成本的目的，并形成对消费者的吸引力，进而形成企业的竞争优势。

四、管理创新

管理创新是指管理者为了更有效地实现企业目标，根据内外环境的变化，着眼于资源的有效利用，而开展的新的更有效的沟通协调的活动。企业创新中的任何一项内容都离不开计划、组织、协调、控制等管理功能的运用，缺少了它们，企业创新很难成功，即便一时成功也很难持久，而且渗透于企业创新中的管理还必须与创新的内容相互适应，否则，不但不能推动创新，相反，还会阻碍创新。因此，管理创新是企业创新的重要保障。

管理创新包括：管理观念创新、管理方式创新和管理模式创新。其中，管理观念创新是基础，没有管理观念创新，很难有方式和模式的创新。管理方式创新主要有计划的创新、控制方式的创新、用人的创新、激励的创新、协调方式的创新，而现阶段具有代表性且影响较大的管理方式是：以人为中心的管理方式、以客户为中心的管理方式、以物流为中心的管理方式。现代社会中影响较大的管理模式有集成管理、企业再造、知识管理、网络管理、危机管理和柔性管理。

管理创新不像企业其他创新一样有某种特定的表现形式或能够直接产生经济效益，但它却可以帮助排除创新障碍，搭建企业创新平台，为企业创新创造适宜的环境和条件，可以说，没有管理创新，企业其他创新的种子很难发芽、开花、结果。

五、组织创新

组织创新表现在三个方面，即结构创新、制度创新和文化创新。

科学技术的进步给组织管理提供了方便，它使组织层次减少，由于计算机可以在一定程度上代替人为的监督，管理者可以管理更多的下属，控制范围扩大了。同时，由于电脑还可替代人脑进行信息的搜集与处理，因此，使得决策、控制以及企业和人员的绩效评价都变得相对简单。但是，组织创新的目的是更合理地开发和协调组织成员的努力，因此，组织结构的创新应依据组织的性质、生产特点、规模、环境等来进行。具体采用哪种组织结构更为合理，应根据这样四条标准衡量：（1）是否有利于学习、发展；（2）是否能最有效地利用资源；（3）是否能快捷、准确地传递信息；（4）是否能达到企业目标所要求的协调。当然，不论采用哪种组织结构，都应该处理好集权与分权、系统性和灵活性、稳定性与适应性之间的关系。

制度创新主要是指企业管理制度创新。科学系统的管理制度，首先应以实现组织目标为目的，通过对组织中各部门、各岗位、各项工作的规定来约束和协调组织内工作与人员的衔接和配合；同时更应体现根据企业发展的需要保持相对的稳定和动态的变化，因为长期不变的管理制度不是好制度，变化不定的制度也不利于企业发展。管理制度创新就是要努力使企业管理制度的规范与创新之间呈现和谐状态。我们应该清楚，现行企业管理制度中规范性的因素是前期企业管理制度创新的目标和结果，同时又是未来创新的基础和条件。企业管理制度是在规范与创新的双重作用下得以不断完善和不断发挥其保证与促进作用，使企业得以发展的。因此，我们应该在保持管理制度相对稳定的前提下，根据环境变化和实际需要进行大胆创新，在企业管理制度的完善与创新中坚持以人为本，使新制度更有利于发挥员工的创造性和调动员工的积极性。

文化创新是指重视新时期企业文化的新特点，加强企业文化建设，促进企业走向繁荣。知识经济时代企业文化的特点主要表现在：

第一，在相对分散的组织结构中，企业文化的黏合剂的作用更加突出，得到企业成员广泛认可的价值观念决定着人们的行为准则和方式。

第二，知识经济条件下的市场环境是急剧变化的，过去成功的经验在今天已很难发挥作用，因此强调必须不断地学习。

第三，学习的概念也就决定了企业文化不可能只是某一个组织的理念与哲学，它会在企业与环境的互动中吸收和融合其他组织的文化因素，使自身的文化不断得到整合和完善。

六、市场创新

市场在企业创新中具有双重作用。一方面，它是衡量企业创新是否成功的检测器。无论是技术创新还是产品创新，只有得到市场的接纳、取得效益才被认为是成功的。另一方面，市场创新是企业创新的一个子系统。随着企业的产品或技术的逐渐成熟和发展，产品的生产规模、销售规模不断加大，市场也就日趋饱和，企业产品的市场份额和利润开始下降。同时，在企业创新日益普及的社会环境下，企业产品或技术随时都有被替代品取而代之的危险。新产品、新技术的出现相应地又会带来新的市场，形成对旧市场的冲击，如果过分依赖旧市场的话，有可能市场的寿命就是企业的寿命。所以，只有进行市场创新，才能摆脱企业发展的被动局面。

市场创新就是根据企业总体经营战略目标的要求，通过改变企业原有经营要素或引入新的经营要素，开发潜在需求，改变商品价值实现的方法，从而开拓新市场以达到提高销售水平、降低风险的目的的过程。传统的经营要素是"4P"，即产品（product）、价格（price）、渠道（place）和促销（promotion）。1990年罗伯特·芬特伯教授提出"整合营销传播理论"，从买方角度提出每一个营销要素都是用来为消费者提供利益的，因而在"4P"的基础上引入"4C"：产品因素应满足消费者的欲望与要求（customer needs and wants）；价格因素应考虑对消费者的成本（cost to the customer）；渠道因素应考虑消费者购买的便利性（convenience）；促销因素应注意与消费者的沟通（communication）。新要素的引入，使得企业经营过程的各个环节、各项工作在同一理念和同一目标的基础上形成了有机整体。市场创新除了引入新的竞争要素外，还包括：经营理念的创新，如绿色营销；经营方式的创新，如直销、关系营销、网络营销等。

七、环境的创新

环境既是企业输入的提供者，又是企业产出的接收者。环境是企业赖以生存和成长的土壤。因此，不断改善和保持良好的土壤质量状况至关重要，而环境创新就是改善和培育有利于企业发展的肥沃的土壤的方法。环境创新是指企业通过对环境进行主动监测，有目的、有计划地开展创新活动去引导环境、改造环境，使环境朝着有利于企业实现的目标发展。

企业外部环境分微观、中观、宏观环境。从宏观角度来说，环境创新就是发挥企业的优势、能力和影响力积极为社会做出贡献，促进社会的进步与发展；从中观角度来说，就是通过企业公关活动，影响行业及政府政策的制定；从微观角度来说，环境创新就是市场创新，通过企业技术创新、产品创新等提高生产力的手段来创造顾客引导消费，再通过服务创新、营销创新等提高行销力的手段影响消费者的认知和评价，在生产力和行销力的基础上努力打造企业知名度和美誉度，塑造企业的良好形象。

第四节 创新的管理

创新管理包括两部分工作：一部分是创新的激发；另一部分是创新的组织。

一、创新的激发

一般认为，激发创新的因素有五个：市场需求、竞争压力、组织结构、文化因素和人力资源。前两个因素是企业创新的原动力，是企业可以发现和认识却不容易掌控的一种客观环境。而后三个因素却是可以根据企业内外环境和企业对创新的需要能动地进行控制的因素。

（一）市场需求

创新首先来源于市场需求，市场需求不足可以引发创新和推动创新。据美国 S. 迈尔斯和 D. 马奎斯对 567 项创新成果的调查显示，257 项是市场需要提出的，占 45%；120 项是技术推动造成，占 21%；190 项是生产和管理因素在起作用，占 34%。美国仪器制造业的一项调查显示，11 项首次发明的新仪器，思路 100% 来自用户；66 项重大改进 85% 来自用户；83 项小改革，67% 来自用户。

源于市场需求的创新需要企业做两方面的工作。第一，市场需求靠企业去发现。企业要持续不断地进行市场调研并对信息进行准确的分析、加工、处理，才能在纷繁复杂的环境中看到商机。第二，市场需求不可能直接转化成为创新产品。企业要将自己的条件和市场需求进行有机的结合，将创新转化成为内在动力，在内在动力的作用下，企业创新才能成为一种自觉的行为。

（二）竞争压力

随着科技的进步，产品的更新更快、生命周期更短、市场竞争更激烈，这一切使企业如履薄冰，使企业领导充满危机感。为摆脱困境使企业生存和发展，就必须改革、变化，这个变化就是创新。一旦有了领先的创新就有可能在激烈的市场竞争中处于主动地位并获得超额利润。社会在发展，创新才能赶上时代潮流；技术在进步，创新才能站在科技领域的前沿。因此，竞争压力成为企业创新的重要契机。因为因循守旧、故步自封、不思进取、无所作为使得一些大企业的生命周期只有 30 年；一些小企业的生命周期只有几个月；20 世纪 80 年代优秀的企业到了 90 年代有 1/3 已风光不再。接受这些企业的教训，要保持企业的竞争优势，使企业拥有旺盛的生命力，唯有创新。海尔集团总裁张瑞敏对此深有感触："我们不是简单地为了专利而专利，为了新产品而新产品，而是一只无形的手在推动市场，市场竞争在推动我们创新。"

（三）组织结构

组织结构在企业创新中发挥着重要作用。创新由四个基本要素组成，它们是：创新的实体形式，即创新的对象，表现为产品或技术等；创新的人为形式，即人在创新过程中所做出的努力；创新的信息形式，即创新过程中所借助的知识、经验、数据资料等；创新的组织形式，即对创新中人、财、物的合理安排、调配、协调、控制等。创新的成果是四个要素相互关联、相互补充、相互作用的结果，是它们的联合贡献。其中，组织要素负责将其他三个要素协调在一起，为它们提供服务并不断改善自身以适应其他三要素的发展和外部环境的变化。在这当中组织结构的作用尤其关键。优良的组织结构责权清晰、分工明确且配合默契，而且信息沟通渠道畅通，是一个有机的整体，其灵活性、应变能力和跨职能工作的能力强，因而容易排除创新中的思想障碍，使创新的意见易于推广，在创新过程中容易集中众人智慧，得到各部门的支持，在共同努力下使创新获得成功。

（四）文化因素

企业创新能力如何，与企业中的文化因素密切相关。企业中的文化可以被认为是具有群体或组织特征的价值观与行为规范，它对员工的态度和行为具有重要的影响作用。由于员工在企业中受到同一文化的作用，因而其态度趋同，行为一致。鼓励创新的文化强调开放，注重学习，因而企业员工积极进取，思想活跃，创新能力强，成果显著；而在以强调服从、鼓励听话的文化的熏陶下，企业则封闭，缺少活力，员工思想保守，墨守成规。在日趋激烈的市场竞争中，显然后者已远远不能适应环境，其生存能力已日渐衰落。因此，注重创新应首先注重文化的创新，通过创新使企业具备学习、开放、兼容等文化因素，企业的创新才会焕发勃勃生机。企业文化因素是否适宜创新，可以通过以下标准衡量：（1）是否容忍不切实际；（2）能否接受模棱两可；（3）是否将控制因素降到了最低；（4）是否鼓励员工大胆试验且允许失败；（5）能否对外部环境的变化做出迅速反应；（6）是否容忍冲突，鼓励不同意见的存在。

（五）人力资源

企业创新来源于企业员工的创新精神、创新意识和创新能力，因此，企业创新水平与企业人力资源水平有着紧密的联系。而企业人力资源水平的高低又取决于企业的人力资源管理。为了提高企业员工的整体素质，使他们成为企业创新中的积极力量，企业在人力资源管理方面应该做好以下工作：（1）围绕企业创新发展目标，正确制定人力资源发展战略，将企业发展与员工个人发展有机结合，确保员工对企业创新有热情并乐于投入。（2）建立有效的激励机制，通过物质与精神、正式与非正式的奖酬制度使员工知道企业支持什么、鼓励什么，从而明确自己的努力方向，充分发挥自己的主观能动性，为企业创新贡献自己的力量。（3）做好员工培训和绩效考评。根据员工不同时期的发展特点，有针对性地对员工进行思想观念、业务技能等方面的培训，使员工的思想观念适应时代的要求并与企业文化吻合，使员工的知识随时保持更新，能够满足创新的需要。在做好培训的同时，还应该定期对员工的相关能力和素质的提高做出认真的评估。这样做，一方面可以检查培训是否达到预期效果；另一方面也可以从中发现创新型的人才，对其作合理的安排，使其在企业创新中能有更大的作为。

二、创新的组织

在企业创新中，管理者不仅是创新者，更应该成为创新的组织者。这里所说的组织，不是去计划和安排某个人在某个时间从事某种创新活动——当然这在某种时候也是必要的，但更重要的是为创新营造环境、提供条件，激发和保护下属的创新热情。

（一）管理者的职责不仅是维持

管理者通常认为组织雇用自己的目的就是为了维持组织的运行。不能让组织活动偏离现行规定，似乎成了他们的天职。然而创新就是意味着对以往的规矩、程序的否定和破坏，在破坏的基础上建立一种新的适应现实环境的模式。由于管理者对自身角色的错误理解，他们往往视员工在工作中打破常规为"出格"和"越轨"，是不能允许其存在的，于是将创新的苗头扼杀在萌芽状态。他们为了更好地维持，奖励那些墨守成规、从不出错的人，而对于在创新尝试中的失败者却随意惩罚。在他们努力地维持下，企业环境的氛围是"创新有罪，不干事、不出错有理"，因而极大地挫伤了员工创新的积极性。在创新已成为企业竞争力的核心要素的今天，管理者对自身职责的认识显然是要彻底改变了。

（二）给员工留有一定的思考空间

人人都知道创新要思考，创新要尝试。如果每个人都因为工作负荷过重，在为怎样才能完成工作任务而担心时，他是不可能顾及创新的。因此，可以在制定计划和安排工作时，适当给员工留有一定的思考空间，比如，可以每个星期轮流给不同的人一个小时，让他们就本部门工作中的问题、工作现状等坐在一起展开充分讨论，不设任何限制。也许一个奇思妙想就能由此诞生。

（三）建立合理的奖酬制度

创新精神与能力是组织的宝贵财富，这种无形价值转变成为有形价值需要组织的悉心呵护，这种呵护包括对员工的肯定与奖励，如果创新努力得不到公正的评价和合理的奖酬，创新的动力会逐渐失去。实施奖励时要注意：既要给予物质上的奖励，更要给予精神上的鼓舞；既要给创新成功者以奖励，也要给创新失败者以肯定，要通过奖励促进和提升组织每一成员的创新热情；既要奖励个人，鼓励创新中竞争，又要奖励团体，强调创新中的合作。

（四）保证对创新的投资

对创新的投资是对企业未来的投资，关系到企业未来的成长和可持续发展，因此，这笔投资无论是在企业的繁荣期还是萧条期都应保持稳定。在繁荣期保持对创新投入的稳定容易做到，而萧条期继续保持投入，特别是对已取得成功的项目的投入就不大容易了。而往往此时是最应该给这些项目以支持的时候，因为竞争对手此时也因资源有限而削减费用，这恰好给我们提供了可乘之机。

（五）营造创新环境

营造创新环境的总原则是鼓励员工在工作中的创新热情与创新精神。具体可以从以下方面努力。

1. 让下属喜爱自己的工作。营造轻松愉快的工作环境与工作氛围，让人在工作时感到愉悦而不是压抑、烦闷。沉闷的气氛让人窒息，而愉悦的心情有利于活跃思维、产生创意和提高生产效率。

2. 鼓励尝试与冒险。敢于尝试是创新素质的重要体现。不断尝试可以确定自己的兴趣指向，也可以培养自己的挫折容忍力，还可以在尝试中积累创新的经验。

3. 打破常规的工作方式，不要给下属的压力过大，工作量要适度，要给他们留有一定的思维空间，要允许员工以他们认为好的工作方式进行工作。

4. 依靠直觉和顿悟。对有经验、有知识的员工来说，直觉常常不是随意无用的东西，它可能是一种启示，是潜意识里的一种觉悟，要善于抓住。

5. 逆向思维，尝试从反方向看待问题和思考问题，这样可以跳出已经养成的思维模式的旧框框，可能会产生突破性的解决问题的方法。

6. 多做假设，在解决一个问题时，多做几个"如果……会怎样"的假设，会引导你想出更多解决问题的办法。

7. 吸引局外人，在创新中吸引不相干的局外人参与，可以引导多角度地分析问题，打开视野和思路。

8. 深化对客户的了解，直接与顾客接触，了解他们的需求和最关心的问题，直接获得创新的一手资料。

9. 允许犯错，创新是在走前人没有走过的路，没有前车之鉴，出现错误在所难免，要允许犯错，允许失败，失败是成功之母。创新中的失败可能会使创新者心灰意冷，而管理者的鼓励与支持则可以使他们重新树立信心，使他们坚持把创新搞下去直至成功。

创新是企业获得核心竞争力的关键，也是企业保持可持续发展的重要保证。然而创新不是偶然巧遇，不可能天上掉馅饼，要具备由内而外的条件，而要使这些条件齐备就要学习，创新的人要学习，为创新创造条件的人更要学习。

案例

一家著名酒店的变革

中国某大城市的 S 酒店餐厅里，一名顾客对他的牛排不甚满意，于是叫来服务生。服务生在礼貌地听完他的抱怨后，平和而迅速地拿走牛排，吩咐厨房另烤一块更好的送来。

这似乎是一件很平常的事件，但它却反映了该酒店在亚洲进行的一次最广泛、最深入的组织变革项目。这次变革的目标是将这个已经是亚洲管理最好的公司之一变为一个得到该区域顾客认可的、更好的公司。这家连锁酒店将提供更好的服务、更丰富全面的体验，并且更注重细节。变革结果是令人满意的，这个亚洲连锁酒店赢得了来自旅游杂志和旅游机构的更多奖项。它因其管理能力受到赞许，它的员工学到了更广泛的技巧。当该地区其他酒店财政恶化时，其盈亏表一直保持盈利状态。

对整个酒店行业来说，亚洲金融危机可能是一场灾难。但对于 S 酒店而言，它成为额外的变革动力，虽然公司已取得成功，并受到称赞，但从长远来看，它缺乏继续成功的关键因素。转折点是在 5 年前，当时，D 即后来该公司的行政总裁，感到有必要建立企业文化。他认为，当员工从 S 酒店的一个地方调到另一个地方时，应有一根共同的纽带使所有员工都感到他们是在为一家大集团工作。

为了帮助实现企业的组织变革，S 酒店聘用了 T。T 加入 S 酒店后，迅速找到了该公司员工需要具备的个人素质：自豪而不自傲。有鉴于此，集团公司培训的信条改为：你越优秀，越要谦虚。

同时，T 还提出，"我们希望员工在与顾客打交道时，就做出决定，这可能是很简单的事情。当顾客抱怨时，服务人员应自动解决问题，而不是说，'我要去问我的主管。'这是我们承诺实现的一个简单观念。"这个观念看起来简单，但 S 酒店很快意识到它实施的难度。在实施变革方案之前，人们往往会说："哦，这是中国，那是行不通的。因为人们不愿意承担责任。"然而，集团公司调查表明，在中国，人们愿意承担责任，他们想接受更多的挑战。

公司将经理分离出来，作为关键的结果区域，他们是培训的关键因素。公司在顾客的价值、顾客忠诚的重要性以及顾客终身价值等方面进行了大量的培训工作，使人们意识到，要想使顾客再来，并不单单是微笑的问题。公司还建立了一些机制，帮助下放权力给其员工。它参照了财务机构的做法，将授予的职权限定为一定的金额，比如说，一个员工最多可以支配 1 000 美元。如今公司正寻找办法，将这个机制应用到非管理层。当一个员工与顾客打交道时，如果他不是管理人员，就有一个规定的金额。无论是什么花费方式，只要员工觉得那样可使顾客满意，他可以随意支配它。

在规定权限时，公司实行管理层所说的"定义行动的框架"。这样，人们非常清楚"干好工作"的含义是什么。

S 酒店用的另一个重要工具是调整评估调查。每隔一年半，集团公司就进行一次系统性评估，确定员工的态度是否像高级经理期望的那样。调整评估、调查测评集团公司的前景、领导力、监督、生产率以及员工如何看待他们的薪金和福利。总而言之，调查测评 10 项内容。问题完全是根据要求定做的，它不说"我们将在所有关系中表现诚实和关心"，而是问："你的主管遵守指导原则吗？你们每天谈论它吗？你知道它是什么意思吗？你理解公司的前景吗？我们公司究竟是怎样看待我们的？"每一个员工，从行政总裁到最底层的员工，都接受这项调查。该调查关注的其中一件要事是权力下放问题。权力下放使得公司的组织结构扁平化。它一共只有五个管理层，这样可以更迅速地做出决定，比起管理阶层更多的组织，它的授权要容易得多。

T 认为，集团公司在中国需要做的事情是集中精力开发本地人员。她说："我认为中国优秀的人才还有待开发，他们勤奋、积极主动、聪明。但这只是现象，我们需要拓展他们的视野。"有鉴于此，S 酒店尽力为他们提供露面的机会，带他们到国外，让他们转变职能，使他们成为万事通，而不是专家，以及鼓励他们平级职位轮换。T 谈到了最初的艰难："以前，他们拒绝这样做，他们想尽快得到提升。现在情况完全不同了：他们愿意花一点时间或投资进行平行发展，为以后的成功做准备。他们看到了许多人因为爬升太快而失败。在所遇到的困难中，面子问题是其中之一，如果他们降职，他们会认为这是大丢脸面的事。"

如今变革进程已进入第五个年头。在任何组织变革中，前三年只是思想意识的培养，或者称为教育学习和培训，第五年才渐渐开始行动。展望未来，S 酒店的目标是，建立一个值得顾客忠诚的环境，使 S 酒店能够成为顾客的首选。

讨论题

1. 以上 S 酒店的实例，与本书哪些章节的内容有关？
2. 它们都涉及哪些理论？哪些环节？哪些观念？
3. 案例中所说的 S 酒店的创新主要体现在哪几个方面？

（根据《香格里拉酒店集团管理剖析》报道内容改编设计，原载 MBA Library 网）

参考文献

1. 崔生祥等：《管理学》，武汉理工大学出版社 2006 年版。
2. 周三多：《管理学》，高等教育出版社 2005 年版。
3. 单凤儒：《管理学基础（第二版）》，高等教育出版社 2004 年版。
4. 中国企业管理研究会：《企业管理导论（修订版）》，经济科学出版社 2002 年版。
5. [美] 理查德·L. 达夫特，杨斌译：《领导学（第二版）》，机械工业出版社 2005 年版。
6. [美] 史蒂芬·P. 罗宾斯，郑小明译：《组织行为学精要（第五版）》，机械工业出版社 2000 年版。
7. 梁立邦等：《企业教练：领导力革命》，经济科学出版社 2005 年版。
8. 谢文辉：《领导力的 49 个执行细节》，科学技术出版社 2004 年版。
9. 蓝鸣、杰克：《韦尔奇给领导者的 11 条准则》，群言出版社 2004 年版。
10. 王利平：《管理学原理》，中国人民大学出版社 2000 年版。
11. 胡震：《管理学十日谈》，企业管理出版社 2001 年版。
12. 童泽望等：《经理人情商》，经济科学出版社 2004 年版。
13. [英] 马克·托马斯著，王媛媛译：《大师论领导》，华夏出版社 2006 年版。
14. [英] 沙尔坦·克默尼著，吕娜译：《大师论管理》，华夏出版社 2006 年版。
15. 杨锡怀：《企业战略管理理论与案例》，高等教育出版社 2002 年版。
16. 宋云等：《企业战略管理》，首都经济贸易大学出版社 2000 年版。
17. 彭碧玉：《现代企业管理新论》，经济科学出版社 2001 年版。
18. [美] 理查德·L. 达夫特著，高增安等译：《管理学原理（第四版）》，机械工业出版社 2005 年版。
19. [美] 彼得·圣吉著，郭进隆译：《第五项修炼》，上海三联书店 2006 年版。
20. 邱国栋：《当代企业组织研究》，经济科学出版社 2003 年版。
21. 高其勋等：《新编现代企业管理》，经济科学出版社、中国铁道出版社 2005 年版。

22. ［美］彼得·德鲁克著，王永贵译：《管理使命、责任、实务（责任篇）》，机械工业出版社2006年版。

23. ［美］彼得·德鲁克：《创新与企业家精神》，机械工业出版社2006年版。

24. 李宝元：《现代组织学习型人力资源开发全鉴》，经济科学出版社2005年版。

25. ［美］理查德·吕克著，陈大为等译：《管理创造力与创新》，机械工业出版社2005年版。

26. 李有荣：《企业创新管理》，经济科学出版社2002年版。

27. ［美］杨国安等：《学习力——创新推广和执行》，华夏出版社2004年版。

28. 吴维库等：《基于价值观的领导》，经济科学出版社2002年版。

29. 韩岫岚等：《管理学基础》，经济科学出版社2003年版。

30. 李谦：《现代沟通学》，经济科学出版社2002年版。

31. 曾坤生等：《人力资源管理学》，经济科学出版社2004年版。

32. 彭龙等：《管理学》，经济科学出版社2002年版。

33. 褚福灵：《管理通论》，经济科学出版社2004年版。

34. 郭咸纲：《西方管理学说史》，中国经济出版社2003年版。

35. ［美］海因茨·韦里克、哈罗德·孔茨著，马春光译：《管理学（第十一版）》，经济科学出版社2005年版。

36. ［美］弗雷德·R. 戴维著，李克宁译：《战略管理（第八版）》，经济科学出版社2001年版。

37. ［美］R. 韦恩·蒙迪等著，葛新权等译：《人力资源管理（第八版）》，经济科学出版社2003年版。

38. 王先玉等：《现代企业人力资源管理》，经济科学出版社2003年版。

39. 《中外管理高级研讨班报告精选》（增刊），中外管理杂志社，1999年。

40. ［美］蒂莫西·斯塔格奇著：《协作领导力》，机械工业出版社2005年版。

41. 余世维：《领导商数》，北京大学出版社2005年版。

42. 向飞：《领导成败细节》，北京工业大学出版社2005年版。

43. 曾仕强、刘君政：《领导与激励》，清华大学出版社2003年版。

44. 杨文士、张雁：《管理学原理》，中国人民大学出版社1994年版。